AI 赋能通识教育
精 品 系 列

计算思维
与智能计算
基础

第 2 版
人工智能
通识版

杨丽凤 王彬◎主编

李颖 李月华 王园宇◎副主编

人民邮电出版社
北 京

图书在版编目（CIP）数据

计算思维与智能计算基础：人工智能通识版 / 杨丽凤，王彬主编. -- 2版. -- 北京：人民邮电出版社，2025. --（AI赋能通识教育精品系列）. -- ISBN 978-7-115-67841-6

Ⅰ. O241

中国国家版本馆CIP数据核字第2025VP7142号

内 容 提 要

本书以计算思维为导向，介绍计算机科学与技术相关的基本理论、基本方法和人工智能的基本概念及应用。本书共11章，内容包括计算、计算机与计算思维，计算基础，计算机系统与云计算，计算机网络与物联网，算法设计基础，Python程序设计，数据库与大数据，人工智能概述，人工智能基础，人工智能技术，人工智能应用。

本书可作为本科院校和职业院校非计算机专业计算机基础课程、人工智能通识课程的教材，也可作为初学者学习计算机基础知识的参考书。对于计算机教育工作者和计算机从业人员，本书也有较高的参考价值。

◆ 主　　编　杨丽凤　王　彬
　　副主编　李　颖　李月华　王园宇
　　责任编辑　韦雅雪
　　责任印制　胡　南

◆ 人民邮电出版社出版发行　北京市丰台区成寿寺路11号
　　邮编　100164　电子邮件　315@ptpress.com.cn
　　网址　https://www.ptpress.com.cn
　　三河市君旺印务有限公司印刷

◆ 开本：787×1092　1/16
　　印张：16.5　　　　　　　　　　2025年9月第2版
　　字数：419千字　　　　　　　　2025年9月河北第1次印刷

定价：59.80元

读者服务热线：(010)81055256　印装质量热线：(010)81055316
反盗版热线：(010)81055315

人工智能经过 60 多年的发展，目前再次成为社会关注的焦点。特别是在当今量子计算、移动互联网、传感器网络、大数据、脑科学等技术及社会发展强烈需求的共同驱动下，人工智能正在以迅雷不及掩耳之势席卷全球。正如当初计算机、互联网深刻地改变了人们的生活一样，人工智能正深刻地改变人类生活甚至整个世界。因此，在培养大学生具备理解与运用计算能力和计算思维基本能力的基础上，引导大学生树立"人工智能+"的意识，培养大学生在人工智能领域的职业基本素养，进而更好地培养大学生的技术创新思维与能力具有十分重要的意义。在这个背景下，本书应运而生。

本书第一版于 2021 年 9 月出版，受到了院校师生的高度认可。本次改版主要在以下方面进行了修订。

（1）将"计算机系统"和"云计算基础"两章的内容整合为一章。

（2）将"计算机网络与信息安全"和"物联网基础"两章的内容整合为一章。

（3）调整原本"人工智能基础"一章的内容，新增"人工智能技术"和"人工智能应用"两个章节。

（4）对大模型、AIGC、人工智能+行业应用等热点内容进行了专门讲解。

（5）调整因 Python 版本升级、第三方库更新、部分在线资源改变等引起的内容上的变动。

（6）完善主要内容的微课视频。

本书具有以下特点。

（1）在内容的选择上，本书既考虑到大学计算机基础知识，又兼顾人工智能的基础知识、技术、实践及应用；既考虑到知识面的广度，又照顾到知识点的深度，建点铺面，培养大学生基本的计算思维与人工智能素养。

（2）在内容的介绍上，做到深入浅出。本书各章首先结合实际提出问题，然后导出相关知识和概念，再辅以适当案例进行讲解，有利于引导学生进行探究式学习。

（3）本书配有微课视频，读者扫码即可观看；提供 PPT 课件、教学大纲、教学案例等教辅资源，易教利学。

本书建议教学学时为 32～48 学时。在具体组织教学时，可以根据专业类别、学生的知识积累程度和各专业对学时的要求，选学其中的部分或全部内容。

杨丽凤和王彬任本书主编，并负责全书的总体策划、统稿、定稿工作；李颖、李月华、王园宇任本书副主编，协助主编完成统稿、定稿工作；王娜、王爱莲、孟东霞、刘永红、雷红、贾晓华也参与了本书的编写工作。具体写作分工如下：第1章由杨丽凤编写，第2章由王娜编写，第3章由王爱莲编写，第4章由孟东霞编写，第5章由刘永红编写，第6章由雷红编写，第7章由贾晓华编写，第8章由李月华编写，第9章由王园宇编写，第10章由李颖编写，第11章由王彬编写。

　　由于编者水平有限，书中难免存在不足之处，恳请广大读者批评指正。编者联系邮箱为：yanglifeng@tyut.edu.cn。

编　者

2025 年 5 月

目　录

01 第1章 计算、计算机与计算思维

　　计算机是 20 世纪最伟大的发明之一，它的出现和发展极大地推动了人类科学技术的进步。半个多世纪以来，计算机已经渗透到人类社会的各个方面，它与计算技术相互促进，推动了计算思维的研究和应用。计算机是现代人类活动不可缺少的工具，掌握计算机的基本使用方法是现代高素质人才必须具备的基本能力。计算思维将像计算机一样，逐步渗入人类生活，成为每个人都应该具有的基本思维方式。

1.1　计算

　　早在旧石器时代就有了人类计算的记录，现在几乎每个人都具有计算的能力，人人都离不开计算，然而人的计算速度很低。我国南北朝时期的数学家祖冲之用了 15 年，借助算筹将圆周率（π）推算至小数点后 7 位。15 世纪初阿拉伯数学家卡西求得了 π 的小数点后 16 位精确值，打破了祖冲之保持千年的纪录。荷兰数学家鲁道夫·范·科伦投入毕生精力，于 1610 年将 π 计算到小数点后 35 位。1948 年，英国的弗格森和美国的伦奇共同将 π 计算至小数点后 808 位，这刷新了人工计算 π 的最高纪录。

　　电子计算机的出现使 π 的计算有了突飞猛进的进展。1950 年，世界上公认的第一台电子数字积分计算机（Electronic Numerical Integrator and Computer，ENIAC）只用了 70 小时就计算出了 π 的小数点后 2037 位。5 年后，IBM NORC（海军军械研究计算机）只用了 13 分钟就计算出了 π 的小数点后 3089 位。之后借助计算机，π 的值越来越精确，到 1989 年，已经能够计算出 π 的小数点后 4.8 亿位。2011 年，日本的近藤茂花费约一年的时间，利用自己组装的计算机将 π 计算到小数点后 10 万亿位，刷新了吉尼斯世界纪录。

　　在漫长的文明发展过程中，需要用计算来解决的问题越来越多，计算工具的发明和改进极大地提高了人类的计算能力。那么什么是计算？计算就是我们熟知的"1+2=3""3×4=12"吗？

1.1.1　计算的基本概念

　　计算理论认为计算是依据一定的规则对有关符号进行转换的过程，即计算是从已知的符号开始，按照规则一步一步地改变符号，经过有限的步骤，最终得到满足预定条件的符号的过程。"1+2=3""3×4=12"就是数字符号在运算符号的操作下，按运算规则进行转换，进而得到正确结果的计算过程。因此，使用各种函数及其计算规则来求解各种问题的过程就是计算。

另外，1985 年图灵奖获得者理查德·卡普认为：很多自然的、人工的和社会的系统中的过程自然而然是计算的过程，计算就是执行信息变换。这是广义的计算，即对信息进行加工和处理。从这个角度来看，使用计算机浏览网页、写文章和打游戏，或者使用计算机管理企业、设计制造产品及从事电子商务，也都是计算。

计算采用符号和规则，人们一直在研究复杂计算的简化规则。但有时候即便我们知道计算规则，却因为相关问题超出了人类的计算能力而没有办法获得计算的结果，这该怎么办呢？一种方法是设计一些简单的规则，让机器通过重复执行来完成计算，也就是使用机器代替人类进行自动计算，进而达到解决复杂问题的目的。

为了能够利用机器进行自动计算，人们需要思考和研究以下一些问题。

1. 是不是所有的问题都可以通过自动计算来解决？

可计算性理论通过建立数学模型，研究哪些问题是可计算的，哪些问题是不可计算的。简单地说，对于给定的一个输入，如果机器能在有限的步骤内给出答案，这个问题就是可计算的。数值计算问题、能够转化为数值计算的非数值问题都是可计算的。但并不是所有的问题都是可计算的，事实上不可计算的问题比可计算的问题多得多，比如理发师悖论。

理发师悖论是 1901 年罗素在集合论概括原则的基础上提出的，其大意是：一个理发师宣称"我给且只给城里那些不自己刮胡子的人刮胡子"，那么理发师给不给自己刮胡子呢？如果理发师给自己刮胡子，他就属于"自己刮胡子的人"，按规定他不能给自己刮胡子；如果理发师不给自己刮胡子，他就属于"不自己刮胡子的人"，按规定他应该给自己刮胡子。这样便由一个规则推出了两个相悖的命题。由此可知，并不是所有的问题都是可计算的，人们应该把精力集中在研究具有可计算性的问题上。

2. 可计算问题的计算代价有多大？

计算复杂性理论使用数学方法研究各类可计算问题的计算复杂性。计算复杂性理论从数学上提出可计算问题难度大小的模型，判断哪些问题的计算是简单的，哪些是困难的，研究计算过程中时间和空间等资源的消耗情况，从而寻求更优越的、求解复杂问题的有效规则，这就是算法及算法设计。

例如，著名的汉诺塔问题描述了大梵天在创造世界的时候做了 3 根金刚石柱子，一根柱子从下往上按照大小顺序摆着黄金圆盘。大梵天命令婆罗门从下面开始把圆盘按大小顺序重新叠放在另一根柱子上，并且规定小圆盘上不能放大圆盘，在 3 根柱子之间一次只能移动一个圆盘。一共需要移动多少次呢？假设黄金圆盘一共有 n 片，需要移动的次数是 $f(n)$。显然 $f(1)=1$，$f(2)=3$，$f(3)=7$，且 $f(k+1)=2f(k)+1$。那么移动 n 片圆盘需要的次数为 $f(n)=2^n-1$。该问题的时间复杂度可记为 $O(2^n)$。当 $n=64$ 时，$f(64)=18446744073709551615$。假如移动一次圆盘需要 1 秒，平年有 365 天（即 31536000 秒），闰年有 366 天（即 31622400 秒），平均每年有 31556952 秒，移完这些圆盘需要约 5845.54 亿年。即便使用计算机进行每秒 1 亿次的移动计算，也需要大约 5845 年。由此可知，对于时间复杂度为 $O(2^n)$ 的问题，当 n 值稍大时就很难计算了，但是它仍然属于可计算问题的范畴。

3. 如何实现自动计算？

要构建低成本、高效率的通用计算系统来实现自动计算，最重要的是解决平台硬件系统和软件系统的构建及协调工作问题。

4. 如何方便、有效地利用计算系统进行计算？

将可计算问题的求解算法用程序表示，利用已有的计算系统，对各行各业的可计算问题进行求解。对于具有大规模数据的复杂问题，通过数据库对数据进行有效管理，以及通过大数据分析技术实现数据的分析和处理，最终解决问题。

5. 如何使计算"无处不在""无所不能"？

在计算机及网络技术的加持下，人们可快速构建并行计算环境、分布式计算环境等，并进一步构建云计算环境，完成复杂、大规模、低成本、服务化的计算。物联网技术使"物物相连"成为可能，而人工智能技术使"万物智能"成为可能。

研究这些问题不但促进了计算机的诞生和发展，也促进了计算科学和计算机科学的发展，并且在讨论和解决这些问题的过程中，提炼出了一种新的思维——计算思维。

1.1.2 计算工具的探索

计算和计算工具息息相关，并且两者相互促进。计算工具最早可以追溯到人类祖先使用的手指、石头或绳结等。在漫长的历史长河中，人类发明和改进了许多计算工具，从手动式计算工具（如算筹、算盘、计算尺等）到机械式计算工具（如加法器、差分机和分析机等），再到现代的机电式计算机，人类不断地追求"超算"的能力。直到世界公认的第一台电子数字积分计算机 ENIAC 诞生，人类才开辟了使用电子计算工具执行自动计算的新纪元。

1. 手动式计算工具

根据记载，早在公元前 5 世纪，我国古人就开始以算筹作为计算工具了，这是目前已知的最早的人造计算工具，如图 1.1 所示。后来，在算筹的基础上进一步发明了算盘，如图 1.2 所示。其他国家也先后发明和使用了各种各样的计算工具，比如古希腊的算板，古罗马的沟算盘，古代印度的沙盘，以及英国的刻齿木片等。

图 1.1 算筹及其计数法

1621 年，英国数学家威廉·奥特雷德根据对数原理发明了对数计算尺。它不仅可以进行加、减、乘、除、乘方、开方运算，还可以计算三角函数、指数函数和对数函数。历经几百年的改进，对数计算尺一直沿用到 20 世纪 70 年代才被计算器取代。现代对数计算尺如图 1.3 所示。

图 1.2 算盘

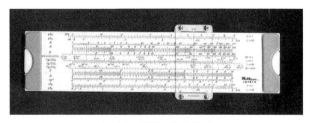

图 1.3 现代对数计算尺

这些手动式计算工具都是使用某种物体代表数值，并且利用物体的机械操作来进行计算的。

2. 机械式计算工具

第一次工业革命开始后，为了很好地设计和制造各种机械设备，人们需要解决的可计算问题越来越多、越来越复杂，这推动了当时的科学家对于计算工具的研究，科学家取得了丰硕的成果。

1642 年，法国数学家、物理学家帕斯卡发明了加法器，如图 1.4 所示。这是人类历史上第一个机械式计算工具，它通过齿轮旋转解决了自动进位的问题，其原理对后来的计算工具产生了持久的影响。帕斯卡从加法器的成功中得出结论：人的某些思维过程与机械过程没有差别，因此可以设法用机械来模拟人的思维活动。

1673 年，德国数学家莱布尼茨发明了乘除法器，促使可以进行四则运算的机械式计算工具诞生。这台机器在进行乘法运算时采用的进位-加（Shift -Add）方法在后来演化为二进制，被现代计算机采用。莱布尼茨还提出了"可以用机械代替人完成烦琐重复的计算工作"的重要思想。

随着工业的发展，许多自动化机械设备被发明，如提花织机等，随之引出了计算过程的自动化问题。巴贝奇于 1819 年开始构思差分机，1822 年，巴贝奇成功制造了一台可运行的差分机原型（见图 1.5），验证了差分法的可行性。差分机可以代替人来编制数表。差分机第一次体现了程序设计的思想，为现代计算机的发展开辟了道路。1834 年，巴贝奇又设计了分析机，其不仅可以执行算术运算，还可以执行逻辑运算。分析机已经具备了今天数字计算机的基本框架，包括运算单元、存储单元、输入单元和输出单元等。巴贝奇甚至提出了自动制定指令序列的概念。分析机因当时的技术限制而没有实现，但是巴贝奇的工作已经可以看作采用机械方式实现自动计算过程的一种积极的探索。

图 1.4　加法器

图 1.5　差分机原型

3. 机电式计算机

19 世纪到 20 世纪，电学和电子学的发展进一步为巴贝奇实现制造自动计算工具的梦想提供了物质和技术基础。人们把电器元件应用到计算工具上，这开辟了除机械式计算工具之外的另一条实现自动计算过程的道路。

1938 年，德国科学家楚泽成功制造了世界上第一台二进制计算机 Z-1，如图 1.6 所示。在此后研制的 Z 系列计算机中，Z-3 计算机是世界上第一台用通用程序控制的机电式计算机。它全部采用继电器，第一次实现了浮点计数法、二进制运算、带存储地址的指令等设计思想。

1944 年，美国科学家艾肯成功研制了一台机电式计算机，并将其命名为自动顺序控制计算机 MARK-Ⅰ，如图 1.7 所示。它使用了 3000 多个继电器，各种导线的总长超过 800 千米。1947 年，艾肯又研制出速度更快的机电式计算机 MARK-Ⅱ。

机电式计算机的典型部件是普通的继电器，其开关时间大约是 0.01 秒，这极大地限制了机电式计算机的运算速度。20 世纪以来电子技术飞速发展，利用电子技术提高计算机的运算速度是可行的，这为电子计算机提供了物质基础。另外，数学的发展为设计和研制新型计算机提供了理论依据，尤其是英国数学家图灵在 1936 年提出的"理想计算机"理论为电子计算机奠定了理论基础。

图 1.6　二进制计算机 Z-1

图 1.7　自动顺序控制计算机 MARK- I

4. 第一台电子数字积分计算机的诞生

1946 年 2 月，ENIAC 在美国宾夕法尼亚大学研制成功，如图 1.8 所示。ENIAC 共使用 18800 个电子真空管、1500 个继电器及其他电子元器件，总重量近 30 吨，占地面积约为 170 平方米，功率为 150 千瓦，运算速度可达每秒 5000 次加法运算或 400 次乘法运算，相当于手动式计算工具的 20 万倍、机电式计算机的 1000 倍。高速是 ENIAC 最突出的优点之一。另外，ENIAC 最大的特点是采用电子器件代替了机械齿轮或电动机械来执行算术运算、逻辑运算和存储信息。但是由于 ENIAC 不能存储程序，需要用连线的方法来编写程序，计算速度的优势被过长的准备时间"抵消"了。尽管如此，ENIAC 仍然是世界上第一台能真正运转的大型通用电子计算机，它的问世宣示了电子计算机时代的到来，具有划时代的意义。

图 1.8　ENIAC

1.1.3　计算模型

计算模型通常是指用来刻画"计算"这一概念的抽象的形式系统或数学系统。对可计算性理论和计算模型的研究为计算机的产生建立了非常重要的理论基础，尤其是图灵机对现代计算机科学仍然具有深刻的影响。而冯·诺依曼机明确地给出了计算机系统的结构和实现方法，实现了图灵机。图灵测试则提出了机器智能，使得计算能够"无处不在"，并且"无所不能"。

1. 图灵机

如何设计一台通用的计算机器，并让它完成自动计算呢？1936 年，阿兰·图灵在一篇题为《论可计算数及其在判定问题中的应用》的开创性论文中通过建立指令、程序以及通用机器执行程序的理论模型，证明了可以制造一种通用的机器计算所有能想象到的可计算函数。这种理论上的计算机后来被命名为图灵机（Turing Machine）。

图灵机不是具体的机器，而是一种理论模型。它由 3 个部分组成：一条纸带、一个读写头和一个控制装置，如图 1.9 所示。纸带可视为无限长，纸带上划分了许多格子，如果在格子里画线，就代表 1；空白的格子则代表 0。读写头可以在纸带上左右移动，既可以从纸带上读信息，也可以在纸带上写信息。控制装置可以保存图灵机当前所处的状态，并且根据当前机器所处的状态、当前读写头所指格子中的符号以及运算规则来确定读写头下一步的动作，令机器进入一个新的状态。例如，每当把纸带向前移动一格，就把 1 变成 0，或者把 0 变成 1。0 和 1 代表解决某个特定数学问题的运算步骤。这样图灵机就

微课视频

能够识别运算过程中的每一步，并且能够按部就班地执行一系列运算，直到获得最终的答案。

图灵机的工作原理如图 1.10 所示。图灵机读入一系列的 0 和 1，就实现了某一基本动作；将多个简单的图灵机进行组合，就可以实现复杂的动作。在这个过程中，对基本动作的控制可以构成指令内容，指令的有序组合构成程序。数据、指令和程序都用 0 和 1 表示。图灵机把程序看作将输入数据转换为输出数据的一种变换函数，变换函数一步一步地实现，进而实现复杂系统。按照"程序"控制"基本动作"的思维，每一个特定的程序就是一个解决特定问题的图灵机，只要变换不同的程序就可以模拟其他任何解决特定问题的图灵机，这就是"通用图灵机"，也就是"通用计算机"的模型。

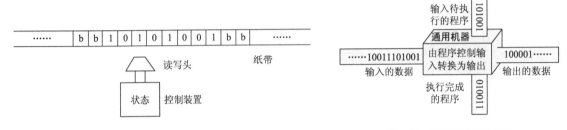

图 1.9　图灵机的组成　　　　　　　　图 1.10　图灵机的工作原理

图灵机第一次把计算和自动机联系起来，不仅为现代计算机的设计指明了方向，其设计思想还成为算法分析和程序设计语言的基础，是计算学科最核心的思想之一。图灵机启示了我们如何构造并实现一个复杂的系统。一个复杂的系统可由若干复杂的动作构成，而这些动作又可以被分解为容易实现的基本动作，因此构造复杂的系统仅需要构造基本动作以及控制基本动作组合与执行顺序的机构即可。

美国的阿塔纳索夫和贝瑞在 1939 年研究制造了电子计算机 ABC，实现了图灵机的基本思想。该计算机采用二进制，电路的开与合分别代表数字 0 与 1，运用电子管和电路执行逻辑运算等。而冯·诺依曼不仅在 20 世纪 40 年代成功研制了功能更强、用途更广泛的电子计算机，而且为计算机设计了编码程序，实现了用纸带进行存储与输入的应用。

2. 冯·诺依曼机

图灵机奠定了现代电子计算机的理论基础，而美籍匈牙利科学家冯·诺依曼等人根据图灵的设想于 1946 年发表了一份报告，提出了数字计算机使用二进制及存储程序的原理，并明确地给出了计算机系统的结构和实现方法。这是现代电子计算机发展的一个重要里程碑，人们把具有这种结构的计算机统称为冯·诺依曼机。70 多年来，虽然计算机的制造技术已经发生了巨大的变化，但冯·诺依曼体系结构仍然沿用至今，其设计思想对现代计算机的发展产生了重要的影响，因此冯·诺依曼被人们称为"现代计算机之父"。

微课视频

冯·诺依曼提出的计算机设计思想有以下 3 个要点。

（1）采用二进制表示数据和指令。数据和指令在外观和形式上并没有区别，只是各自代表的含义不同。

（2）采用存储程序方式。存储程序和程序控制是冯·诺依曼机的主要思想。存储程序是指人们必须事先把计算机的执行步骤序列（即程序）及运行过程中所需的数据，通过一定方式输入并存储在计算机的存储器中。程序控制是指计算机运行时能自动地逐一取出程序中的一条条指令，加以分析并执行规定的操作。

（3）计算机由运算器、控制器、存储器、输入设备和输出设备 5 个部件组成，这 5 个部件的基本功能如下。

① 运算器：用来执行算术运算和逻辑运算，并可以暂时存放中间结果。

② 控制器：统一指挥和有效控制计算机各部件协调工作，包括数据和程序的输入、存储、运行及输出等。

③ 存储器：用来存放当前运算所需要的程序和数据。

④ 输入设备：输入程序和数据并把它们转化为计算机能够识别的信息。

⑤ 输出设备：将计算机的处理结果以能被人们或其他机器接受的形式输出。

传统的冯·诺依曼机是以运算器为中心的，现代的计算机则以存储器为中心。冯·诺依曼机的结构如图 1.11 所示，其中双实线代表数据流，是计算机运行时的原始数据、中间结果、结果数据及程序等，它们在程序运行前已经被送至存储器中，而且都是以二进制形式编码的，在程序运行时数据被送往运算器，指令被送往控制器；单实线代表控制流，是由控制器根据指令的内容发出的控制命令，用来指挥计算机各部件协调统一地执行指令规定的各种操作或运算，并对执行流程进行控制。计算机各部件之间的联系就是通过这两种信息"流动"实现的，具体的实现过程如下。

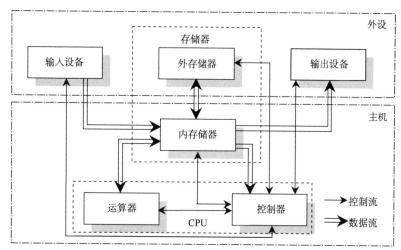

图 1.11　冯·诺依曼机的结构

（1）代表计算步骤的程序和计算需要的原始数据，在控制命令的作用下通过输入设备送入存储器。

（2）计算机在不需要干预的情况下，把指令逐条送入控制器，控制器根据指令内容向存储器和运算器发出取数命令和运算命令，运算器进行运算。

（3）控制器发出存数命令，运算的中间结果或最终结果将存入存储器，最后在输出命令的作用下通过输出设备输出结果。

微课视频

3. 图灵测试

1950 年，图灵在《计算机器与智能》中分析了创造出具有真正智能的机器的可能性。由于"智能"这一概念难以确切定义，他提出了著名的图灵测试（Turing Test）。该测试的流程是，一名测试者写下自己的问题，随后将问题以纯文本的形式发送给另一个房间中的一个人与一台机器。测试者根据他们的回答来判断哪一个是真人，哪一个是机器。所有参与测试的人或机器都会被分开。这个测试旨在探究机器能否具有与人类相似或人类无法区分的智能。现在的图灵测试的时长通常为 5 分钟，如果机器能回答由测试者提出的一系列问题，且超过 30%的内容让测试者误认为这是人类所答，则机器通过测试，并被认为具有人类智能。

图灵测试采用"问"与"答"的方式进行，图灵为这项测试亲自拟定了几个示范性问答。

问：请写出以"第四号桥"为主题的十四行诗。

答：不要问我这道题，我从来不会写诗。

问：34957 加 70764 等于多少？

答：（停 30 秒后）105721。

问：你会下国际象棋吗？

答：是的。

问：我在 K1 处有棋子 K；你在 K6 处有棋子 K，在 R1 处有棋子 R。轮到你走，你应该下哪步棋？

答：（停 15 秒后）棋子 R 走到 R8 处，将军！

图灵指出："如果机器在某些现实的条件下，能够非常好地模仿人类回答问题，以致提问者在相当长时间里误认为它不是机器，那么机器可以被认为是能够思考的。"

从表面上看，要使机器回答按一定范围提出的问题似乎没有困难，可以通过编制特殊的程序来实现。然而，如果提问者并不遵循常规标准，那么编制回答问题的程序就是极其困难的事情。例如，提问与回答呈现出下列状况。

问：你会下国际象棋吗？

答：是的。

问：你会下国际象棋吗？

答：是的。

问：请再次回答，你会下国际象棋吗？

答：是的。

你大概率会猜到这是一个机器。如果提问与回答呈现出另一种状况。

问： 你会下国际象棋吗？

答：是的。

问：你会下国际象棋吗？

答：是的，我不是已经说过了吗？

问：请再次回答，你会下国际象棋吗？

答：你烦不烦，为什么老提同样的问题。

那么，在你面前的大概率是人而不是机器。上述两种状况的区别在于，第一种可明显地感到回答者是从知识库里提取简单的答案，第二种则具有综合分析的能力，回答者知道提问者在反复提出同样的问题。图灵测试没有规定问题的范围和提问的标准，如果想要制造出能通过测试的机器，以现在的技术水平，必须在计算机中储存人类所有可以想到的问题，以及对这些问题的所有合乎常理的回答，并且需要理智地做出选择。

2014 年，一台名为尤金·古斯特曼（Eugene Goostman）的计算机成功让人类相信它是一个 13 岁的男孩，成为有史以来首台通过图灵测试的计算机。

图灵测试是人工智能领域的一个重要的里程碑，对人工智能的发展有着重要的推动作用。它不仅提出了机器智能的概念，还引发了人类对智能本质的深刻思考。图灵认为智能不仅是逻辑和计算能力，还涉及学习、理解和创造力。这个观点激发了无数科学家和工程师致力于开发更智能、更人性化的机器。

1.2　计算机

自 ENIAC 诞生以来，电子计算机技术获得了突飞猛进的发展。现在，计算机已经不仅是一个计算工具，它更是一个能够对各种信息进行获取、表示、存储、传输、处理、控制的处理机器。它已经渗入了人类社会生活的各个领域，完全改变了人类生活的方式，给整个人类社会带来了翻天覆地的变化。

1.2.1　计算机的发展

根据计算机采用的主要电子器件，通常将电子计算机划分为电子管计算机、晶体管计算机、集成电路计算机、大规模和超大规模集成电路计算机这 4 代。

1.　第一代——电子管计算机（1946—1958 年）

这一代的计算机主要采用电子管作为运算元件和逻辑元件。内存储器采用汞延迟线、磁鼓、磁芯，外存储器采用磁带。在软件方面，用机器语言和汇编语言编写程序。这个时期的计算机主要用于科学和工程计算。

2.　第二代——晶体管计算机（1958—1964 年）

这一代的计算机的逻辑元件为晶体管。内存储器采用铁氧体磁芯，外存储器采用先进的磁盘。在软件方面，出现了各种各样的高级语言及程序设计语言，开始使用"操作系统"。除了进行科学计算之外，这一代的计算机还应用于工业控制、工程设计及数据处理等领域。

3.　第三代——集成电路计算机（1964—1971 年）

这一代的计算机的逻辑元件为集成电路，使用半导体存储器代替了磁芯。在软件方面，出现了分时操作系统及交互式高级语言，实现了多道程序的运行，如当其中一个程序等待输入或输出时，另一个程序可以进行计算，这大大提高了计算机的运行速度。

4.　第四代——大规模和超大规模集成电路计算机（1971 年至今）

这一代的计算机的逻辑元件和内存储器都采用大规模集成电路（Large Scale Integrated Circuit，LSI），集成度比中小规模集成电路提高了 1~2 个数量级。1971 年诞生了世界上第一台微处理器和微型计算机。20 世纪 80 年代初期，计算机的价格已经降到普通人能够承受的范围，计算机进入了个人计算机（Personal Computer，PC）时代。

我国于 1952 年成立第一个电子计算机科研小组，1958 年第一台电子管计算机研制成功，到今天计算机的发展经历了仿制、跟踪发展及自主研制几个过程。目前我国在高性能计算机和微型计算机方面都取得了重大的成就。我国电子计算机的发展历程如表 1.1 所示。

表 1.1　我国电子计算机的发展历程

类型	时间		代表机型	重要意义
电子管计算机	1958—1964 年		小型电子管通用计算机 103 机	我国第一台电子计算机
晶体管计算机	1965—1972 年		大型晶体管计算机 109 乙机、109 丙机	主要用于两弹试验
集成电路计算机	1973 年至 20 世纪 80 年代初	1974 年	小型集成电路计算机 DJS-130	掌握小型集成电路计算机技术
		1977 年	微型计算机 DJS-050	我国第一台微型计算机
		1983 年	银河-I 巨型计算机	标志着我国能够独立设计和制造巨型计算机

续表

类型	时间		代表机型	重要意义
大规模和超大规模集成电路计算机	20世纪80年代中期至今	1984年	长城0520CH微型计算机	系列微型计算机产业化的里程碑
		1992年	银河系列巨型计算机	我国超级计算机技术已经处于世界领先地位
		1993年	曙光系列超级计算机	
		1999年	神威超级计算机	
		2009年	天河系列超级计算机	
		2010年	星云超级计算机	
		2016年	神威·太湖之光	
	2001年		"龙芯"微处理器计算机及其系列	我国较早的通用CPU

微课视频

超级计算机主要用于需要大量运算的工作，比如天气预报、地震预测、天体研究、分子模型研究、仿真分析等。在2010年11月发布的全球超级计算机TOP500排行榜（以下简称TOP500榜单）中，我国首台千万亿次超级计算机"天河一号"排名第一，第一台实测性能超千万亿次的超级计算机"星云"位居第三，这标志着中国拥有了当时历史上运算速度最快的工具，并且成为继美国之后世界上第二个能够研制千万亿次超级计算机的国家。

2013年6月，中国国防科技大学研制的"天河二号"超级计算机以每秒33.86千万亿次的浮点运算速度，成为全球运算速度最快的超级计算机，之后它在TOP500榜单上连续六年称雄。2016年6月，由中国国家并行计算机工程技术研究中心研制的"神威·太湖之光"超级计算机横空出世，如图1.12所示。它以每秒9.3亿亿次的浮点运算速度在TOP500榜单中夺冠，更重要的是"神威·太湖之光"实现了包括处理器在内的所有核心部件的国产化。至此，中国计算能力超过每秒千万亿次的上榜系统已从2008年6月的1台增至2016年的117台，与美国上榜数量持平。到2017年11月，"神威·太湖之光"第四次蝉联冠军。2020年6月的TOP500榜单中，"神威·太湖之光"位列第四，"天河二号"位列第六。目前，中国正在开发下一代E级超级计算机，也就是每秒运算速度能达到百亿亿次的超级"大脑"。

在微处理器方面，目前龙芯产品包括龙芯1号、龙芯2号和龙芯3号3个系列，龙芯3号如图1.13所示。"天河一号"中就使用了"龙芯"芯片，2015年中国发射了首枚使用"龙芯"芯片的北斗卫星。2019年12月，龙芯3A4000/3B4000发布，实现了性能的成倍提升。2021年4月龙芯自主指令系统架构通过国内第三方知名知识产权评估机构的评估。2023年11月，龙芯3A6000发布，它完全自主设计、性能优异，是我国自主桌面CPU设计领域的新里程碑。

图1.12 "神威·太湖之光"

图1.13 龙芯3号

尽管我国在计算机的发展上已经取得了很大的成就，但是与发达国家仍然存在差距，主要表现在我国的原始创新少，研制成果的商品化、产业化较落后。

1.2.2 计算机基础知识

人们平时所说的计算机一般是指通用计算机，即硬件固定不变，通过加载、执行不同的程序，实现不同功能、解决不同问题的计算机，如台式计算机、笔记本计算机、平板计算机等。除此之外，工业控制和嵌入式设备等领域存在大量专用计算机，它们只执行特定的程序，从而实现固定的功能。例如，现在的飞机、汽车、电视机、ATM、自动售票机、导航仪、全自动洗衣机等都内嵌了各种各样的专用计算机。

计算机具有运算速度快、计算精度高，有记忆能力、逻辑运算能力、自动执行能力等几个主要特点。另外，只要执行不同的程序，计算机就可以解决不同的问题，因而计算机具有很强的稳定性和通用性。随着微电子技术、通信技术和计算机技术的发展，现代计算机连续无故障运行时间可达到几十万小时，具有极高的可靠性，且实时通信能力及直观、灵活的表现能力都很强。

计算机的特点决定了它在人们的生活、学习和工作中有着极其广阔的应用前景。经过几十年的发展，从国防、科研、生产、农业、交通，到教育、卫生、商业、通信等几乎所有的领域都涉及计算机技术。计算机的应用包括科学计算、数据处理、过程控制、计算机辅助系统、人工智能、网络通信等主要方面。

1. 计算机的分类

计算机有一个庞大的家族，从不同的角度出发有不同的分类方式。例如，根据用途和使用范围，计算机可以分为通用计算机和专用计算机；根据表示信息的方式，计算机可以分为数字计算机、模拟计算机和数模混合计算机；根据规模和处理能力，计算机可以分为巨型计算机、大型计算机、中型计算机、小型计算机和微型计算机。根据计算机的综合性能指标，结合计算机应用领域的分布可将计算机分为高性能计算机、微型计算机、工作站、服务器和嵌入式计算机五大类。

（1）高性能计算机

高性能计算机，俗称超级计算机或者巨型计算机，是指运算速度很快、处理能力很强的计算机。高性能计算机一般应用于军事战略防御系统、大型预警系统、航天测控系统，以及大区域中长天气预报、大面积物探信息处理、大型科学计算和模拟系统等。目前国际上对高性能计算机最权威的榜单是全球超级计算机 TOP500。中国、美国及日本在高性能计算机方面都在世界的前列。

（2）微型计算机

微型计算机又称个人计算机。微处理器是微型计算机的核心部件，目前主要有 Intel 公司的酷睿系列和 AMD 公司的锐龙系列等。微型计算机因小巧、轻便、廉价等优点被广泛应用于办公、学习、娱乐等方面，是发展最快、应用范围最广的计算机。我们日常使用的台式计算机、笔记本计算机、平板计算机和种类众多的移动通信设备等都是微型计算机。

（3）工作站

工作站是一种高档的微型计算机，擅长处理某类特殊事务，通常配有高分辨率大屏幕显示器及容量很大的内存储器和外存储器，具备强大的数据运算与图形、图像处理能力。工作站主要应用于工程设计、动画制作、科学研究、软件开发、金融管理、信息服务、模拟仿真等专业领域。

（4）服务器

服务器是指在网络环境中为网络用户提供各种服务的计算机。服务器需要安装网络操作系统、网络协议和各种网络服务软件。服务器主要为网络用户提供文件、数据库、应用及通信方面的服务。与微型计算机相比，服务器对性能、可靠性、安全性等方面的要求更高，硬件系统的配置也更高。

（5）嵌入式计算机

嵌入式计算机是指嵌入应用对象系统中，实现对象体系智能化控制的计算机系统。与通用计算机相比，嵌入式计算机是以应用为中心，将操作系统和功能软件集成于计算机硬件系统之中，对功能、可靠性、成本、体积、功耗有严格要求的专用计算机。嵌入式计算机广泛应用于工业领域和各种家用电器之中，如飞机、汽车、数字电视、电冰箱、数码相机、空调、电饭煲等。

2. 计算机的发展趋势

尽管当前计算机的性能已经有了很大提升，但是采用的器件仍处于第四代的水平，巨型化、微型化、智能化和网络化是今后计算机进一步发展的趋势。

（1）巨型化并不是指计算机的体积巨大，而是指速度快、容量大、功能强大等，如在航天工程、气象预报、基因检测、石油勘探、武器开发、军事作战、机械仿真、密码破译等方面使用的高性能计算机。

（2）微型化是指随着大规模和超大规模集成电路技术的飞速发展，计算机的体积越来越小。微处理器的发展是计算机微型化的典型代表。微型计算机不仅方便携带，而且被嵌入电视及各种仪表等小型设备中，使这些设备具备一定的计算能力，进而具有一定的自动化和智能化特点。

（3）智能化是指把信息采集、存储、处理、通信和人工智能结合的智能计算机系统，计算机能够像人类一样具有思考、推理和判断能力。这是第五代计算机的研究目标，对社会和生活将产生不可估量的影响。目前最有代表性的领域是专家系统和机器人。

（4）网络化是指计算机之间的互联互通、基于计算机的物体之间的互联互通、人与组织之间的互联互通、网络与网络之间的互联互通以及虚拟世界与现实世界的互联互通等。

3. 新型计算机

人类的追求是无止境的，芯片作为电子计算机的核心部件，其制造工艺的不断进步推动着计算机的快速发展。但是目前的芯片主要采用硅基半导体结构，硅原子直径约 0.1 纳米，目前的工艺技术已非常接近这一极限，很难进一步获得提升。因此，人们正在积极地开拓其他的制造技术，如微电子技术、光学技术、电子仿生技术和超导技术等。从目前的研究情况来看，新型计算机很有可能会在量子技术、生物技术和光技术方面取得革命性的突破。可以预见，新型计算机，如量子计算机、生物计算机、光子计算机等，将会给人类的文明再次带来巨大的进步。

（1）量子计算机

量子计算机（Quantum Computer）是一种遵循量子力学规律进行高速算术和逻辑运算、存储及处理量子信息的物理装置。普通的电子计算机在基于二进制 0 和 1 的"比特"（Bit）上运行。量子计算机在"量子比特"（Qubit）上运行，可以计算 0 和 1 之间的数值，并且使用量子算法来进行数据操作。

微课视频

由于量子的叠加效应，一个量子比特可以存储 0 或 1，也可以既存储 0 又存储 1，因此一个量子比特可以存储两个数据。对于拥有同样数量的存储位的计算机，量子计算机的存储量比电子计算机的要大得多。量子比特序列不但可以处于各种正交态的叠加态上，而且可以处于纠缠态上。这些特殊的量子态，不仅提供了量子并行计算的可能，还将具有许多奇妙的性质，其运算速度可能比目前的个人计算机快 10 亿倍。

（2）生物计算机

生物计算机（Bio-Computer）也称仿生计算机，主要原材料是采用生物工程技术产生的蛋白质分子，并以此作为生物芯片来替代半导体硅片，利用有机化合物存储数据，以波的形式传播信息。

因为蛋白质分子比硅晶片上的电子元件小得多，彼此距离很近，所以生物计算机的体积很小。生物芯片具有天然、独特的立体结构，其密度比平面型的硅集成电路高 5 个数量级，因而用生物芯片做成的生物存储器的存储空间仅占普通计算机的百亿亿分之一。生物计算机具有高速信息处理能力，几万亿个 DNA 分子在某种酶的作用下进行化学反应，能使生物计算机同时运行几十亿次，加上生物芯片具有并行处理的功能，其运算速度比当今最新一代的计算机快约 10 万倍。另外，由于生物芯片内流动电子碰撞的可能性极小，几乎不存在电阻，所以生物计算机的能耗极小，仅为普通计算机的十亿分之一。

由于蛋白质分子能够自我组合，再生新的微型电路，具有很强的"活性"，这使得生物计算机具有生物体的一些特点。当生物芯片出现故障时，它可以自我修复，所以生物计算机具有"自愈"能力。生物计算机具有生物活性，能够和人体的组织有机地结合起来，尤其是能够与人脑和神经系统相连。这样生物计算机就可以直接接受人脑的综合指挥，成为人脑的辅助装置或扩充部分，并能通过人体细胞吸收营养、补充能量，因而不需要外界能源。生物计算机将能植入人体内，成为帮助人类学习、思考、创造、发明的理想的伙伴。科学家认为，生物计算机最有可能实现人类所寻求的"智能"。

（3）光子计算机

光子计算机（Photon Computer）是一种通过光信号进行算术运算、逻辑运算、信息存储和处理的新型计算机。它由激光器、光学反射镜、透镜、滤波器等光学元件和设备构成，靠激光束进入光学反射镜和透镜组成的阵列进行信息处理，并以光子代替电子，以光运算代替电运算。光具有并行、高速的特点，天然地决定了光子计算机的并行处理能力很强，具有超快的运算速度。光学元件允许频率高、范围大的光通过，即带宽非常大，传输和处理的信息量极大。有人计算过，对于每边长 1.5 cm 左右的三棱镜，其信息通过能力比全世界现有的全部电话电缆的信息通过能力加一起还要强好多倍。光子在光介质中传输所造成的信息畸变和失真极小，光传输、转换时能量消耗和散发的热量极低，对环境条件的要求比电子计算机的低得多。光子计算机还具有与人脑相似的容错性，系统中某一元件损坏或出错时，并不影响最终的计算结果。

随着现代光学与计算机技术、微电子技术的结合，在不久的将来，特别是在一些特殊领域，比如电话传输、天气预测等，使用光波而不是电流来处理数据和信息，对于计算机的发展而言将是非常重要的一步。光子计算机将为我们带来更强大的运算能力和更快的处理速度，甚至会为计算机科学和生物科学等学科的交叉融合打开一扇新的大门。

4. 计算机应用的新模式

在当今的新思想、新技术、新需求的驱动下，计算机的应用呈现出各种各样的新模式，计算变得"无处不在"并且"无所不能"。云计算、大数据等各种新的计算模式从不同侧面反映了人们求解复杂问题的策略。高性能计算机、移动互联网等技术革命对计算技术的发展起到了巨大的推动作用。人工智能、物联网、智慧地球等体现了计算技术对社会的深刻影响。总之，不容置疑的是整个信息技术（IT）正经历着一场深刻的变革。

微课视频

（1）云计算

云计算（Cloud Computing）是目前信息技术的一个热点，广为接受的是美国国家标准与技术研究院（NIST）的定义：云计算是一种按使用量付费的模式，这种模式提供可用的、便捷的、按需的网络访问，进入可配置的计算资源共享池（资源包括网络、服务器、存储、应用软件、服务等），只需投入很少的管理工作或与服务供应商进行很少的交互，这些资源就能够被快速提供。这就好比计算已经从古老的单台发电机模式转向了电厂集中供电的模式。它意味着计算能力也可以作为一种商品进行流通，就像煤气、水、电一样，取用方便，费用低廉，而它们之间最大的不同在于计算能力是通过互联网进行传输的。

云计算具有资源和服务透明、可靠性高、可伸缩性好等特征。云计算本质上可以看作一种共享服务，服务的内容可以是硬件、平台、软件，也可以是其他任意的服务。它将由网络连接的海量计算资源进行整合，并且统一管理和调度这些计算资源，提供定制化的按需使用服务，并通过网络将这些资源分配给需要的用户，同时可以对资源进行动态分配和灵活扩充。"云"中的资源在使用者看来是无限的，并且是可以随时获取、按需使用、按使用量付费的。

云计算预示着我们存储信息和运行应用程序的方式将发生重大的变化。数据和程序可以不再存放和运行于个人计算机上，而是一切都可以托管到"云"中。云计算提供更可靠、更安全的数据存储中心，用户不用再担心数据丢失、病毒入侵等问题。人们可以在浏览器中直接编辑存储在"云"中的文档，还可以随时与朋友分享信息；所有的电子设备只需要连接互联网，就可以同时访问和使用同一份数据；可以在任何地方用任何一台计算机找到某个朋友的电子邮件地址，还可以在任何一部手机上直接拨通朋友的电话等。在日常生活中，在线购物、使用基于浏览器的搜索引擎、网上银行转账等都是云计算的应用。云计算为我们使用网络提供了无限的可能，"云"让每个普通人以极低的成本接触到顶尖的信息技术。云计算必将在未来展示出强大的生命力，并将从多个方面改变我们的工作和生活。

（2）物联网

物联网（Internet of Things）的概念来源于 1999 年美国麻省理工学院"自动识别中心（AUTO-ID）"提出的"万物皆可通过网络互联"的思想。早期的物联网被看作人与物、物与物互联的巨大网络。它通过各种信息传感设备，包括二维码识别设备、射频识别装置、红外线感应器、GPS、激光扫描器、气体感应器等，实时采集任何需要监控、连接、互动的物体或过程所需要的各种信息，按约定的协议利用局部网络或互联网等技术把传感器、控制器、机器、人员等通过新的方式连接起来进行信息交换，以实现智能化识别、定位、跟踪、监控和管理等目的。

现在，物联网被重新定义为计算机、互联网技术与当下几乎所有其他技术结合，实现物体与物体、环境以及状态信息之间的实时共享和智能化地收集、传递、处理、执行。广义上说，当下涉及的信息技术的应用，都可以纳入物联网的范畴。

2009 年 IBM 公司首次提出"智慧地球"这一概念，即建设新一代的智慧型基础设施。今天，"智慧地球"被美国人认为与当年的"信息高速公路"有许多相似之处，是振兴经济、确立竞争优势的关键战略。该战略能否掀起如当年互联网革命一样的科技和经济浪潮，不仅为美国所关注，更为世界所关注。在中国，物联网被列为国家五大新兴战略性产业之一，物联网领域的研究和应用受到了全社会极大的关注。

当今社会，物联网通过智能感知技术、智能识别技术与普适计算等通信感知技术，广泛应用于融合网络之中。物联网应用涉及国民经济和社会生活的方方面面，如智能交通、环境监测、公共安全、政府工作、平安家居、定位导航、现代物流管理、食品安全控制、敌情侦察和情报搜集等多个领域，因而物联网被称为继计算机、互联网之后世界信息产业发展的第三次浪潮。

对目前计算机应用的新模式而言，物联网的一大特点在于海量的计算结点和终端，其在处理海量数据时对计算能力的要求很高，而云计算、大数据和人工智能刚好可以担负起这个重任。通过云计算将海量数据集中存储和处理，再通过大数据技术对这些海量数据进行整理与汇总，而人工智能在大数据的基础上进行进一步的分析和挖掘，然后根据分析结果进行活动。对于物联网应用来说，人工智能的分析决策能够帮助企业提升营运业绩，发现新的业务场景。

（3）大数据

大数据（Big Data）是近年来信息技术行业的热词，其在各个行业的应用越来越广泛。大数据指的是所涉及的数据规模巨大，无法通过人脑甚至主流软件工具在合理时间内达到获取、管理、处理，并整理成帮助企业经营决策的信息。显然，数据量大、数据种类多、实时性强、数据所蕴藏的价值大是大数据的特点。

科学技术及互联网的发展，推动着大数据时代的来临，各行各业每天都在产生数量巨大的数据碎片，数据已从 Byte、KB、MB、GB、TB 发展到 PB、EB、ZB、YB，甚至 BB、NB、DB 量级。大数据时代下的技术问题不再是数据的采集，而是面对大规模的数据，我们怎样才能找到数据内在规律。

大数据的内在规律必然无法用人脑来推算、估测，或者无法用单台计算机进行处理，而必须采用分布式计算架构，依托云计算的分布式处理、分布式数据库、云存储和虚拟化技术。因此，大数据的挖掘和处理必须用到云计算技术。云计算主要提供服务，而大数据主要完成数据的价值化，它们相辅相成，密不可分。

大数据技术的战略意义不在于掌握庞大的数据，而在于对这些含有意义的数据进行专业化处理。换言之，如果把大数据比作一种产业，那么这种产业实现盈利的关键在于提高对数据的"加工能力"，通过"加工"实现数据"增值"。例如中国移动通过大数据技术，对企业运营的全业务进行针对性的监控、预警、跟踪。

（4）人工智能

人工智能（Artificial Intelligence，AI）研究如何使机器像人类一样去感知、理解、学习、推理、决策和行动。人工智能在科幻小说中风靡了数十年，如今已成为我们日常生活的一部分。有了人工智能，我们拿起手机时手机可以自动识别人脸进行解锁，也会向我们推荐接下来该买什么产品或者该追哪一部电视剧，还可以听懂我们的诉求帮助我们做事。人工智能推动诸如医学影像分析等应用不断发展，也使自动驾驶汽车逐渐成为现实。它正在帮助技能娴熟的专业人员更快地完成重要工作并取得更大的成功。

在图灵测试被提出之后，1956 年达特茅斯会议正式提出了人工智能的概念，随后人工智能的研究几经起伏。进入 21 世纪，随着互联网以及计算机算力的提升和大数据的积累，人工智能迎来了新的"春天"。机器学习研究计算机怎样模拟或实现人类的学习行为，使机器获取新知识或技能，重新组织已有的知识结构并不断提升自身的性能。深度学习技术让机器能够像人类一样学习和思考，它是实现机器学习的一种核心技术。神经网络这种模拟人脑的模型让 AI 焕发了生机。随着深度学习技术的发展，人工智能在图像识别、语音识别等领域取得了突破性的进展。而 2022 年 11 月 Open AI 的 ChatGPT 发布，将人工智能技术推向了一个新的巅峰。生成式 AI 大模型的出现让 AI 离人类的智能又近了一步。在这之后，全球的优秀公司纷纷推出了自己的大语言模型。

从实际应用层面来看，人工智能是研究如何用计算机软件和硬件去实现主体的感知、决策与智能行为的技术。人工智能的本质是对人的思维过程的模拟，其理论基础表现为搜索、推理、规划和学习，具体内容包括自然语言处理、知识表现、智能搜索、推理、规划、机器学习、知识获取、组合调度问题、感知问题、模式识别、逻辑程序设计、不精确和不确定的管理、人工生命、神经网络、复杂系统、遗传算法等。

人工智能的核心在于算法，它可以根据大量的历史数据和实时数据对未来进行预测。人工智能可以处理和学习的数据越多，其预测的准确率就越高。因此人工智能离不开大数据，同时要依靠云计算平台来完成深度学习的进化。

目前，人工智能可以胜任一些计算密集型、搜索型任务，但相比人类，语义理解、归纳推理、智能决策还有待改进、优化。人工智能的应用包括机器视觉、指纹识别、人脸识别、视网膜识别、虹膜识别、掌纹识别、专家系统、自动规划、智能搜索、定理证明、博弈、自动程序设计、智能控制、机器人学、语言和图像理解、遗传编程等。

随着人工智能技术的不断发展，它将渗透到我们生活当中的多个领域，深刻地改变这个时代，改变我们的工作方式、生活方式，甚至我们的思维方式。

1.2.3 计算机的基本工作原理

1. 指令、指令系统和程序

指令是指指挥计算机完成某个基本操作的命令，它由二进制数 0 和 1 构成，其操作由硬件电路来实现，其基本格式如图 1.14 所示。

操作码	操作数	……	操作数

图 1.14 指令的基本格式

操作码（Operation Code，OP）指明计算机所要执行的指令的类型和功能。操作数（Operand）指明指令执行操作过程中所需要的操作对象。在一条指令中，操作数可以有 0 个（即无操作数）、1 个或多个。

例如，1011000000000011 表示将 3 送往 CPU 中的累加器，其中前 8 位表示往累加器送数，后 8 位表示十进制数 3。

一台计算机上所有指令构成该计算机的指令系统。指令系统中的指令是一台计算机能够直接执行的全部基本操作。不同计算机的指令系统的指令格式和数目有所不同。指令系统越丰富、完备，编制程序就越方便、灵活。通常所说的系列微机是指基本指令系统相同、基本体系结构相同的一系列计算机。

为了实现特定的目标，将一系列的指令进行有序的组合就形成了程序。任何复杂的问题在计算机中都会被分解为一系列指令，一条指令规定计算机执行一个基本操作，一个程序规定计算机完成一个完整的任务。

2. 计算机的工作原理

计算机的工作过程就是执行程序的过程。程序在运行前由输入设备及操作系统调入内存储器中，当机器进入运行状态后，系统就从内存储器中取出一条指令以实现其基本操作。执行完一条指令后，系统又自动地取下一条指令，重复进行这个过程，直至取出结束指令为止。程序的执行过程如图 1.15 所示。

执行计算机指令包含几个基本的步骤：取指令、分析指令和执行指令。取指令就是把要执行的指令从内存储器中取出并送入微处理器；分析指令

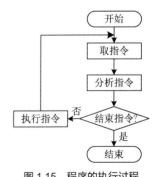

图 1.15 程序的执行过程

就是分析取出的指令所要完成的操作；执行指令就是根据控制器发出的控制信息，使运算器按照指令规定的操作去执行相应的动作。

图 1.16 所示为指令执行流程，它展示了在一个简化的计算机模型中将存储器中的数据取出并和累加器中的数据相加的过程。假定这台计算机存储一条指令需要一个存储单元，指令的操作码和操作数各是 4 位二进制数，为了方便解释，约定使用操作码 0001 表示将存储器中的数据与累加器中的数据相加。

图 1.16 中①表示取指令。程序计数器中存储着指令所在的内存地址 0011，从内存储器的这个地址中取出指令 00011010，并送往指令寄存器。

图 1.16 中②表示分析指令。对①送到指令寄存器中的指令进行分析。由指令译码器对操作码 0001 进行译码，将指令的操作码转换成相应的控制电位信号。由地址 1010 确定存放操作数的内存地址。

图 1.16 中③表示执行指令。由操作控制电路发出完成该操作所需的一系列控制电位信号，将存储在内存地址 1010 中的数据 1100 取回，并和累加器中的数据相加，完成该指令所要求的操作。

一条指令执行完成后，程序计数器会自动加 1，指向下一条需要执行的指令所在的位置。

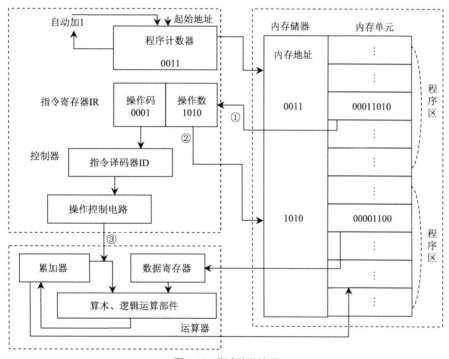

图 1.16　指令执行流程

1.3　计算思维

在人类认识世界和改造世界的过程中，思维占有重要的位置。思维是人脑对客观事物的一种概括的、间接的反映，是人类运用存储在脑中的知识和经验，通过对外界输入的信息进行分析、比较、抽象和概括等一系列复杂的操作实现的。

科学研究的三大方法分别是理论、实验和计算，其所对应的三大科学思维分别是抽象思维、实证思维和计算思维。

（1）抽象思维：又称理论思维，它以推理和演绎为特征，以数学学科为代表。

（2）实证思维：又称实验思维，它以观察和总结自然规律为特征，以物理学科为代表。

（3）计算思维：又称构造思维，它以设计和构造为特征，以计算机学科为代表。

图灵奖获得者艾兹格·迪科斯彻曾说过："我们所使用的工具影响着我们的思维方式和思维习惯，从而将深刻地影响着我们的思维能力。"电子计算机诞生后，没有一项技术能像计算机技术一样如此迅猛地发展，并且同时影响和改变着人们的思维方式。不论是自然科学还是社会科学，其发展无不与计算机技术有关，如核爆炸、蛋白质生成、大型飞机和舰艇设计等自然科学中的计算机模拟、仿真和辅助设计；又如社会科学中的大数据采集、处理和分析，社会问题的风险评估、预测和控制，大量复杂问题的求解、宏大系统的建立、大型工程组织等。基于计算机科学与技术的计算思维必将像计算机一样，逐步渗入每一个人的生活之中。学习计算思维，即学会像计算机科学家一样思考和解决问题，这不仅是计算机专业人员，更是每一个人应该具有的普遍认知和应该掌握的基本技能。

1.3.1 计算思维概述

1. 什么是计算思维

下面以一个简单的例子来介绍计算思维的基本思想。求函数 $f(x)$ 在区间上的积分通常有两种方法：一种是牛顿-莱布尼茨公式，首先需要求出 $f(x)$ 的原函数 $F(x)$，然后计算 $F(x)$ 在区间 $[a,b]$ 上的值；另一种是黎曼积分，先对区间 $[a,b]$ 进行 n 等分，然后计算各小矩形的面积之和。在高等数学中我们通常使用牛顿-莱布尼茨公式，因为使用黎曼积分的计算量太大了。而在计算机中我们通常使用黎曼积分，因为不同的 $f(x)$ 求原函数的方法是不同的，并且不是对所有的 $f(x)$ 都能够找到其原函数。

2006 年，美国卡内基·梅隆大学的周以真教授对计算思维进行了系统的阐述，并将其重要性提升到国家发展的战略地位。周以真教授认为，计算思维（Computational Thinking）是运用计算机科学的基础概念进行问题求解、系统设计以及人类行为理解等涵盖计算机科学各方面的一系列思维活动。也就是说计算思维使用的方法主要是计算机科学的方法，要完成的任务是求解问题、设计系统、理解人类的行为。具体可以从以下 3 个方面理解计算思维。

（1）问题求解中的计算思维

问题求解是科学研究的根本目的之一。利用计算机既可以求解数据处理、数值分析等问题，也可以求解物理、化学、经济学、社会学等学科中的问题。使用计算机求解问题，首先要把实际的应用问题转换为数学问题，然后建立模型、评估模型是否可解，若可解则设计算法和程序，最后在实际的计算机中运行程序。

（2）系统设计中的计算思维

1985 年图灵奖获得者理查德·卡普认为，任何自然系统和社会系统都可被视为动态演化系统，演化伴随着物质、能量和信息的交换，这种交换可以映射为符号变换，使计算机能进行离散的符号处理。当动态演化系统抽象为离散符号系统后，就可以采用形式化的规范描述，建立模型、设计算法和开发软件来揭示演化的规律，实时控制系统的演化并自动执行。

（3）人类行为理解中的计算思维

面对信息时代中新的社会动力学和人类动力学，计算思维基于可计算的手段，以定量化的方式，通过各种信息技术，设计、实施和评估人类与环境之间的交互。也就是说可以利用计算手段来研究人类的行为。

2．计算思维的本质

抽象（Abstraction）和自动化（Automation）是计算思维的本质。抽象可以使人们有选择地忽略某些细节，以维持系统的复杂性。计算思维中的抽象完全超越物理学的时空观，并完全用符号来表示。自动化就是机械地一步步地自动执行，也就是选择合适的计算机来解释执行抽象的问题。

将待解决的问题抽象成数学模型是计算思维中抽象的一个重要表现，也就是抛开事物的物理、化学、生物等特性，仅保留其量的关系和空间的形式，并且通过抽象关注问题的主要内容，忽略或减少过多的具体细节。此外，抽象能帮助我们发现一些看似不同的问题的共同特性，从而建立相同的计算模型。

例如，七桥问题是 18 世纪著名的古典数学问题之一。在哥尼斯堡的普莱格尔河上有 7 座桥，将河中的两个岛和河岸连接，如图 1.17（a）所示。每座桥只允许通过一次，最后仍然回到起始地点，问能否走遍 7 座桥。这个问题看似不难，但人们始终没有找到答案，最后数学家欧拉将该问题抽象成图 1.17（b）所示的数学问题，证明了这样的走法不存在。

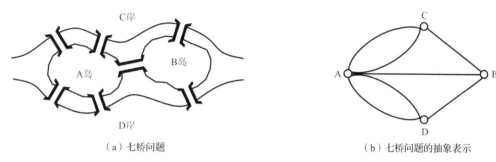

（a）七桥问题　　　　　　　　　　　　　　　　（b）七桥问题的抽象表示

图 1.17　七桥问题及其抽象表示

在计算思维中，抽象通常是在不同的层次上完成的，层次的划分和我们关注的问题密切相关，不同的抽象层次对应不同复杂程度的问题。通常我们会在较低的抽象层次之上建立一个较高的抽象层次，以便隐藏低级抽象层次的复杂细节，提供更加简单的求解方法。比如将计算机系统划分为几个层次实现，在硬件系统之上配置操作系统，使得人们无须掌握太多硬件知识就可以操作计算机；在操作系统或其他软件系统之上搭建新的软件，可以隐藏系统的底层功能，便于关注、理解和使用新观点或新功能。又如，互联网是抽象成多层网络协议才得以实现的，但是发送电子邮件的人并不希望也不需要掌握网络的底层知识。

计算思维中的抽象最终需要实现自动化，因此各种不同抽象层次之间的"翻译工具"十分重要，如编码器、程序设计语言、编译器等；还需要考虑抽象在现实世界中实施自动化的限制，也就是计算机的执行限制。例如，当有限的内存空间无法容纳复杂问题中的海量数据时，需要使用缓冲方法来分批处理数据；当程序运行时，需要处理如磁盘满载、服务没有响应等异常情况。

3．计算思维的特征

（1）计算思维是人类的思想和方法，是人类求解问题的一条途径。计算思维是指像计算机科学家而不是计算机那样去思维。计算机刻板而机械，但拥有强大的计算能力；而人类通过在抽象的多个层次上思维并且编程，将计算思维的思想赋予计算机，解决各种需要大量计算的问题。作为解决问题的有效途径，计算思维只能通过学习和实践来培养，而且人人都应当掌握，因其处处都会被使用。

（2）计算思维建立在计算机的能力和限制之上，因而用计算机解决问题时既要充分利用计算机的计算和存储能力，又不能超出计算机的能力范围，必须考虑机器的指令系统、资源约束和操作环境。例如，计算机能够快速执行大量的指令，但每条指令只限于一些简单的操作，因此我们无法让计算机执行不能转化为简单操作的复杂任务。又如，计算机能表示的整数是有限的，所以进行算法设计时如果超出整数的表示范围，就必须另想办法。

（3）计算思维融合了数学和工程等领域的思维方式。计算思维基于问题求解的一般数学思维，需要建立现实世界的抽象模型，采用构建在数学基础之上的形式化语言表达思想。计算思维吸取了现实世界中设计与评估复杂系统的工程思维，计算机科学家建造与现实世界互动的系统，不断寻求提高系统质量的方法，并且评估系统的代价与收益，权衡多种选择的利弊。

1.3.2　计算思维的方法与案例

1. 计算思维的方法

通常计算思维表现为人们在问题求解、系统设计及人类行为理解的过程中对抽象、算法、数据及其组织、程序、自动化等概念和方法进行潜意识的应用。计算思维建立在计算过程的能力和限制之上，可以由人也可以由机器执行。计算思维的方法涉及两个方面：一方面是源于数学和工程中系统设计与评估的方法；另一方面是计算机科学特有的方法。周以真教授具体地阐述了七大类计算思维的方法。

（1）计算思维是一种通过约简、嵌入、转化和仿真等方法，把一个复杂的问题重新阐述、解释成一个人们知道怎样解决的问题的思维方法。

（2）计算思维是一种递归思维，也是一种并行处理方法。它能把代码译成数据，也能把数据译成代码，是一种多维分析推广的类型检查方法。

（3）计算思维是一种采用抽象和分解来执行庞大、复杂的任务或进行巨大复杂系统设计的方法，是一种基于关注点分离的方法（SoC方法）。

（4）计算思维是一种选择合适的方式（程序设计语言）去陈述一个问题，或对一个问题的相关方面建模并使其易于处理的思维方法。

（5）计算思维是一种按照预防、保护及通过冗余、容错和纠错方式，从最坏情况进行系统恢复的思维方法。

（6）计算思维是一种利用启发式推理寻求解答，即在不确定情况下进行规划、学习和调度的思维方法。

（7）计算思维是一种利用海量数据来加快计算，在时间和空间、处理能力和存储容量之间进行折中的思维方法。

正是有了这些计算思维的方法，我们敢于去处理那些原本无法由个人独立完成的问题求解和系统设计任务。

2. 计算思维的案例

在生活及计算机科学中，计算思维无处不在。下面是一些计算思维的案例。

（1）人们按照菜谱做菜，菜谱将菜的烹饪方法按步骤罗列，其可以看作算法的典型代表。菜谱中"勾芡"这个步骤可以看作模块化操作，它代表着"取淀粉，加水，搅拌均匀，倒入菜中"这样一个操作序列。我们在等待一个菜煮好的时候，会将另一个菜洗净切好，这就是并发。

（2）人们根据图书的目录快速找到所需要的章节，这就是计算机中广泛使用的索引技术。

（3）人们沿原路边往回走边寻找丢失的东西，或者在岔路口沿着选择的一条路走下去时却发现此路不通，就会原路返回岔路口去选择另一条路，这就是计算机中的回溯法，这对于系统地搜索问题空间非常重要。

（4）学生每天上学时只把当天使用的书本放入书包内，这就是计算机中的预置和缓存。

（5）在超市付账时人们有选择地排队，这就是多服务器系统的性能模型。

（6）停电时电话仍然可以用，这就是失败的无关性和设计的冗余性。

1.3.3　计算思维的实现

计算思维是可以实现的。计算机科学家基于计算机的能力和限制，实现了周以真教授概括的计算思维的方法，进而建立了一整套利用计算机解决问题的思维工具。下面是使用计算机实现常见的一些计算思维的方法的过程。

1. 计算系统

现实世界中的各种信息，包括数值、文字、多媒体（声音、图像、视频等）都可以用符号 0 和 1 来表示，信息符号化将现实世界抽象成符号世界。0 和 1 作为二进制的数码可以用于算术运算和逻辑运算，符号计算化进一步将符号世界转化为计算世界。随着电子技术的发展，各种电子元器件在物理上实现了这些运算，并且通过进一步集成元器件来构造复杂的电路，最终组成了计算机硬件系统，进而完成了计算自动化的过程，将计算世界引入计算机世界。在硬件系统的基础上，人们通过构造程序来控制计算机工作。硬件系统和软件系统共同组成一个完整的计算机系统，为人们求解现实世界中各种问题提供物质基础。计算思维在计算机系统中的实现过程如图 1.18 所示。

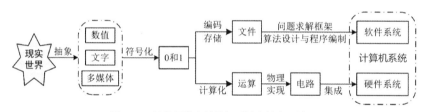

图 1.18　计算思维在计算机系统中的实现过程

简单的信息可以使用应用软件处理，如使用各种数值分析软件（MATLAB、Mathematica、Maple等）进行数值信息的计算、分析、汇总和分类等；使用文字处理软件（Microsoft Office 等）进行文字的编辑、展示和打印等；使用多媒体软件（Adobe Audition、Photoshop、Premiere 等）进行声音、图像及视频的编辑、处理和播放等。通用软件包无法解决的问题以及具有一定规模的数据的复杂问题需要依靠程序设计及数据库等其他技术解决。

2. 问题求解

应用计算机进行问题求解，一般遵循问题分析、算法设计、程序编制、调试运行等几个过程，并且这几个过程通常需要反复执行多次才能完成任务。使用计算机进行问题求解的计算思维实现过程如图 1.19 所示。

首先，对待求解问题进行调查、分析；其次，一方面将分析得到的待解决问题抽象为数学模型，并且将数学模型中数据的逻辑结构转换为计算机能够存储和处理的数据结构，另一方面将分析得到的待解决问题抽象为功能模型，进一步进行算法设计，明确问题的计算规则或计算步骤；然后，选择先进的程序设计方法，使用合适的程序设计语言将算法表述为程序；最后，调试运行程序完成问题求解。这个过程不仅需要考虑问题求解的可能性，还需要在计算机软件、硬件技术的能力与限制下考虑如何高效解决问题。

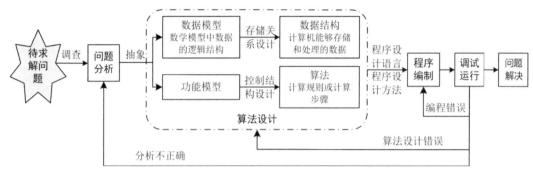

图 1.19　使用计算机进行问题求解的计算思维实现过程

3. 具有规模数据的复杂问题求解

在人们的工作和生活中，对数据进行管理和利用十分重要。随着网络时代来临，人类社会的数据规模和种类正以前所未有的速度增长，传统的问题求解方式无法实现对一定规模数据的有效管理和高效利用。数据库技术可以解决如何在大数据的规模效应下存储数据、管理数据、分析数据的问题，以实现一定目标。

使用数据库技术进行问题求解，一般遵循需求分析、数据库设计（如概念模型转换、逻辑模型设计、物理模型实现）、系统设计、系统实现、系统测试等几个过程。首先对现实世界中涉及规模数据管理和处理的复杂问题进行调查、分析，得到较为准确、细致的用户需求；然后将其抽象为信息世界的概念模型，并选用某种数据模型将概念模型转换为逻辑模型，再确定数据库的物理模型并实现该数据库；在实现数据库设计的同时进行数据功能处理的设计，即系统设计；当数据库中的数据达到一定规模并且结构复杂时，需要使用专门的数据库管理系统（Database Management System，DBMS）对数据库进行科学的组织和管理，并将数据库与应用系统关联起来形成完整的数据库应用系统；最后进行系统实现和系统测试。使用计算机对具有一定规模的数据的复杂问题进行求解的计算思维实现过程如图 1.20 所示。

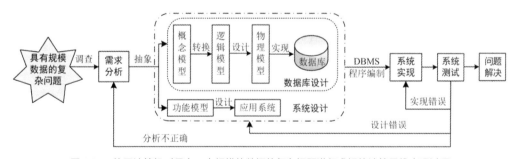

图 1.20　使用计算机对具有一定规模的数据的复杂问题进行求解的计算思维实现过程

4. 计算环境

一台计算机的计算能力是有限的，为了更好地利用和共享资源，人们将多台计算机互联组成计算机网络，计算环境从单机进入网络化时代。计算环境演化中计算思维的实现过程如图 1.21 所示。

图 1.21　计算环境演化中计算思维的实现过程

为了满足日益增长的大规模科学和工程计算、事务处理和商业计算的需求，人们通过并行计算（Parallel Computing）技术，将被求解的问题分解成若干个部分，各部分均由一个独立的处理器来计算，多个处理器协同工作，同时使用多种计算资源解决问题。并行计算系统既可以是专门设计的、含有多个处理器的超级计算机，也可以是由以某种方式相互连接的若干台独立的计算机构成的集群。

另外，人们还把一个需要非常强大的计算能力才能解决的问题分成许多小的部分，然后把这些部分分配给网络上的许多计算机进行处理，最后把这些处理结果综合起来以得到最终的结果，这就是分布式计算（Distributed Computing）。并行计算、分布式计算极大地提高和扩展了计算机的计算能力，使得计算机变得"无所不能"。

云计算在并行计算及分布式计算的基础上加入了服务化和虚拟化的概念，将计算任务分发到由大量计算机构成的资源池上，使各种应用系统能够根据需要获得计算能力、存储空间和信息服务。云计算环境中数据安全可靠，对用户端的设备要求低，可以轻松实现不同设备间的数据与应用共享，并为存储和管理数据提供几乎无限的空间，也为人们完成各类应用提供几乎无限强大的计算能力。

1.3.4　计算思维的应用

随着计算机在各行各业的广泛应用，计算思维的思想和方法对许多学科和领域都产生了重要的影响。

1. 生物学

计算生物学的发展正在改变生物学家的思维方式，生物学家除了在实验室研究生物学技术，还应用数据分析的方法进行数学建模，通过计算机仿真技术进行各项研究。

当前，由于生物系统复杂性极高，生物学研究的数据量在不断增长，观察、实验以及处理一般的数据都很困难。因此，必须依靠大规模计算技术，存储、检索、查询和处理这些海量数据，从中发现复杂的生物规律和机制，进而建立有效的计算模型。利用模型进行快速模拟和预测、指导生物学实验、辅助药物设计、改良物种等都是计算生物学中具有挑战性的任务。计算机科学中的许多技术，包括数据库、数据挖掘、人工智能、算法、图形学、软件工程、并行计算和网络技术等都被用于生物学研究。

计算思维与生物学的融合应用已有许多成功的案例。科学家已经运用霰弹枪算法大大降低了人类基因组测序的成本，提高了测序的速度；利用绳结来模拟蛋白质结构，用计算思维来模拟蛋白质动力学，并且运用数据挖掘与聚类分析的方法进行蛋白质结构的预测；开发了生物数据处理分析方法和知识库，帮助人们从分子层面认识生命及进化规律。DNA 计算机已经研制成功。

2. 化学

计算技术对化学的研究内容、研究方法甚至整个学科的结构和性质都产生了巨大的影响。计算化学以分子模拟为工具解决各种核心的可计算问题，它使用化学、计算方法、统计学和程序设计等方法，进行化学与化工的理论计算、实验设计、数据与信息处理、分析与预测等。

计算化学的研究领域主要涉及数值计算、化学模拟、化学中的模式识别、化学数据库及检索等 4个方面。例如，在量子化学和结构化学中进行演绎计算，在分析化学中进行条件预测、数值模拟、过程模拟和实验模拟，使用统计模式识别法根据二元化合物的键参数对化合物进行分类，预测化合物的性质，在有机分析中根据图谱数据库进行图谱检索等。

科学家已经利用原子计算技术探索化学现象，用优化和搜索算法寻找能优化化学反应条件和提高产量的物质，其应用包括确定非平衡化学反应这样大量而准确的计算；在由多台计算机组成的机群系统中，基于非结构网格和分区并行算法，为已有的预混可燃气体中高速飞行的弹丸的爆轰现象进行有效的数值模拟研究。

3. 数学

计算机对于数学家来说不仅是高速、高精度、自动化的数值计算工具，还是研究数学的一种探索工具。比如，计算数学用计算机进行数值计算，计算代数用计算机进行代数演算，计算几何学用计算机研究几何问题等，这些应用大大扩展了数学家的研究范围。

现在，数学家利用计算机寻找传统数学难题的答案，如证明四色定理、寻找最大的梅森素数、研究密码学等。世界上最复杂的数学问题之———李群 E8（Lie group E8，248 维对称体）。球、圆柱体和圆锥是 3 维对称体）从 1887 年提出后困扰数学界长达 120 年。18 名世界顶级数学家历时 4 年，使用超级计算机耗时 77 小时，完成了对它的计算。如果在纸上列出整个计算过程产生的数据，其用纸面积可以覆盖整个曼哈顿。李群 E8 的计算结果的容量远远超过了人类基因组图谱的 1GB，其所有的信息及表示，总容量达到了 60GB。这项重要的工作将会产生深远的影响，引发数学、物理学和其他学科的新发现。

为了给科学研究和工程设计以及其他必须进行有效数值计算的领域提供全面的计算解决方案，人们开发了一系列的数学软件，如 MATLAB、Mathematica、Maple 等，使用它们可以方便地进行数值计算与分析、系统建模与仿真、数字信号处理、数据可视化、财务与金融工程计算等。

4. 其他学科和领域

在工程技术领域，以及经济、社会、管理、法律、文学、艺术、体育等社会科学的各个领域，应用计算机技术，通过抽象建模可将研究从定性分析转化为定量研究。计算思维改变了各个学科和领域的研究模式。

在机械、电子、土木及航空航天等领域，计算机可以提高设计精度，进而降低零部件重量，减少浪费并节省制造成本。在这些领域，计算机模拟、仿真和预测表现出了不可替代的强大作用，如核试验模拟、飓风模拟、地震等自然灾害的预测等。现代航空工业采用 CFD 与风洞测试结合的模式，波音 777 风洞测试次数因计算机模拟技术的应用而显著减少。

计算机博弈论正在改变着经济学家的思考方式。计算经济学极大地影响了经济学的研究方法。为了在不确定的环境中使研究最优化，很多经济增长模型被定义为动态规划问题。在经济计量领域，使用"用模拟求估计"的方法计算计量模型。经济增长模型的数理性研究被计算性研究所替代，并将计算复杂度用于经济分析中。

社交网络延伸和扩展了人类的交际社会，机器学习统计学可用于网络中的推荐和声誉排名。法学研究者建立法律及案例知识库和专家系统，运用人工智能、时序逻辑、Petri 网等技术进行研究。艺术家正在尝试用计算机进行艺术创作，如使用计算机绘画、雕塑，进行影视动画制作、平面设计、广告创意、服装设计、室内设计、建筑设计等。卢卡斯影业用一个包含 200 个结点的数据中心制作电影《加勒比海盗》。维塔数码公司在制作《阿凡达》时使用了 4352 台服务器，每一台服务器有两个英特尔四核处理器和 24GB 的内存。兰斯·阿姆斯特朗使用自行车车载计算机追踪人车统计数据。Synergy Sports 公司对 NBA 数据和视频进行分析，为球员、教练、记者及球迷提供了无限的可能性分析。

　　计算和计算机促进了计算思维的传播。计算科学和各学科融合，不仅改变了各学科和领域的研究模式，其研究成果还不断地改变着人们的生活。计算思维作为一种普遍的认识和一类普适的技能，不仅计算机科学家应该掌握，每位受教育者也应该掌握。

习题 1

1.1　举例说明可计算性和计算复杂性的概念。

1.2　简述计算工具的发展历程。

1.3　什么是图灵机？它对电子计算机的发明有何启示？

1.4　简述冯·诺依曼机的主要设计思想。

1.5　简述图灵测试对人工智能的重要意义。

1.6　简述计算机的分类与特点。

1.7　你了解的计算机新技术有哪些？

1.8　简述计算机的基本工作原理。

1.9　简述什么是计算思维，并说明其本质和特征。

1.10　简要说明计算思维有哪些主要的方法。

02 第2章 计算基础

计算机在处理数据，包括数字、文本、图形、图像、声音、动画、视频等时，必须把它们存储在存储器里。通过第 1 章的学习，我们知道存储器中存储的是一系列的 0 和 1，这意味着将数据存入计算机必须进行 0 和 1 的二进制编码转换。本章将介绍如何把各种类型的数据转换成 0 和 1 的形成。

2.1 0 和 1 的思维

计算的本质是一个符号串到另一个符号串的转换。运用计算机完成各种计算任务，首先要解决的问题是如何在计算机里表示各类要处理的数据，也就是信息。香农信息论提出"一切信源发出的消息或者信号都可以用 0 和 1 的组合来描述"。《易经》认为"阴""阳"是构成宇宙万物最基本的元素，这些事情不过是"一而二，二而一"而已。如果利用数学思维的方法来理解阴和阳，则可把阴、阳符号化为"0"和"1"，利用 0 和 1 的不同组合描述世间万物。这与香农信息论不谋而合。

2.1.1 中国古代的 0 和 1 的思维

古人认为太极就是一个"圈"，意思是万物为一，而圈内分成阴和阳两个部分，阴中有阳，阳中有阴，是为两仪，代表两种相生又相抗的属性。古人用两种符号，即断开的线条（--）和连通的线条（—），分别表示阴和阳，称为阴爻和阳爻（"爻"音同"尧"），这两种符号可以有 $2^2=4$ 种不同的组合，称为四象（少阴、太阴、少阳、太阳），代表 2 种属性的 4 种相对变化。而四象又可以有更多种组合，分别代表不同的事物。通过阴爻和阳爻的位置和组合来描述自然界中的一切，将符号赋予不同的语义，来解决不同的问题，这就是基于符号进行计算以解决现实世界中的问题的一种思维方式，也是贯穿二进制及编码的重要思想。如果把阴爻用"0"代替，阳爻用"1"代替，就可以用 0 和 1 的组合来描述自然界中的一切，也可以用 0 和 1 的组合来表示现实世界中的各种语义，这就是二元符号语言。17 世纪德国伟大的数学家莱布尼茨据说也受到《易经》的启发，悟出了二进制的道理，加速了电子计算机的发明与创造。

2.1.2　计算机中 0 和 1 的思维

莱布尼茨曾经预言八卦会引起世界性的变革，即可以用二进制来表示宇宙万物，而现在的计算机就是用二进制数来表示一切数据。现实世界中的各种数据（数值信息和非数值信息）都要转换为二进制代码才可以输入计算机中进行存储处理，计算机之所以能够区分不同的数据，是因为不同的数据采用不同的编码规则。

二进制并不符合人们日常生活中使用数字的习惯，那么在计算机内部为什么要采用二进制表示各种信息，采用二进制有什么好处呢？

1.　在物理上容易实现

二进制数只有 0 和 1 两个数码，可以用来表示 0、1 两种状态的电子元件很多，并且很容易制造具有两个稳定状态的电子元件，这两个稳定状态在运算时也很容易被互相转换。如开关的接通和断开、晶体管的导通和截止、电容的充电和放电、电平的高和低等都可用 0、1 两个数码表示。因此使用二进制，让电子元件具有实现的可行性。

2.　记忆和传输可靠

二进制中的 0 和 1 是用电子元件中对立的两种稳定状态分别表示的。这两种对立状态识别起来比较容易，而且具有两种对立状态的电路在传输和处理数据时不易出错，抗干扰能力强，可以保证计算机具有很高的可靠性。

3.　运算简单

与十进制数相比，二进制数的运算规则少，运算简单。例如二进制数乘法运算规则有 3 种：$0 \times 0=0$，$0 \times 1=1 \times 0=0$，$1 \times 1=1$；十进制的运算规则则有 55 种。

采用二进制运算不仅可以使计算机的运算器硬件结构大大简化、容易实现，而且有利于提高运算速度。

4.　方便使用逻辑代数工具

逻辑代数又称为开关代数、布尔代数。它是计算机科学的数学基础。由于二进制数 0 和 1 和逻辑代数的假（False）和真（True）相对应，有逻辑代数的理论基础，便于表示和进行逻辑运算。

2.2　计算机中的数制与运算

人们习惯使用十进制数，而计算机使用的是二进制数。为了方便书写和表示，还引入了八进制数和十六进制数。接下来介绍它们之间是如何表示、转换及运算的。

2.2.1　数制与数制间的转换

1.　数制的概念

数制是用一组固定的数字和一套统一的规则来表示数的方法。在数值计算中，用数码表示数的大小时，仅用一位数码往往不够用，因而常常采用多位数码。多位数码的构成和从低位向高位的进位规则称为进位计数制。进位计数制的两个基本要素是基数和位权。

基数是指该进制中允许使用的基本数码的个数。例如，十进制的基数为 10，数码为 0、1、2……9 这 10 个数；二进制的基数为 2，数码为 0、1 两个数。

位权是指数制每一位的值。例如，十进制数 678.34 按位权展开多项式为 678.34=6×10²+7×10¹+8×10⁰+3×10⁻¹+4×10⁻²，其中 6、7、8、3、4 是数码，10 是基数，10² 是百位的位权，10¹ 是十位的位权，10⁰ 是个位的位权，10⁻¹ 是十分位的位权，10⁻² 是百分位的位权。

2. 计算机中常见的数制

计算机使用二进制数表示数据，但为了方便阅读和书写，计算机还常用八进制和十六进制数。可以通过给数值加下标或在数值的末尾加标志符号的方式来区分不同数制的数。

（1）二进制

在二进制中，数值用 0、1 表示，基数为 2，二进制是逢二进一的数制，各数位的位权是以 2 为底的幂。例如，二进制数 10.01 可表示为 $(10.01)_2$ 或 10.01B，按位权展开多项式为 $(10.01)_2=1×2^1+0×2^0+0×2^{-1}+1×2^{-2}$。

（2）八进制

在八进制中，数值用 0~7 表示，基数为 8，八进制是逢八进一的数制，各数位的位权是以 8 为底的幂。例如，八进制数 3765.02 可表示为 $(3765.02)_8$ 或 3765.02O 或 3765.02Q，按位权展开多项式为 $(3765.02)_8 = 3×8^3+ 7×8^2+ 6×8^1+5×8^0+ 0×8^{-1}+2×8^{-2}$。

（3）十六进制

在十六进制中，数值用 0~9、A~F 表示，基数为 16，十六进制是逢十六进一的数制，各数位的位权是以 16 为底的幂。例如，十六进制数 6F 可表示为 $(6F)_{16}$ 或 6FH，按位权展开多项式为 $(6F)_{16}=6×16^1+F×16^0$。

3. 数制间的转换

由于计算机内部采用的是二进制数，而人们熟悉的是十进制数，所以在对数据进行输入输出时常用十进制数，因此计算机内部需要进行不同数制间的转换。

（1）十进制数转换为 R 进制数

① 十进制整数转换为 R 进制整数

方法：除 R 反序取余法。用十进制整数连续除以 R，得到商和余数，直到商为 0 为止。按照后得到的余数在高位、先得到的余数在低位的原则，依次排列余数，即得到 R 进制整数。

微课视频

【例 2-1】 将十进制数 29 转换为二进制数。

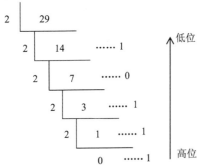

结果：$(29)_{10}=(11101)_2$。

思考：十进制数 100 转换为八进制整数、十六进制整数，结果分别是多少？

② 十进制小数转换为 R 进制小数

方法：乘 R 顺序取整法。用十进制数的小数部分连续乘以 R，每次取积的整数部分，直到小数部分为 0 为止。得到的整数部分按先后次序由高位到低位顺序排列，即得到 R 进制小数。需要注意的是，并非所有的十进制小数都能用有限位的二进制小数来表示。例如，$(0.63)_{10}$ 就不能精确地转换为二进制小数。因为小数部分乘以 2 会无限循环下去，故只能取近似值。

【例 2-2】 将十进制小数 0.375 转换为二进制小数。

乘 2 过程	乘积的小数部分	乘积的整数部分	
$0.375 \times 2 = 0.75$	0.75	0	高位
$0.75 \times 2 = 1.5$	0.5	1	
$0.5 \times 2 = 1.0$	0.0	1	低位

结果：$(0.375)_{10} = (0.011)_2$。

思考：十进制数 100.345 转换为二进制数是多少？

（2）R 进制数转换为十进制数

方法：R 的方次展开相加法，即位权法。

【例 2-3】 将二进制数 101.11101 转换为十进制数。

$$(101.11101)_2 = 1 \times 2^2 + 0 \times 2^1 + 1 \times 2^0 + 1 \times 2^{-1} + 1 \times 2^{-2} + 1 \times 2^{-3} + 0 \times 2^{-4} + 1 \times 2^{-5}$$
$$= 2^2 + 2^0 + 2^{-1} + 2^{-2} + 2^{-3} + 2^{-5} = (5.90625)_{10}$$

结果：$(101.11101)_2 = (5.90625)_{10}$。

思考：八进制数 101 转换为十进制数是多少？十六进制数 5EA.11 转换为十进制数又是多少？

（3）二进制数与八进制数之间的转换

① 二进制数转换为八进制数

整数部分从低位向高位方向每 3 位用一个等值的八进制数替换，若不足 3 位的在高位处用 0 补够 3 位；小数部分从高位向低位方向每 3 位用一个等值的八进制数替换，若不足 3 位在低位处用 0 补够 3 位。

【例 2-4】 $(011\quad 110\quad 111 . 100\quad 010\quad 101)_2 = (367.425)_8$
　　　　　　　3　　6　　7 . 4　　2　　5

② 八进制数转换为二进制数

将每一个八进制数转换成等值的 3 位二进制数，且保持高位、低位的次序不变。

【例 2-5】 $(16.327)_8 = (001\quad 110 . 011\quad 010\quad 111)_2 = (1110.011010111)_2$
　　　　　　　　　1　　6 . 3　　2　　7

（4）二进制数与十六进制数之间的转换

① 二进制数转换为十六进制数

整数部分从低位向高位，每 4 位用一个等值的十六进制数替换，即 4 位并为 1 位，不足 4 位时在高位处补 0，补够 4 位；小数部分从高位向低位方向每 4 位用一个等值的十六进制数替换，不足 4 位时在低位处补 0，补够 4 位。

【例 2-6】 $(1110\quad 0101\quad 1010 . 1011\quad 1001)_2 = (E5A.B9)_{16}$
　　　　　　　　E　　5　　A . B　　9

② 十六进制数转换为二进制数

把每一个十六进制数改写成等值的 4 位二进制数，即 1 位拆成 4 位，且保持高位、低位的次序不变。

【例 2-7】 $(4C.2E)_{16}$ = (0100   1100   .   0010   1110)$_2$ = (1001100.0010111)$_2$

                          4   C   .   2   E

各数制之间的对应关系如表 2.1 所示。

表 2.1　常用数制的表示及其对应关系

十进制数	二进制数	八进制数	十六进制数
0	0000	0	0
1	0001	1	1
2	0010	2	2
3	0011	3	3
4	0100	4	4
5	0101	5	5
6	0110	6	6
7	0111	7	7
8	1000	10	8
9	1001	11	9
10	1010	12	A
11	1011	13	B
12	1100	14	C
13	1101	15	D
14	1110	16	E
15	1111	17	F

2.2.2　二进制数的运算

计算机具有强大的运算能力，它可以进行算术运算和逻辑运算。

1. 算术运算

在计算机中采用二进制数而不用十进制数的原因之一，就是二进制数的算术运算规则简单，主要包括加、减、乘、除四则运算。

二进制数的算术运算规则如下所示。

加法（逢二进一）：0 + 0=0　　　减法（借一有二）：0-0=0　　　乘法：0×0=0

                  0 + 1=1　　　　　　　　　　　1-0=1　　　　　　　　0×1=0

                  1 + 0=1　　　　　　　　　　　1-1=0　　　　　　　　1×0=0

                  1 + 1=10　　　　　　　　　　10-1=1　　　　　　　　1×1=1

【例 2-8】 $X=(1110)_2 + (1011)_2$，$Y=(1101)_2 - (1011)_2$，求 X、Y 的值。

```
      1110   加数              1101   被减数
 +    1011   加数         −     1011   减数
    11001   和                 0010   差
```

2. 逻辑运算

二进制数 0 和 1 不仅可以表示数值的大小，也可以表示两种不同的逻辑状态。比如，可以用 0 和 1 分别表示开关的开和关两种状态，一件事情的真与假、好与坏等。这种只有两种对立状态的逻辑关系称为二值逻辑。逻辑运算的结果只能是"真"或"假"，一般用 1 表示"真"，用 0 表示"假"。

二进制数的基本逻辑运算有逻辑或运算、逻辑与运算和逻辑非运算。

（1）逻辑或运算

逻辑或运算可用符号 "+" 或 "∨" 来表示。其运算规则如下。

$$0\lor 0=0 \quad 0\lor 1=1 \quad 1\lor 0=1 \quad 1\lor 1=1$$

两个相或的逻辑位至少有一个是 1 时，逻辑或运算的结果就是 1；仅当两个相或的逻辑位都是 0 时，逻辑或运算的结果才是 0。

【例 2-9】 A=1001111，B=1011101，求 $A\lor B$。

```
        1001111
    ∨   1011101
    _____
        1011111
```

（2）逻辑与运算

逻辑与运算可用符号 "×""•" 或 "∧" 表示。其运算规则如下。

$$0\land 0=0 \quad 0\land 1=0 \quad 1\land 0=0 \quad 1\land 1=1$$

两个相与的逻辑位只要有一个是 0 时，逻辑与运算的结果就是 0；仅当两个相与的逻辑位都是 1 时，逻辑与运算的结果才是 1。

【例 2-10】 A=1001111，B=1011101，求 $A\land B$。

```
        1001111
    ∧   1011101
    _____
        1001101
```

（3）逻辑非运算

逻辑非运算是在逻辑量的上方加一横线，表示将原来的逻辑量的状态求反。其运算规则如下。

$$\overline{0}=1 \qquad \overline{1}=0$$

【例 2-11】 A=1001111，求 $\overline{A}$。

$\overline{1001111}$=0110000

特别需要注意的是，所有的逻辑运算都是按位进行的，位与位之间是独立的，即不存在算术运算中的进位或借位关系。

计算机在存储、处理各种各样的信息时要先把信息数字化，即转换为二进制数 0 和 1 的组合。计算机是由电子元器件组成的，这些电子元器件是如何存储 0 和 1，并完成二进制的运算呢？

处理数字信号的电路叫作数字电路，电子计算机就是建立在数字电路基础上的。在数字电路中用高电平和低电平分别表示 1 和 0 两种状态。数字电路中基本的元器件是二极管和晶体管，它们一般工作于导通和截止两个对立的状态，并用这两个状态来表示逻辑 1 和逻辑 0，处理具有开关特性的数字信号。

在数字电路中，输入与输出之间存在一定的逻辑关系。门电路是用来实现输入和输出之间的逻辑关系的电子电路，是数字电路的基本单元。门电路就像一扇门，当具备开门条件时，门打开，输出端有一个信号（如高电平）输出；反之，当不具备开门条件时，门关闭，输出端有另一个信号（如低电平）输出。在数字电路中，基本的逻辑关系有与、或、非 3 种，因此基本的门电路有与门、或门、非门。这 3 种基本的门电路可以组合成各种复杂的逻辑电路，把这些电路封装起来，就是人们所说的芯片。

2.3 信息编码

计算机存储、处理的数据可以分为数值信息和非数值信息。无论是数值信息还是非数值信息，在计算机中都是以二进制数的形式表示和存储的，也就是说，数值、文字、符号、图形、图像、音频、视频等数据都是以 0 和 1 组成的二进制数码表示的。因为它们采用了不同的编码规则，所以计算机是可以区分不同的数据的。

2.3.1 数值信息的表示

1. 有符号的二进制数

十进制数有正负之分，那么二进制数也有正数和负数之分。带有正负号的二进制数称为真值，例如+1010110、-0110101。为了方便运算，在计算机中约定：在有符号的二进制数的前面增加 1 位符号位，用 0 表示正号，用 1 表示负号。这种在计算机中用 0 和 1 表示正负号的二进制数称为机器数。目前常用的机器数编码方法有原码、反码和补码 3 种。

（1）原码

正数的符号位用"0"表示，负数的符号位用"1"表示，其余位表示数值本身。

例如：X=+1010110　　[X]$_原$=01010110

　　　Y=-0110101　　[Y]$_原$=10110101

对于 0，可以认为它是 +0，也可以认为它是-0，因此 0 的原码并不唯一。

[+0]$_原$=00000000　　　　　　[-0]$_原$=10000000

原码简单，但是用原码表示的数在计算机中进行加减运算很麻烦。比如遇到两个异号数相加或两个同号数相减时，就要做减法。为了简化运算器，提高运算速度，需要把减法运算转变为加法运算，这样做的好处是在设计电子器件时，只需要设计加法器，不需要单独设计减法器。因此人们引入了反码和补码。

（2）反码

正数的反码与其原码相同；负数的反码是在原码的基础上保持符号位不变，其余各位按位求反。

例如：X=+1010110　　　　[X]$_反$=[X]$_原$=01010110

　　　Y=-0110101　　　　[Y]$_反$=11001010　　　　[Y]$_原$=10110101

同样，0 的反码不唯一。

[+0]$_反$=00000000　　[-0]$_反$=11111111

（3）补码

正数的补码与其原码相同；负数的补码是在原码的基础上保持符号位不变，其余位凡是 1 就转换为 0，0 就转换为 1，再进行加 1 运算。也就是说，负数的补码是它的反码加 1。在计算机中有符号的整数常用补码形式存储。

例如：X=+1010110　　　[X]$_补$=[X]$_原$=[X]$_反$=01010110

　　　Y=-0110101　　　[Y]$_补$=11001011

注意补码中的 0 无正负之分，即[+0]$_补$=[-0]$_补$=00000000。

补码具有一个特性，即一个数的补码的补码是它的原码，即[[X]$_补$]$_补$=[X]$_原$。

【例 2-12】 用补码计算 5-3 的值。

5-3=5 + (-3)

[5]补=0101   [-3]补=1101

$$
\begin{array}{r}
0101 \\
+\quad 1101 \\
\hline
1\quad 0010
\end{array}
$$

↑ 符号位的进位自动丢掉

所以[5-3]补=0010。又因为正数的原码、反码和补码都相同，所以[5-3]原=(0010)₂=+2

2. 数值信息中小数点的表示

在计算机中必须用一定的方法来表示和处理小数点。计算机只能识别 0 和 1 两种信息，如果用 0 或 1 来表示小数点，则势必和数字位混淆。事实上，对小数点来说，重要的不是小数点本身，而是它的位置。

小数点在计算机中通常有两种表示方法：一种是约定所有数值信息的小数点在某一个固定的位置，称为定点表示法，这样的数称为定点数；另一种是小数点的位置可以浮动，称为浮点表示法，这样的数称为浮点数。在计算机中整数一般采用定点数表示；实数一般有定点数和浮点数这两种表示方式。由于定点数表示的实数范围太小，因此实数通常采用浮点数表示。

（1）定点数

① 定点整数

整数可以当作小数点位置固定的数字，小数点固定在最右边，即数的末尾。小数点是假设的，并不是实际存在。例如，十进制整数+32767 的定点数表示如图 2.1 所示。

符号位　　　　　　　　　　　数值部分　　　　　　　　　　　小数点

图 2.1　十进制整数+32767 的定点数表示

在计算机中整数分为无符号整数和有符号整数。无符号整数直接采用其二进制形式表示即可，而有符号整数常用其补码形式表示。

② 定点小数

在计算机中实数与整数的存储方式不同，实数的小数部分不仅需要以二进制形式来表示，还要指明小数点的位置。定点小数是纯小数，约定的小数点位置在符号位之后，有效数值部分最高位之前，如图 2.2 所示。

↑
小数点的位置

图 2.2　定点小数的表示

（2）浮点数

由于定点小数能表示的实数范围太小，因此，为了解决这个问题，就使用科学记数法，即用一个尾数、一个基数、一个指数以及一个表示正负的符号来表示实数。比如 123.456 用十进制科学记数法可以表示为 1.23456×10^2，其中 1.23456 为尾数，10 为基数，2 为指数。浮点数利用指数实现了浮动小数点的效果，从而可以灵活地表示更大范围的实数。

目前，所有的计算机都能够支持 IEEE 浮点（IEEE Floating Point）标准，这大大提高了科学应用程序在不同机器上的可移植性。在 IEEE 浮点标准中，浮点数是将特定长度的连续字节的所有二进制位分割为特定宽度的符号域、指数域和尾数域 3 个域，其中保存的值分别用于表示给定二进制浮点数中的符号、指数和尾数。这样，通过尾数和可以调节的指数（所以称为"浮点"）就可以表示给定的数值。例如，一个浮点数 n 的 32 位单精度浮点格式如图 2.3 所示。

微课视频

符号域	指数域	尾数域
1位	8位	23位
阶码		尾数

图 2.3　浮点数的表示

【例 2-13】 将浮点数 17.625 转换成计算机存储格式中的二进制数。

首先将 17.625 转换成二进制数：

$(17.625)_{10}=(10001.101)_2$

再将 10001.101 的小数点向左移，直到小数点前只剩一位，变成 1.0001101×2^4（因为左移了 4 位），所以 $10001.101=1.0001101 \times 2^4$。

由于规定尾数的整数部分恒为 1，只需要记录小数点之后的部分，所以此处的尾数为 0001101，在其后面补 0 使其位数达到 23 位，则为 00011010000000000000000。

指数部分实际为 4，因为指数可正可负，8 位的指数能表示的范围为-127～128，所以指数部分的存储方式采用移位存储，即存储的数据为"原数据 + 127"，因此 4 + 127=131，131 的二进制数为 10000011。由于尾数是正数，所以符号位为 0。

综上所述，浮点数 17.625 的存储格式如图 2.4 所示。

0	10000011	00011010000000000000000
符号域	指数域	尾数域

图 2.4　浮点数 17.625 的存储格式

2.3.2　字符信息的编码

计算机不仅可以处理数值信息，也可以处理非数值信息，其中字符是计算机中使用次数最多的信息之一。因为计算机只能识别二进制数，所以要让计算机存储、处理字符信息，就必须将其数字化。用一串二进制数表示一个字符就是编码。输出时，将字符编码转换成相应的图形符号。

美国信息交换标准代码（American Standard Code for Information Interchange，ASCII）是常用的字符编码，用 7 位二进制数的组合来表示符号，数值范围用十进制数表示是 0～127。其中包含 10 个阿拉伯数字、52 个英文大小字母、33 个符号及 33 个控制字符。33 个控制字符里包括 32 个不可见的控制字符，ASCII 的数值范围为 0～31，以及一个 ASCII 的数值为 127 的删除控制字符。数值范围为 32～126 的 ASCII 的都是可见字符，如空格、标点、拉丁字母和数字。表 2.2 所示为 ASCII 字符表（使用方法：一个字符的 ASCII 的高 3 位是其所在的列，低 4 位是其所在的行）。

在计算机中，ASCII 用一个字节来存储，最高位为 0。

微课视频

表 2.2　ASCII 字符表

低 4 位	高 3 位							
	000	001	010	011	100	101	110	111
0000	NUL	DLE	Space	0	@	P	`	p
0001	SOH	DC1	!	1	A	Q	a	q
0010	STX	DC2	"	2	B	R	b	r
0011	ETX	DC3	#	3	C	S	c	s
0100	EOT	DC4	$	4	D	T	d	t
0101	ENQ	NAK	%	5	E	U	e	u
0110	ACK	SYN	&	6	F	V	f	v
0111	BEL	ETB	'	7	G	W	g	w
1000	BS	CAN	(	8	H	X	h	x
1001	HT	EM	)	9	I	Y	i	y
1010	LF	SUB	*	:	J	Z	j	z
1011	VT	ESC	+	;	K	[	k	{
1100	FF	FS	,	<	L	\	l		
1101	CR	GS	-	=	M	]	m	}
1110	SO	RS	.	>	N	^	n	~
1111	SI	US	/	?	O		o	DEL

例如，字母 "A" 的 ASCII 是 "01000001"，对应的十六进制数是 "41H"。

2.3.3　汉字信息的编码

计算机中汉字也是用二进制编码表示，同样是人为编码的。但是汉字的输入、存储、输出不能像西文字符一样只用一种编码。汉字输入计算机的困难主要有以下 3 点。

① 数量庞大：目前汉字总数已超过 6 万个（包括简化字）。虽有研究者主张规定以 3000 或 4000 个汉字作为当代通用汉字，但仍比处理由二三十个字母组成的拼音文字要困难得多。

② 字形复杂：从字体上讲，有古体和今体，繁体和简体，正体和异体等；字的笔画相差悬殊，少的只有 1 个笔画，多的达 36 个笔画，即便是简化字平均也有 9.8 个笔画。

③ 存在大量一音多字和一字多音的现象：汉语音节有 416 个，分声调后为 1295 个（根据《现代汉语词典》，轻声 39 个未计）。以 1 万个汉字计算，每个不带声调的音节平均超过 24 个汉字，每个带声调的音节平均超过 7.7 个汉字。有的同音同调字多达 66 个，一字多音现象很普遍。

因此根据应用目不同，汉字在不同的处理阶段有不同的编码，如在输入时有输入码，在进入计算机内进行处理时有国标码、机内码，在输出时有字形码。

1. 输入码

输入码也叫外码，是用来将汉字输入计算机的一组键盘符号。常用的输入码有拼音码、五笔字型码、自然码、表形码、认知码、区位码和电报码等。好的编码应有编码规则简单、易学好记、操作方便、重码率低、输入速度快等优点，每个人可根据自己的需要进行选择。 如 "大" 字，用区位码时，输入编码是 "2083"；用五笔字型码时，输入编码是 "DDDD"；用拼音码时，如图 2.5 所示，输入编码是 "da 数字 2"。不同的输入码对汉字的编码方式不同，这就需要把不同的编码进一步转换成统一的编码——国标码，才能被计算机识别和处理。

图 2.5　"大" 字的拼音码

2. 国标码

计算机内部处理的信息都是用二进制代码表示的，汉字也不例外。处理西文字符信息用的标准编码是 ASCII，处理汉字信息也有统一的标准编码。国家标准化管理委员会于 1980 年制定了 GB/T 2312—1980《信息交换用汉字编码字符集 基本集》，即国标码，规定汉字用两个字节表示，每个字节用 7 位二进制数编码（最高位为 0）。GB/T 2312—1980 收录 6763 个常用汉字和 682 个非汉字字符，其中汉字根据使用频率分为一级汉字 3755 个（常用字），二级汉字 3008 个（次常用字）。一级汉字按拼音顺序排列，二级汉字按部首排列。

国标码用一个 4 位十六进制数表示，其范围是 2121H ～ 7E7EH。每个国标码都对应唯一的汉字或符号。如"大"字的国标码是 3473H。

3. 机内码

根据国标码的规定，每一个汉字都有一个确定的二进制代码，但是国标码在计算机内部是不能被直接使用的。这是因为国标码中两个字节的最高位均为 0，很容易与 ASCII 发生冲突。比如"保"的国标码是 3123H，字符"1"和"#"的 ASCII 分别是 31H 和 23H，那么计算机中存储的是一个汉字"保"还是两个字符"1"和"#"？为了加以区分，人们将国标码中两个字节的最高位分别置为 1，其余位不变，这就是机内码，即国标码 + 8080H = 机内码。在计算机中用机内码存储、处理和传输汉字。例如，由"大"字的国标码 3473H，可得"大"字的机内码为 B4F3H。将其转换为二进制数，那么在计算机中用于表示"大"字的机内码是 1011010011110011。

4. 字库

为了输出汉字，要求每个汉字的字形必须事先存放在计算机中。一套汉字所有字形的数字描述信息组合在一起称为字形信息库，简称字库。不同的字体对应不同的字库，如宋体、黑体等。在输出汉字时，计算机先到字库中找到汉字的字形的数字描述信息，才能把汉字显示在输出设备上。这种汉字字形的数据描述信息称为字形码。

5. 字形码

经过计算机处理后的汉字，如果需要在屏幕上输出或打印出来就要用到字形码，字形码是汉字的输出码。字形码有两种表示方法：点阵表示法和矢量表示法。用点阵表示法输出汉字时，无论汉字的笔画是多少，每个汉字都可以写在同样大小的方块中，如图 2.6 所示。

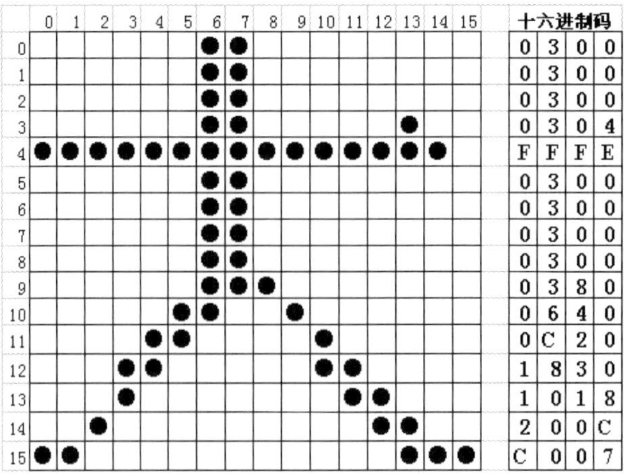

图 2.6　点阵图

矢量表示法存储的是对汉字轮廓特征的描述信息。在输出汉字时，通过计算机计算，由汉字字形的数据描述信息生成所需大小和形状的汉字。矢量表示法与显示文字的大小、分辨率无关，因此输出的汉字精度高、美观、清晰。Windows 环境中的 TrueType 字体采用的就是矢量表示法。

汉字在计算机中的处理过程如图 2.7 所示。在不同的环节需要使用不同的编码，并需要进行编码的转换。

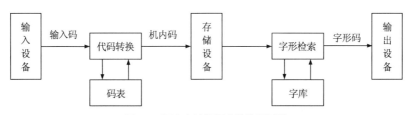

图 2.7　汉字在计算机中的处理过程

2.3.4　多媒体信息的编码

计算机所能存储、处理的信息除了数值信息、字符信息和汉字信息外，还有声音、图形、图像和视频等多媒体信息。然而要使计算机能够存储、处理多媒体信息，就必须先将这些信息转换为二进制数的组合。

1.　声音信息的表达

声音是人们用来传递信息、交流感情最方便、最熟悉的方式之一。自然界中的声音是具有一定振幅和频率，并随时间变化的信号（模拟信号）。电子计算机是不能直接存储、处理模拟信号的，必须先对其数字化。通过采样、量化、编码这 3 个过程，可以将模拟信号转换为数字信号。

（1）声音的采样

采样是指按一定的频率，每隔一小段时间测出模拟信号的模拟量值。采样得到的数据只是一些离散值，即要用若干个采样点表示原来连续变化的波形。如图 2.8 所示，对同样的模拟信号［见图 2.8（a）］进行采样，图 2.8（b）每秒钟采样一次，图 2.8（c）每秒钟采样两次，将采样点连接起来，就可以近似地表示原来连续变化的模拟信号。对比图 2.8（b）和 2.8（c）的采样结果，很明显，图 2.8（c）所表示的波形更接近原来声音的波形。由此可见，采样点越多，声音的保真度越高，所以在采样的过程中，用采样频率来表示每秒采样声音信号的次数，单位为赫兹（Hz）。采样频率越高，声音还原度越好，同时记录的数据越多，存储容量越大。

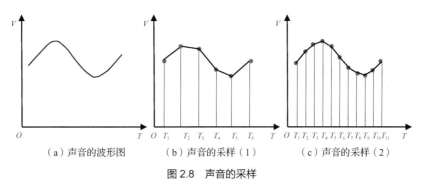

（a）声音的波形图　　　（b）声音的采样（1）　　　（c）声音的采样（2）

图 2.8　声音的采样

（2）声音的量化

经过采样得到的数据依然是连续变化的，例如图 2.9（a）中两个采样点的原始取值分别是 2.9 和 1.5，因此要对采样点的值进行量化。量化是把采样时测量的纵坐标的值按整个变化的最大幅度划分成几个区段，把落在某区段的采样值归成一类，再给出相应的量化值，即用有限个数近似表示原来连续变化的值。

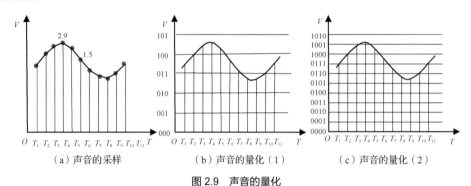

图 2.9　声音的量化

如图 2.9 所示，对同样的采样点的值进行量化，图 2.9（b）中将采样点的值分为 6 个等级，从 0 到 5，这样第一个采样点的值就可以改为 3，第二个采样点的值就可以改为 4，后面 8 个采样点的值依次可以改为 4、4、3、3、2、2、3，这样就可用有限个数近似表示原来连续变化的值。图 2.9（c）中将采样点的值分为 11 个等级，从 0 到 10，10 个采样点的值依次可以改为 7、8、9、9、8、7、6、5、5、6。对比图 2.9（b）和图 2.9（c），发现第二个和第三个采样点的值，在图 2.9（b）中量化等级为 6，这两个采样点的取值都是 4，是一样的，但在图 2.9（c）中量化等级为 11，这两个采样点的值分别为 8 和 9，产生了不同。同样有第四个和第五个采样点，第六个和第七个采样点的值也产生了不同，所以量化等级越高，每个采样点的取值就越精确。

由于在计算机中只能存储、处理二进制数，因此需要把采样点的量化值转换为二进制数，在图 2.9（b）中，量化等级为 6，只需要用 3 位二进制数表示，从 000 到 101，6 种编码分别表示十进制的 0~5；在图 2.9（c）中，量化等级为 11，则需要用 4 位二进制数表示，从 0000 到 1010，11 种编码分别表示十进制的 0~10。

在声音的量化过程中，使用量化位数来表示量化值所需要的二进制位数，图 2.9（b）中量化等级为 6，需要用 3 位二进制数来表示量化值，所以它的量化位数是 3。很显然，量化位数越多，量化等级越多，声音越接近原始信号，音频的质量越好，但需要的存储容量越大。

（3）声音的编码

经过采样和量化，模拟信号转化为二进制数序列。声音编码就是确立编码规则，优化数据排列，来减少数据的存储容量。采用不同的编码方式，会形成不同格式的音频文件，常见的音频文件类型有 WAV、MP3、WMA、MIDI 等。

声音数字化的过程如图 2.10 所示。

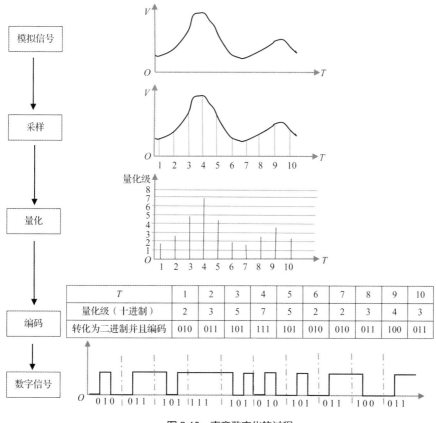

图 2.10 声音数字化的过程

2. 图形与图像

"图"在计算机中有两种表示方法：一种称为"矢量图"，即图形；另一种称为"点阵图"，即图像。

（1）图形

图形的元素是点、线和弧线等，它们都是通过数学公式计算获得的。例如，一幅画的图形实际上是由线段形成外框，外框的颜色以及外框内的颜色决定画的颜色。图形经常用于线段绘图、标识语句作图和任何需要平滑过渡、边缘清晰的图像。图形的一个优点就是它能够被任意放大、缩小而不损失细节和清晰度，也不会扭曲；最大的缺点是难以实现色彩、层次丰富的真实图像效果。在 CAD 软件中绘制的图、使用计算机做的 3D 建模等都是图形。

（2）图像

要在计算机中处理图像，必须先把真实的图像（照片、画报、图书、图纸等）通过数字化转化成计算机能够接收的显示格式和存储格式，然后用计算机分析处理。图像的数字化过程主要分为采样、量化与编码 3 个步骤。

计算机通过指定每个独立的点（或像素）在屏幕上的位置来存储图像，最简单的图像是单色图像。单色图像包含的颜色只有黑色和白色两种。为了理解计算机怎样对单色图像进行编码，可以考虑把一个网格叠放到图像上辅助学习。网格把图像分成许多单元，每个单元相当于计算机屏幕上的一个像素。对于单色图像，每个单元都标记为黑色或白色。如果图像单元对应的颜色为黑色，则在计算机中用 0 来表示；如果图像单元对应的颜色为白色，则在计算机中用 1 来表示。网格的每一行用一串 0 和 1 来表示，如图 2.11 所示。

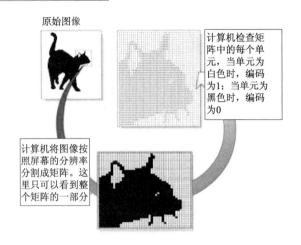

图 2.11　图像的数字化过程

对于单色图像，用来表示满屏图像的比特数和屏幕中的像素相等。所以，用来存储图像的字节数等于比特数除以8；对于彩色图像，如果图像是 16 色的，每个网格用 4 位二进制数表示，因为 $2^4=16$，即 4 位二进制数有 16 种组合，每种组合可以表示一种颜色。真彩色位图的每个网格都是由不同等级的红色、绿色、蓝色 3 种色彩组合的，每种颜色有 2^8 个等级，所以共有 $2^8×2^8×2^8$ 即 2^{24} 种颜色，因此每个网格需要用 24 位二进制数来表示。

可见，图像越艳丽，需要的二进制数的位数就越多。除此之外，像素格子越密，一幅图的总数据量就越大。例如，把图 2.12 所示的鸭子图片分成 11×14=154 块，按真彩色位图来计算，则总数据量为 154×24=3696 bit。这些小格了显然太大了，不能表现图片的细节，实际使用的格子要密得多，如 1024×768。

一幅图像的数据量可按下面的公式进行计算（以字节为单位）：

$$图像数据量=图像宽度×图像高度×图像深度/8$$

公式中的图像深度指所有分量的位数之和。例如，由 R、G、B 这 3 个颜色通道组成的彩色图像，若 3 个颜色通道中像素的位数分别为 4、4、2，此时该图像的深度为 10，因而像素的最大颜色数目为 $2^{4+4+2}=2^{10}=1024$。

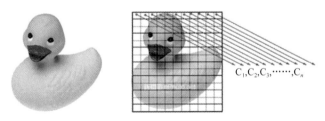

$C_1,C_2,C_3,\cdots\cdots,C_n$

图 2.12　图像的数据量

【例 2-14】　计算一幅分辨率为 1280×1024 的 24 位真彩色图像的数据量。

解：在不压缩图像的情况下，该图像的数据量为

1280×1024×24÷8=3932160B≈4MB

表 2.3 所示为几种常见的图像的数据指标。

表 2.3　几种常见的图像的数据指标

图像大小	8 位（256 色）	16 位（65536 色）	24 位（真彩色）
512×512	256 KB	512 KB	768 KB
640×480	300 KB	600 KB	900 KB
1024×768	768 KB	1.5 MB	2.25 MB
1024×1024	1 MB	2 MB	3 MB
1280×1024	1.25 MB	2.5 MB	3.75 MB

从【例 2-14】及表 2.3 可以看出，即使是静止的数字图像，其数据量也很大，而高质量的图像的数据量更大，这会消耗大量的存储空间和传输时间。在多媒体应用中，要考虑图像质量与图像存储容量的关系。在不影响图像质量或可接受质量降低的前提下，人们希望用更少的存储空间来存储图像，所以数据压缩是图像处理的重要内容之一。

3. 视频

视频是图像的动态形式，是由一系列静态画面按一定的顺序排列组成的。每一幅画面称为一帧，"帧"是构成视频的最小单位。这些帧以一定的速度连续地投射到屏幕上，由于视觉暂留现象产生动态效果。

与声音信息的数字化相似，在计算机中把视频的每一帧进行采样、量化、编码，最终把模拟的视频信息转换为数字信息。通常数字化后的视频信息的数据量非常大，所以要进行数据压缩。

2.4　数据的组织与压缩

计算机处理的各种数据都是以二进制数的形式存在的，计算机系统以层次结构来组织、管理各种数据，相应的数据从位（bit）、字节（byte）、字（word）开始，进而组成域、记录、文件和数据库等。随着数据量的增加，压缩存储数据可以极大地减轻存储器的负担。

2.4.1　数据的组织

在计算机中表示数据量的单位有位、字节、字等。

1. 位

位是计算机中信息的最小单位。二进制数 "0" 或 "1" 就是 1 位，一般用小写字母 "bit" 表示。

2. 字节

字节是计算机中的基本信息单位。1 个字节由 8 位二进制数组成，可以表示 1 个数字、1 个字母或 1 个符号等。通常情况下，一个 ASCII 用一个字节的空间来存放。需要注意的是 "位" 是计算机中最小的单位。人们之所以把字节称为计算机中表示信息的最小单位，是因为一位并不能表示现实生活中的一个相对完整的信息。一个字节被称为存储器的一个存储单元，存储器中所包含存储单元的数量称为存储容量，其计量基本单位就是字节。

存储器的存储容量是以字节来度量的，存储单位一般用 B、KB、MB、GB、TB、PB、EB、ZB、YB、BB 来表示，它们之间的关系如下。

1KB（Kilobyte，千字节）= 2^{10} B = 1024 B；

1MB（Megabyte，兆字节）= 2^{10} KB = 1024 KB = 2^{20} B；

1GB（Gigabyte，吉字节）= 2^{10} MB = 1024 MB = 2^{30} B；

1TB（Trillionbyte，太字节）= 2^{10} GB = 1024 GB = 2^{40} B；

1PB（Petabyte，拍字节）= 2^{10} TB = 1024 TB = 2^{50} B；

1EB（Exabyte，艾字节）= 2^{10} PB = 1024 PB = 2^{60} B；

1ZB（Zettabyte，泽字节）= 2^{10} EB = 1024 EB = 2^{70} B；

1YB（YottaByte，尧字节）= 2^{10}ZB = 1024 ZB = 2^{80} B；

1BB（Brontobyte，珀字节）= 2^{10} YB = 1024 YB = 2^{90} B；

1NB（NonaByte，诺字节）= 2^{10} BB = 1024 BB = 2^{100} B；

1DB（DoggaByte，刀字节）= 2^{10} NB = 1024 NB = 2^{110} B。

"位"到底有什么用呢？一般来说，存储设备都是按照字节来存储信息的，因此需要按照字节进行换算，如 1 GB=1024 MB=1024 × 1024 KB。在网络传输中，数据传输是按照"位"进行的。这就可以解释为什么家里的宽带 ADSL 是 1 Mb 带宽，但是下载数据只能为 100 KB 左右。因为 1 Mb=1024 Kb，由于字节是位的 8 倍，因此将 1024 Kb 除以 8 就得到 128 KB。由此可知，网络传输带宽中的 1 Mb 只等于计算机中的 128 KB。再加上信号的衰减，一般只能保持在 100 KB 左右。

3. 字

计算机进行数据处理时，一次存取、加工和传送的数据长度称为字。一个字通常由一个或多个（一般是字节的整数倍）字节构成。例如，32 位机的字由 4 个字节组成，它的字长为 32 位；64 位机的字由 8 个字节组成，它的字长为 64 位。

计算机的字长决定其 CPU 能够一次处理二进制数的实际位数。因此，理论上计算机的字长越大，其性能越好。

2.4.2 数据的压缩

有一天当你走在路上，碰见熟人对你说："吃了吗？"你一定知道他是在打招呼，既不是要请客也不是让你回家吃饭。这一句简单的"吃了吗？"是礼貌和友好的体现，也是一种信息的压缩。笼统地说，把一系列已有的信息通过一定的方法，使其长度缩短，并且信息含量基本或者完全不变，就称为压缩。

微课视频

1. 数据压缩的必要性和可行性

计算机采用的是二进制系统，其需要存储的数据量非常庞大。目前 ASCII 用一个字节即 8 位的二进制数来表示各种字符和字母。打个比方，有一串含 20 个字母的数据 AABAABBCBABBBCBBABDC，在计算机中用 20×8=160 位二进制数存储。假如用 0 表示 A、1 表示 B、10 表示 C、11 表示 D，这样存储这 20 个字母就只需要用 24 位二进制数。又比如 000010001，可以表示为(4,1),(3,1)，即第一个 1 前有 4 个 0，第二个 1 前有 3 个 0，这样表示就简单、清楚得多了。

对于语音信号来说（20 Hz～4 kHz），依据采样定理，设量化精度为 8 bit，则 1 秒的语音信号数据量为 4 K×2×8 bit=64 Kbit；对于 22 K 的模拟双声道音频信号，设量化精度为 16 bit，则 1 秒的音频信号数据量为 22 K×2×16 bit×2=1408 Kbit。

对于视频信息来说，1 秒原始视频数据量一般为 100 Mbit；分辨率为 1280×720 像素或 1920×1080 像素的高清电视（HDTV），其数据量为 0.5～1.2 Gbit，一张小型只读光盘（CD-ROM）存不下 6 秒的 HDTV 数据。

对于存储器的存储容量来说，单片 CD-ROM 的容量为 650 MB～840 MB，单片只读存储多用途数字光盘（DVD-ROM）的容量可达 4 GB～16 GB，但也都难以用非压缩格式存储一部完整的商业影片。

对于通信线路的传输效率来说，一张容量为 650 MB 左右的光盘只能存储不到 3 分钟的 CIF 格式（公用中间格式，其分辨率为 352×288 像素，帧数为每秒 30 帧，1 秒的数据量为 270 MB）的视频数据，而光盘的数据传输速率约为 150 kbit/s。如果把这种格式的视频信号在带宽为 2 Mbit/s 的网络上进行传输，约需要传输 17 分钟，根本无法保证实时传输和播放视频节目。

因此，信息经过数字化处理后会变成海量数据，如果不进行压缩处理，计算机是无法对大量的数字化信息进行表示、传输、存储和处理的。

事实上，各类信息中有许多的冗余数据，去除这些冗余数据可以使原始数据极大地减少。例如，一幅图像中的静止建筑、蓝天和绿地，其中许多像素是相同的，如果逐点存储，就会浪费许多空间，这称为空间冗余。又如，在电视和动画的相邻序列中，只有运动物体有少许变化，这称为时间冗余。此外还有结构冗余、视觉冗余等，这些冗余数据为数据压缩提供了条件。

总之，数据压缩的理论基础是信息论。从信息论的角度来看，数据压缩就是去除数据中的冗余数据，即去除确定的或可推知的信息，而保留不确定的信息，也就是用一种更接近信息本质的描述来代替原有的冗余的描述，这个本质的描述就是信息量。

2. 数据压缩的方法

数据压缩可分为两种类型：一种叫作无损压缩，另一种叫作有损压缩。

无损压缩是指使用压缩后的数据进行重构（或者叫作还原、解压缩），重构的数据与原来的数据完全相同。无损压缩用于要求重构的信号与原始信号完全一致的场合。一个很常见的例子是磁盘文件的压缩。无损压缩一般可以把普通文件的数据压缩到原来的 1/2 ~ 1/4。常用的无损压缩算法有哈夫曼编码（Huffman Encoding）和 LZW（Lempel-Zif-Welch）压缩算法等。

有损压缩是指使用压缩后的数据进行重构，重构的数据与原来的数据有所不同，但不影响人们理解原始数据传达的信息。有损压缩适用于重构信号不一定要和原始信号完全相同的场合。例如，图像和声音的压缩可以采用有损压缩，因为其中包含的数据往往多于人的视觉系统和听觉系统所能接收的数据，丢掉一些数据不至于使人对声音或者图像所表达的意思产生误解，但可大大提高压缩比。PCM（脉冲编码调制）、预测编码、变换编码及混合编码等都是广泛采用的有损压缩方法。人们常听的音乐、欣赏的视频大部分使用有损压缩方法，如 mp3、divX、Xvid、jpeg、rm、rmvb、wma 及 wmv 等。

习题 2

2.1　在不同的进位计数制之间进行转换的方法分别是什么？

2.2　什么是原码、反码和补码？

2.3　计算机中为什么采用二进制存储、处理数据？

2.4　计算机中的基本信息单位是什么？构成计算机信息的最小单位是什么？

2.5　数据压缩有哪些类型？为什么要进行数据压缩？

2.6　把模拟信号转换成数字信号的方法是什么？

03 第3章 计算机系统与云计算

计算机系统由硬件系统和软件系统组成。硬件系统是指构成计算机的所有实体部件的集合，是看得见摸得着的物理设备。软件系统是对硬件系统功能的扩充和完善，是看不见的，但不可缺少。硬件系统和软件系统相辅相成，为人们求解现实世界中的各种问题提供了基础。云计算是建立在计算系统之上的一种服务模式。本章主要从"结构、层次、抽象"这些计算思维概念的角度，讨论计算机硬件系统和软件系统的内容，介绍利用计算系统的各种资源和能力来实现其服务的云计算技术。

3.1 计算机系统概述

通常人们所说的计算机是指既包含硬件系统又包含软件系统的计算机系统。硬件系统是软件系统的工作基础，离开硬件系统，软件系统就无法工作；软件系统是硬件系统功能的扩充和完善，有了软件系统的支持，硬件系统的功能才能得到充分的发挥。两者相互依赖、相互渗透、相互促进。

3.1.1 计算机系统的组成

一个完整的计算机系统由硬件系统和软件系统两大部分构成，如图 3.1 所示。

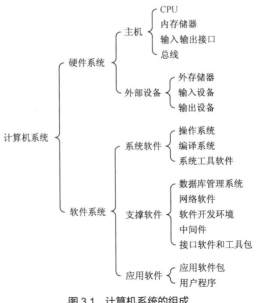

图 3.1 计算机系统的组成

硬件系统是整个计算机系统运行的物质基础，是计算机系统中所有实际物理设备的总称，分为主机和外部设备两个部分。硬件系统可以是电子的、电磁的、机电的、光学的元件/装置或它们的组合。主机通常安装在主机箱中，由 CPU、内存储器、输入输出接口和总线等组成，是整个硬件系统的核心。外部设备由外存储器、输入设备、输出设备等组成，它们通过输入输出接口及总线与主机相连。

软件系统是控制计算机工作流程及具体操作的核心，分为系统软件、支撑软件和应用软件。计算机只有通过软件系统才能实现人们的不同工作意图。软件系统包括计算机系统运行时所需要的各种程序、数据及相关的文档资料。

1. 系统软件

系统软件是用于管理和监控计算机的软件，其主要特点是通用性强，能够充分利用计算机资源，最大限度地发挥计算机的作用，并且用户使用和维护都很方便。它靠近硬件系统，和具体的应用领域无关。系统软件包括操作系统、编译系统和系统工具软件等。

操作系统是系统软件中最重要的组成部分之一，它不但是计算机系统的资源管理者，还是计算机与用户沟通的桥梁。计算机的正常运行离不开操作系统的支持。常见的操作系统有 Windows、macOS、Linux、UNIX 等。

除了机器语言直接使用二进制代码外，汇编语言和高级语言都使用符号表示，其编写的程序代码均不能被计算机直接识别和执行，因此需要如编译程序、链接程序、解释程序等翻译系统将其翻译成与之等价的、可执行的低级语言程序。

2. 支撑软件

支撑软件是指支持各种软件开发、运行与维护的软件。随着计算机技术的发展，软件开发及维护的成本远远超过硬件，因此支撑软件的研究具有重要的意义。数据库管理系统、网络软件等可以被看作支撑软件。20 世纪 70 年代中后期发展起来的软件开发环境及之后开发的中间件可以被看作现代支撑软件的代表。除此之外，各种接口软件（如开放式数据库互联［ODBC］接口、ActiveX 数据对象［ADO］接口、网络接口等软件），以及工具包（如图形软件开发包等），也都属于支撑软件。

数据库管理系统可在非数值计算中处理数据的存储、查询、检索和分类等工作。常用的数据库管理系统有 SQL Server、Oracle、Sybase、Db2、Informix、Visual FoxPro、Access 等。

程序设计语言是用户与计算机之间沟通的工具。常用的高级语言有 C 语言、C++、C#、Java、Python、PHP、Perl、Objective-C 等。IBM 公司的 WebSphere、微软公司的 Studio.NET 等都是有名的软件开发环境。

中间件是用于连接两个独立应用程序或独立系统的软件，可以使运行在一台或多台机器上的多个软件通过网络进行交互和共享资源。

3. 应用软件

应用软件是为了解决各种应用问题而编写的计算机软件。它具有很强的实用性，需要在支撑软件的支持下开发，在操作系统的支撑下运行。应用软件一般包括应用软件包和用户程序两大类。

应用软件包是用于实现某些特殊功能或计算的通用型软件，可供多种用户使用，如办公软件 WPS Office、Microsoft Office，图像处理软件 Photoshop、Dreamweaver，动画处理软件 Flash、3ds MAX，科学计算软件 MATLAB、Mathematica、Maple，计算机辅助设计软件，媒体编辑播放软件，网络即时通信软件等。

用户程序是用户为了解决特定的问题在系统软件和应用软件包的支持下开发的软件，如各种人事管理软件、财务管理软件、进销管理软件、工业实时控制软件等。这些软件发展到一定水平后，将组合形成高效、完整的信息管理系统（IMS）。随着各种计算技术和人工智能技术的发展，IMS 进一步形成专家系统（ES）、决策支持系统（DSS）等。

3.1.2 计算机系统的层次结构

计算机系统中的硬件系统和软件系统是按照一定的层次结构组织起来的，其中的每一层都具有特定的功能并提供相应的接口界面，接口屏蔽了层内的实现细节，并对层外提供使用约定。计算机系统的层次结构如图 3.2 所示。

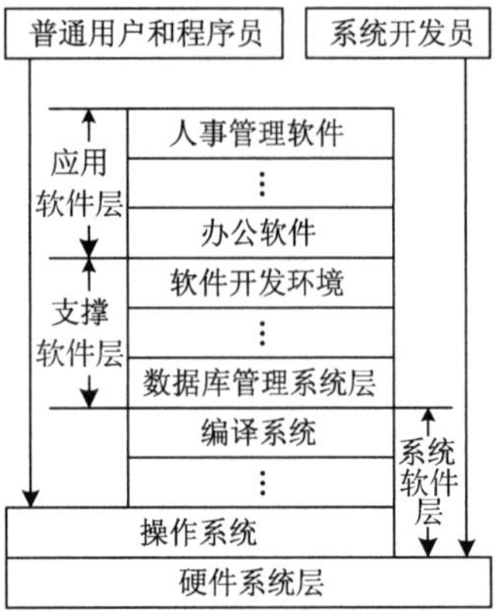

1. 硬件系统层

硬件系统层位于计算机系统层次结构的最底层，在机器语言的指挥和控制下进行各种具体的物理操作，是整个计算机系统运行的基础。硬件的指令系统组成对外界面，系统软件通过执行机器指令来访问和控制各种计算机硬件资源。

图 3.2　计算机系统的层次结构

2. 系统软件层

硬件系统层之上是系统软件层。系统软件层中的操作系统靠近硬件系统层，它对硬件系统进行扩充和改造，帮助用户摆脱硬件的束缚，并为用户提供友好的人机交互界面。操作系统提供的扩展指令集组成了对外界面，为上层的其他软件提供了有力的支持。

3. 支撑软件层

支撑软件层位于系统软件层之上，利用操作系统提供的功能接口及系统调用来使用计算机系统的各类系统资源，而不必知道各种系统资源的细节和控制过程，可以较为容易地实现各种语言处理程序、数据库管理系统和其他系统程序，并为上层的应用软件提供更多的支持。

4. 应用软件层

应用软件层在支撑软件层之上。应用软件是直接与用户交互的程序。正是这些丰富的应用软件将计算机的功能延伸至各个领域。

通常计算机系统的用户可以分为普通终端用户、程序开发人员和系统设计人员 3 类。除了系统设计人员需要直接面对计算机硬件外，普通终端用户和程序开发人员一般都工作在操作系统之上。

3.2 硬件系统

从第一台电子计算机被发明到现在，虽然计算机的制造技术已经发生了日新月异的变化，但就其基本的结构原理来说，一直是冯·诺依曼体系结构。在计算机系统中，电子、机械和光电元件等组成了各种计算机部件和计算机设备，这些部件和设备依据计算机系统层次结构的要求又构成一个有机的整体，称为计算机硬件系统。硬件系统是计算机系统快速、可靠、自动工作的基础。计算机硬件主要完成信息变换、信息存储、信息传送和信息处理等功能，并为软件系统提供具体实现的基础。

3.2.1 计算机硬件系统的组成

根据冯·诺依曼体系结构的传统框架，计算机硬件系统由运算器、存储器、控制器、输入设备和输出设备五大基本部件构成。这五大基本部件在物理上分为主机和外部设备。一般主机主要包括

CPU、内存储器、总线、输入输出接口等，常见的外部设备包括各种外存储器和
输入输出设备，比如硬盘、光驱、显卡、声卡、显示器、键盘、鼠标、打印机、
绘图仪、扫描仪等。

微课视频

1. 主机的结构

个人计算机是典型的计算机系统，几乎所有的个人计算机都把主机部分、硬
盘驱动器以及电源等部件封装在主机箱内。从外观上看，个人计算机有以下 5 种类型：台式计算机、
一体机、笔记本计算机、掌上计算机和平板计算机，如图 3.3 所示。台式计算机也叫桌面机，体积较
大，主机、显示器等设备一般是相对独立的。一体机是将芯片、主板与显示器集成在一起的计算机，
只要将键盘和鼠标连接到显示器上，机器就能使用。平板计算机是无须翻盖、没有键盘、大小不等，
却功能完整的"计算机"，并且打破了笔记本计算机键盘与屏幕垂直的 L 型设计模式。

台式计算机　　　　　　　　　　　一体机

笔记本计算机　　　掌上计算机　　　平板计算机

图 3.3　常见的个人计算机

2. 主板结构

主板（Mainboard），又叫主机板或母板（Motherboard）。它安装在主机箱内，是计算机最基本也
是最重要的部件之一。主板是个人计算机中最大的一块集成电路板。大部分部件如 CPU、内存条、
显卡等重要部件通过插槽安装在主板上，硬盘、光驱等外部设备也通过各种接口与主板连接。主板
上有芯片组（一组固定在主板上的超大规模集成电路芯片的总称，包含南桥芯片和北桥芯片）、BIOS
芯片（控制上电自检、系统初始化、系统设置）、CMOS（存储系统配置信息）、总线扩展槽、串行芯
片和并行接口等。有些主板上集成有声卡、网卡、显卡等部件，以降低整机的成本。图 3.4 所示为华
硕 MAXIMUS V GENE 主板示意图。

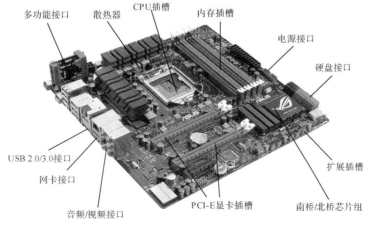

图 3.4　华硕 MAXIMUS V GENE 主板示意图

主板上有南桥芯片和北桥芯片。在功能方面，北桥芯片主要负责高速设备，处理 CPU、内存、显卡三者间的"交通"；南桥芯片则负责中低速的外部设备，如硬盘等存储设备和协议控制信息（PCI）之间的数据流通以及高级能源管理等。芯片组在很大程度上决定了主板的功能和性能。随着计算机的发展，CPU 内集成了显卡和内存控制器，北桥芯片已没有多大实际意义，有的主板已经将南桥芯片和北桥芯片集成在一起了。

3. 计算机常用性能指标

计算机的性能指标是指能在一定程度上衡量计算机优劣的技术指标。计算机的优劣是由多项性能指标综合确定的。

（1）主频

CPU 的主频一般以 MHz 或 GHz 为单位，是时钟脉冲发生器所产生的时钟信号频率，它在很大程度上决定了计算机的运算速度。主频越高，计算机的运算速度就越快。

（2）字长

字长是 CPU 进行运算和数据处理的基本、有效的信息位长度，即 CPU 一次性可以处理的二进制位数。字长主要影响计算机的精度和速度。字长有 8 位、16 位、32 位和 64 位等。字长越长，一次读写和处理的数据的范围越大，处理数据的速度越快，计算精度越高。

（3）运算速度

运算速度是指计算机每秒执行的指令数，是衡量 CPU 工作快慢的指标，单位为每秒百万条指令（MIPS）。由于执行不同的指令所需的时间不同，因此运算速度有不同的计算方法。现在多用各种指令的平均执行时间及相应指令的运行比例来综合计算运算速度，即用加权平均法求等效速度。

（4）内存容量

内存容量是指计算机系统配备的内存总字节数。内存容量反映的是内存储器存储数据的能力，内存容量越大，计算机所能运行的程序越多，能处理的数据越多，运算速度越快，处理能力越强。内存容量一般用字节数来度量。

（5）存取周期

存取周期是指 CPU 从内存储器中连续进行两次独立的读（取）或写（存）操作所需的最短时间。存取周期越短，说明存储器的存取速度越快。

（6）总线的带宽

总线的带宽是指总线在单位时间内可以传输的数据总量，常用单位是 MB/s，即兆字节/秒。总线的带宽与总线的存取周期、总线的数据线位数有关。

3.2.2 主机系统

1. 中央处理器

中央处理器（Central Processing Unit，CPU）是超大规模的集成电路（见图 3.5），是计算机完成指令读出、解释和执行的重要部件。CPU 能完成取指令、分析指令、执行指令，以及与外存储器和逻辑部件交换信息

图 3.5　CPU 外观

等操作，是一台计算机的运算核心和控制核心，负责控制和协调整个计算机系统的工作。

目前主流 CPU 的生产厂家是 Intel 和 AMD 两家公司。Intel 公司的 CPU 产品有：酷睿（Core）

系列，主要用于桌面型计算机；至强（Xeon）系列，主要用于高性能服务器；嵌入式系列，如凌动（Atom）系列等。AMD 公司的 CPU 产品主要有 A10、A8、A6 和 A4 等系列。在同级别的情况下，AMD 公司的 CPU 浮点运算能力比 Intel 公司的稍弱，AMD 公司的强项在于集成的显卡。在相同价格下，AMD 公司的配置更高，核心数量更多。

龙芯是中国科学院计算技术研究所自主开发的通用 CPU。龙芯 1 号（Godson-1）于 2002 年研发完成，是 32 位的处理器，主频为 266 MHz；龙芯 2 号于 2003 年发布，是 64 位的处理器，主频为 300 MHz～500 MHz，其实测性能已达到 Pentium 4 中等水平；龙芯 3 号于 2009 年研发完成，它是第一个具有完全自主知识产权的四核 CPU，工作频率为 1 GHz。

（1）CPU 的基本结构

从功能上看，一般 CPU 的内部结构可分为运算器（Arithmetic and Logic Unit，ALU）、控制器和寄存器三大部分，如图 3.6 所示。

运算器是对数据进行加工和处理的部件，可以执行基本的算术运算操作、移位操作以及逻辑运算操作，也可执行地址的运算和转换。

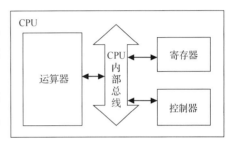

图 3.6　CPU 内部结构

控制器负责从存储器中取出指令，确定指令类型并译码，然后按照时间先后顺序向其他部件发出控制信号，统一指挥和协调计算机各器件进行工作。

寄存器包括通用寄存器、专用寄存器和控制寄存器。通用寄存器用来保存指令中的寄存器操作数和操作结果，是 CPU 的重要组成部分，大多数指令都要访问通用寄存器；专用寄存器是执行一些特殊操作所使用的寄存器；控制寄存器通常用来指示机器的状态，或者保存某些指针，分为处理状态寄存器、处理异常事故寄存器以及检错寄存器等。有时候，CPU 中还有一些缓存，用来暂时存放一些数据指令，缓存越大，CPU 的运算速度越快。

在 CPU 中，信息交换是通过内部总线来实现的。总线就像一条高速公路，用来快速完成各个单元间的数据交换，是数据从内存流进和流出 CPU 的"通道"。

（2）CPU 主要性能指标

CPU 性能的高低直接决定了计算机系统的档次，其主要由以下指标来衡量。

① 主频、外频和倍频

主频也叫时钟频率，单位是 MHz（或 GHz），用来表示 CPU 的运算、处理数据的速度。一个时钟周期完成的指令数是固定的。主频越高，CPU 的运算速度就越快。

外频即 CPU 的基准频率，是 CPU 和周边设备传输数据的频率，单位是 MHz。CPU 的外频决定着整块主板的运行速度。目前大部分计算机系统的外频是内存和主板之间同步运行的速度，CPU 的外频直接与内存相通，以实现两者之间的同步运行。

倍频是指 CPU 主频与外频之间的相对比例关系。倍频的值可以取 1.5 到 10 以上，以 0.5 为间隔单位。外频和倍频相乘就是主频。比如 Intel 酷睿 i7980X 是 64 位的处理器，内部有 6 个核心，其主频是 3.33 GHz，是基于外频 133 MHz 的情况下使用 25 的倍频所得到的。

② CPU 的字长和位数

在计算机中，CPU 在单位时间内（同一时间）能一次处理的二进制数的位数叫作字长。通常所说的 CPU 的位数就是 CPU 的字长，也就是 CPU 中的通用寄存器的位数。字长为 8 位的 CPU 一次只能处理 1 个字节，字长为 64 位的 CPU 一次可以处理 8 个字节。

③ 高速缓冲存储器

高速缓冲存储器（Cache，简称高速缓存）的容量也是 CPU 的重要性能指标之一，而且高速缓冲存储器的结构和大小对 CPU 运算速度的影响非常大，它利用数据存储的局部性原理，极大地提高了 CPU 性能。目前 CPU 的高速缓冲存储器容量为 1 MB～10 MB，甚至更高，结构也从一级发展到三级（L1 Case～L3 Case）。

④ 地址/数据总线宽度

地址总线宽度决定了 CPU 可以访问的物理地址空间；数据总线宽度决定了 CPU 与内存以及输入输出设备之间一次性传输数据的信息量。

（3）CPU 关键技术

① 超线程技术

超线程技术就是利用特殊的硬件指令，把两个逻辑内核模拟成两个物理芯片，让单个处理器能使用线程级并行计算，进而兼容多线程操作系统和软件，减少 CPU 的闲置时间，提高 CPU 的运行效率。

② 多核处理器

多核处理器是指在一个处理器中集成多个完整的计算引擎（内核）。多核处理器具有强大的运算能力，但是增加了处理器的功耗。目前在处理器产品中，4～8 核 CPU 占据了市场主流地位。Intel 公司表示，理论上处理器可以扩展到 1000 核。多核处理器使计算机的设计变得更加复杂，需要软件支持，只有基于线程化设计的程序，才能发挥多核处理器最佳性能。在满足性能要求的基础上，多核处理器通过关闭一些处理器（或降频）等方法，有效地降低功耗。

③ SMP 技术

对称式多处理机（Symmetric Multiprocessor，SMP）技术是指在一台计算机上汇集一组处理器（多CPU），各 CPU 之间共享内存子系统以及总线结构。在这种架构中，一台计算机由多个处理器运行操作系统的单一副本，并共享内存和这台计算机的其他资源。系统将任务队列对称地分布于多个 CPU 之上，从而极大地提高整个系统的数据处理能力。所有的处理器都可以平等地访问内存、输入输出和外部中断。在 SMP 系统中，系统资源被系统中所有 CPU 共享，工作负载能够均匀地分配到所有可用的处理器之上。

④ Turbo Boost 动态加速技术

Turbo Boost 动态加速技术又称为 Intel 睿频加速技术，可以理解为自动超频。CPU 会确定其当前工作功率、电流和温度是否已达到极限，如仍有多余空间，CPU 会逐渐提高活动内核的频率，以进一步提高当前任务的处理速度，当程序只用到其中的某些核心时，CPU 会自动关闭其他未使用的核心。睿频加速技术无须用户干预，自动实现。

⑤ 整合 GPU 图形核心技术

图形处理单元（Graphics Processing Unit，GPU）是显卡的"心脏"，它决定了显卡的档次和大部分性能，作用是处理三维图像和特效。如今，GPU 技术的发展已经引起业界不少的关注。为了提高计算速度，将 GPU 整合到服务器中，充当 CPU 的加速器，更有利于二者协同发挥作用。在执行某些任务时，峰值性能可以达到只使用CPU 的 100 倍。将来的计算架构是 CPU 和 GPU 的结合。

2. 内存储器

内存储器常简称为内存或主存，是 CPU 能够直接访问的存储器，所有的程序和数据只有调入内存储器才能被执行和处理。内存储器一般采用半导体器件，具有容量小、读取速度快和价格高等特点。

（1）内存储器的分类

按照存储器的存取方法不同，内存储器可以分为随机存储器（Random Access Memory，RAM）和只读存储器（Read-Only Memory，ROM）。

① RAM

RAM 是构成内存储器的主要部分，其内容可以根据需要随时按地址读出或写入，以某种电触发器的状态存储，断电后数据无法保存，用于暂存数据。RAM 可分为 DRAM（Dynamic RAM，动态随机存储器）和 SRAM（Static RAM，静态随机存储器）两种。

SRAM 基于双稳态触发器保存信息，只要不掉电，存储在 SRAM 中的数据就不会丢失。SRAM 的特点是工作速度快，但集成度较低、成本较高、功耗较大，一般用作高速缓冲存储器。

DRAM 基于场效应管的栅极和其衬底间的分布电容保存信息。由于电容器的自然放电特性，DRAM 中存储的信息会逐渐丢失。DRAM 的工作速度较慢，但集成度较高、成本较低，通常用作主存。

程序和硬件的发展对内存储器性能提出了更高的要求。为了提高速度并扩大容量，内存储器必须以独立封装的形式出现，因而诞生了"内存条"的概念，它将 RAM 集成在一小块电路板上，如图 3.7 所示。内存条插在计算机的内存插槽上，只需要增加内存条就可以扩充内存容量。最新的 Windows 10 对计算机的内存储器配置要求越来越高，一般以 GB 为单位。

图 3.7　DDR4 内存条

一般内存储器的性能指标包括存储容量和存取速度。存储容量是指一根内存条可以容纳的二进制信息量；存取速度是指两次独立的存取操作之间所需的最短时间，又称为存储周期，半导体存储器的存取速度一般为 60 ns～100 ns。内存的种类主要有 DDR、DDR2、DDR3、DDR4、DDR5。

② ROM。

ROM 在出厂时其内容由厂家用掩膜技术写好，通常只可读出，无法改写，一般用于存放不需要频繁修改的 BIOS 和控制微程序等。需要注意的是，现代 ROM 已经发展出多种可编程、可擦写的类型。

ROM 根据采用的半导体技术和编程方式可以分为 5 种。第一种是掩膜型只读存储器（Mask ROM，MROM），MROM 的数据是固定的，用户不可更改。第二种是可编程只读存储器（Programmable ROM，PROM），PROM 只能进行一次写入操作。第三种是可擦可编程只读存储器（Erasable PROM，EPROM），EPROM 在进行写操作之前必须用紫外线灯照射来擦除所有信息，然后用 EPROM 编程器写入数据。第四种是电擦除可编程只读存储器（Electrically-Erasable PROM，EEPROM），EEPROM 与 EPROM 类似，可以读出也可写入。第五种是闪存（Flash Memory），其特性介于 EPROM 与 EEPROM 之间，闪存可使用电信号对信息进行快速删除操作，速度远快于 EEPROM，其集成度也高于 EEPROM，是主要的大容量存储媒介。

（2）高速缓冲存储器

高速缓冲存储器采用 20 世纪 60 年代发展起来的一项提高内存储器访问速度的存储技术，它是介于 CPU 和内存储器之间的小容量存储器，其主要解决 CPU 和内存储器速度不匹配的问题。很多大型、中型、小型以及微型计算机中都采用高速缓冲存储器。高性能处理机上通常有多级高速缓冲存储器，最接近 CPU 的一级高速缓冲存储器容量最小、速度最快。

高速缓冲存储器的工作原理：当 CPU 要读取一个数据时，首先从高速缓冲存储器中查找，若能够找到就立即读取并送给 CPU 处理；如果没有找到，就从速度相对较慢的内存储器中读取并送给 CPU 处理，同时把这个数据所在的数据块调入高速缓冲存储器中，使得以后对整块数据的读取都在高速缓冲存储器中进行，不必再调用内存储器。这样的读取机制使 CPU 读取高速缓冲存储器的命中率非常高，大大节省了 CPU 直接读取内存储器的时间，也使 CPU 在读取数据时基本无须等待。

3. 总线

总线是指计算机中各种部件之间共享的一组公共数据传输线路。

计算机系统中各个部件之间必须实现互连，才能保证数据在各个部件之间的传输。现代计算机系统采用一组线路，并配以适当的接口，电路与各部件和外部设备连接，建立用于传输数据的公共通道。在芯片内部、印制电路板等部件之间、机箱内各插件板之间、主机与外部设备之间或系统与系统之间的连接与通信都是通过总线来实现的。

根据传输信息的类型不同，总线可以分为地址总线（Address Bus，AB）、数据总线（Data Bus，DB）和控制总线（Control Bus，CB）3 种。这 3 种总线从 CPU 所提供的引脚引出，与外部的内存和输入输出接口等部件进行连接，是 CPU 同内存储器、输入输出接口之间的连接纽带（见图 3.8）。在图 3.8 所示的计算机总线结构图中，CPU、内存储器和输入输出接口采用总线结构来实现信息传送。

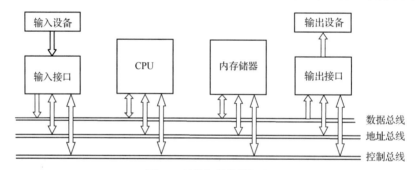

图 3.8　计算机总线结构图

根据总线相对于 CPU 的位置，总线分为内部总线和外部总线。内部总线是指在 CPU 内部的各功能部件和寄存器之间传输数据所用的总线。外部总线是指 CPU 与内存和输入输出接口之间进行通信的总线，又称为系统总线。

根据总线的通信方式，总线可以分为并行总线和串行总线。并行总线利用多根数据线来实现一次进行多个二进制位的传输，传输速度快，信息率高，因此用于传输距离较短（几米至几十米）和数据传输速率较高的场合。而串行总线一个方向一次只能传输一个二进制位的数据，传输速度比较慢，但需要的线路少，故适用于计算机与计算机、计算机与外部设备之间的远距离通信。

4. 输入输出接口

（1）接口的作用

接口是 CPU 和外部设备的连接电路，主板的常见接口如图 3.9 所示。

由于主板是由集成电路芯片连接而成的，而输入输出设备通常是机械和电子设备结合的装置，因此主板与外部设备之间存在速度、时序、信息格式和信息类型等方面的不匹配。主板与外部设备之间不能直接进行信息交换，在主板与外部设备间增加输入输出接口，各种外部设备通过接口电路连接到计算机系统，CPU 通过控制接口电路间接实现对外部设备的控制，显卡和网卡都是接口电路。接口在 CPU 和外部设备之间的数据通信过程中起着"桥梁"的作用。

图 3.10 所示为接口的工作原理。接口是 CPU 和外部设备的信息中转站。接口中通常有多个寄存

器供 CPU 进行读写操作，这些寄存器称为端口。按存放信息的类型，端口可分为数据端口、状态端口和控制端口，分别存放数据信息、状态信息和控制信息。CPU 通过状态端口了解外部设备的工作情况，通过控制端口向外部设备发送控制命令，通过数据端口实现和外部设备的信息交换。

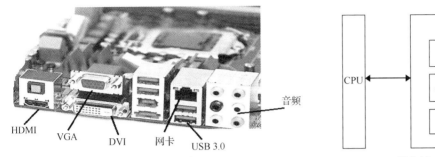

图 3.9 主板的常见接口

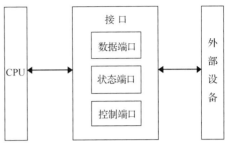

图 3.10 接口的工作原理

输入输出接口位于主机和外部设备之间，对内连接到 CPU 并与 CPU 的数据传输方式匹配，与 CPU 交换数据；对外连接到外部设备并提供数据传输通道，用于传输数据，同时提供接收外部设备工作状态的通道，使 CPU 能够监测外部设备的工作状态，并通过命令通道对外部设备进行控制。输入输出接口不仅解决了 CPU 与外部设备的速度差异问题，还解决了数据传输的同步问题，为 CPU 与外部设备的数据传输提供缓冲，解决了 CPU 和外部设备之间在各方面的矛盾和差异的问题。

（2）接口分类

用于计算机与外部设备连接的常见接口有串行接口、并行接口、硬盘接口、网络接口、显示卡和 USB 接口等。

① 串行接口

串行接口，简称串口，也就是 COM 接口，是采用串行通信协议的扩展接口。串口的数据和控制信息是一位接一位在一根数据线上分时、串行地传输的。串行接口传输速度比较慢，但通信距离远，数据传输速率为 115 kbit/s～230 kbit/s，串口一般用来连接鼠标、外置调制解调器（Modem）、老式摄像头和写字板等设备，目前部分新主板已开始取消串口。

② 并行接口

并行接口，简称并行接口，也就是 LPT 接口，是采用并行通信协议的扩展接口。并行接口的 8 位数据同时通过 8 根并行数据线传输，数据传输速度大大提高，并行接口的数据传输速率比串口的快 8 倍，标准并行接口的数据传输速率为 1 Mbit/s，一般用来连接打印机、扫描仪等。并行接口适用于高速、短距离通信。

③ 硬盘接口

硬盘接口是计算机系统中硬盘与主板的连接部件。常见的硬盘接口有 IDE 接口、SATA、SCSI 等，接口类型不同，数据传输速率也不同。

电子集成驱动器（Integrated Drive Electronics，IDE）接口由于价格低廉、兼容性强，在微型计算机中应用广泛。

串行先进技术总线附属接口（Serial Advanced Technology Attachment Interface，SATA）具有结构简单、可靠性高、支持热插拔等优点。现在的微机系统通常集成了多个 SATA，每个接口可以连接一个 SATA 设备。

小型计算机系统接口（Small Computer System Interface，SCSI），在图形处理和网络服务的计算机中被广泛应用。SCSI 数据传输速率高、应用范围广、CPU 占用率低，但成本较高，因此 SCSI 主要用于中、高端服务器和高档工作站。

④ 网络接口

网络接口一般以网络接口卡的形式呈现。网络接口卡（Network Interface Card，NIC）也称为网络适配器或网卡，是计算机与网线之间的接口电路。网卡一般插在计算机主板扩展插槽中，是用于计算机联网的设备，负责将用户要传输的数据转换为网络上其他设备能够识别的格式，通过网络介质传输。

网卡按照通信速率分为 10 Mbit/s、100 Mbit/s、10/100 Mbit/s 自适应及吉比特以太网卡。按照与网线的连接形式，网卡分为软件 RJ-45 以太网卡、BNC 接头网卡、无线局域网卡等。

⑤ 显示接口

显示器接口一般以显示器接口卡的形式呈现。显示接口卡，又称显示适配器或显卡，用于将显示器连入计算机系统中。显卡一般插在计算机主板扩展插槽或加速图形端口（Accelerated Graphics Port，AGP）插槽中，另外有 15 针视频图形陈列（Video Graphics Array，VGA）接口用于连接显示器。显卡将计算机的数字信号转换成模拟信号让显示器显示出来，同时，显卡具有图像处理能力，可协助 CPU 工作，提高整体的运行速度。DVI（Digital Visual Interface，数字视频接口）也是计算机中常用的接口，与 VGA 接口不同的是，DVI 可以传输数字信号，不用经过数模转换，所以画面质量非常高。HDMI（High Definition Multimedia Interface，高清晰度多媒体接口）同 DVI 一样传输的是数字信号。不同的是 HDMI 不仅能传输高清数字视频信号，还可以传输高质量的音频信号。

⑥ USB 接口

计算机中的 USB 接口通常以标准的 4 芯（电源、发送、接收、地线）连接头的形式出现，通常计算机主板上配有 2~4 个 USB 接口。USB 接口常用于连接 USB 外部设备，如 USB 键盘、USB 鼠标、U 盘、移动硬盘、打印机、扫描仪等。USB 接口标准经历了 1.0 到 4.0 的版本。

3.2.3　外部设备

1. 外存储器

外存储器简称外存或辅存，是指计算机 CPU 高速缓冲存储器及内存储器以外的存储器。外存储器的特点是存储容量大，能长期保存信息，但是存取速度比内存储器慢。CPU 不能直接访问外存储器，外存储器中的信息必须经外存储器接口电路读入内存储器，才能被 CPU 访问。常见的外存储器有硬盘、光盘、闪存等。

（1）硬盘

硬盘是计算机的主要存储设备。大多数计算机以及许多数字设备都配备有硬盘，原因在于硬盘存储容量很大、存取的速度快而且经济实惠。

硬盘是由一组涂有磁性材料的铝合金圆盘片、主轴、主轴电机、驱动臂、读写磁头和控制电路组成的。硬盘一般封装在一个质地较硬的金属腔体里。硬盘一般采用温切斯特（Winchester）技术制造，因此也被称为温盘。所有的盘片都固定在一个旋转轴上，这个旋转轴称为主轴。而所有盘片之间是绝对平行的，每个盘片的存储面上都有一个读写磁头，读写磁头与盘片之间的距离比头发丝的直径还小。所有的读写磁头连在一个磁头控制器上，由磁头控制器控制各个读写磁头的运动。硬盘工作时，主轴电机启动，主轴带动盘片高速旋转，磁头驱动定位系统控制驱动臂的伸缩，让读写磁头定位在要读写的数据存储的位置，通过读写电路控制读写磁头的读写操作，从而完成硬盘的定位和读写。硬盘外观及其结构如图 3.11 所示。

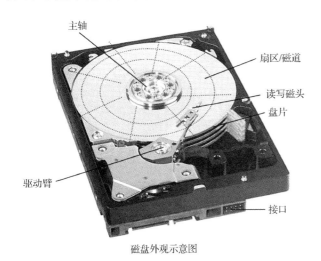
磁盘外观示意图

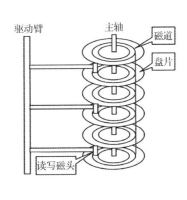
硬盘结构示意图

图 3.11　硬盘外观及其结构

由于硬盘是由轴心、大小相同的数个盘片叠加组成的，每个盘片的两面都可以进行读写，因此硬盘有多个记录面；每个记录面上被逻辑地划分成若干个同心圆，每个同心圆称为一个磁道，磁道从外向内编号，最外面的磁道为 0 磁道；盘片中具有同一编号的磁道从上向下组成硬盘的柱面（Cylinder）；磁道又被等分成若干扇区，一个扇区一般能存放 512 B 的数据。

硬盘的主要性能指标有存储容量、转速以及数据传输速率等。存储容量是硬盘最重要的性能指标，一般来说硬盘的存储容量越大越好。但存储容量越大，硬盘的价格就越贵，还需要主板和系统能够支持。目前市场上硬盘的存储容量可达到数百吉字节或数太字节。硬盘存储容量可以用下面的公式计算：

$$硬盘存储容量=磁面数(磁头数)×柱面数×扇区数×扇区字节数$$

硬盘根据盘片尺寸不同可分为 3.5 英寸、2.5 英寸、1.8 英寸等几种。3.5 英寸硬盘用于台式计算机，2.5 英寸硬盘用于笔记本计算机，一些超轻薄的笔记本计算机会使用 1.8 英寸的硬盘。现在还有一种 1 英寸左右的硬盘，用在移动存储设备中。

（2）光盘

光盘驱动器（简称"光驱"）和光盘一起构成光存储器。光盘用于记录数据，光驱用于读取数据。光盘的特点是记录数据密度高、存储容量大、数据保存时间长。

光盘的盘面（见图 3.12）由 3 层组成：聚碳酸酯塑料底盘、记录信息的记录层（包含反射层和预留层）和保护层。反射层表面被烧蚀出许多微小的凹坑和凸起，利用激光照射在反射层表面的反射强度的不同来表示信息。

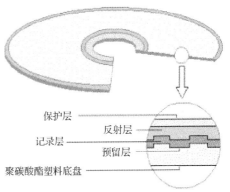

图 3.12　光盘的盘面

按照存储的物理格式不同，光盘分为小型光盘（CD）和数字通用光碟（DVD）。CD 的存储容量可达 650 MB，主要用于保存可靠性要求较高的程序和数据；DVD 的存储容量可达数 GB，主要用于存储音频、视频等数据量大但可靠性要求不高的信息。

按照读写限制，光盘可分为只读性光盘、写一次性光盘和可多次读写光盘。CD 格式的这 3 种类

型的光盘分别称为 CD-ROM、CD-R、CD-RW；DVD 格式的这 3 种类型的光盘分别称为 DVD-ROM、
DVD-R、DVD-RW。

（3）闪存

闪存具备 DRAM 快速存储的优点，也具备硬盘永久存储的特性。它的缺点是读写速度比 DRAM
慢。闪存中的数据以区块为单位写入，区块大小为 8 KB～128 KB。由于闪存不能以字节为单位进行
数据随机写入，当前主流计算机架构仍难以将闪存直接作为内存使用。

① U 盘

U 盘是采用闪存作为存储介质，以 USB 作为接口的一种小型半导体移动固态盘。目前 U 盘的容
量一般为 64 GB～256 GB。U 盘具有即插即用的特点，用户只需将它插入计算机的 USB 接口，计算
机就可以自动检测到 U 盘。用 U 盘进行读写、复制及删除数据等操作非常方便，而且 U 盘具有外观
小巧、携带方便、抗震、防潮、防磁、耐高/低温等优点。因此，U 盘作为新一代存储设备，已经被
广泛应用。

② 闪存卡

闪存卡（Flash Card）是在闪存芯片中加入专用接口电路的一种单片型移动固态盘。闪存卡一般作
为存储介质应用在智能手机、数码相机等小型数码产品中。常见的闪存卡有 SD（Secure Digital）卡、
MMC（Multi-Media Card）、SM（Smart Media）卡、CF（Compact Flash）卡、XD（XD-picture）卡、
记忆棒（Memory Stick）等。

③ 固态硬盘

固态硬盘（Solid State Disk）是由控制单元和存储单元（Flash 芯片）组成的，
简单地说就是用固态电子存储芯片阵列制成的硬盘。固态硬盘的接口标准、功能
及使用方法与普通硬盘的完全相同，在产品外形和尺寸上也完全与普通硬盘的一
致，如图 3.13 所示。由于固态硬盘没有机械部件，因此抗震性能极佳，同时工作
温度范围很大，扩展温度的固态硬盘可在-45℃～+85℃工作。另外，固态硬盘没

微课视频

有高速运行的磁盘，因此发热量非常低。与传统硬盘相比，固态硬盘具有轻量、抗震、省电等特点。
目前，固态硬盘一般和普通硬盘联合使用，操作系统一般安装在固态硬盘中，而数据和程序一般保
存在普通硬盘中，以达到读取速度快、具有良好经济性的目标。

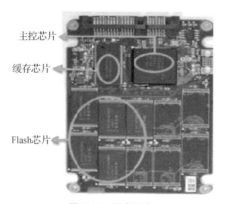

主控芯片

缓存芯片

Flash芯片

图 3.13　固态硬盘

（4）存储系统的层次结构

在计算机系统中，理想的存储器应当具有充足的容量、与 CPU 相匹配的速度和相对低廉的价格，

但是实际上速度快的存储器容量小、价格高；容量大的存储器价格低但速度慢。容量、速度和价格这 3 个基本指标常常是矛盾的。依赖单一的存储部件或技术是难以解决现存问题的，这就需要通过软件、硬件或软硬件结合的方式将不同类型的存储器组合在一起，从而获得更高的性价比，于是存储系统应运而生。一般计算机的存储系统如图 3.14 所示，整个系统可以分为 5 层，最上面一层是位于 CPU 内部的通用寄存器，用于暂存中间运算结果及特征信息；第二层是高速缓冲存储器；第三层是内存储器；第四层和第五层分别是联机外存储器和脱机外存储器，它们是大容量存储器，属于外部设备，与 CPU 的通信需要经过专门的接口。联机外存储器主要是指硬盘，脱机外存储器指软盘、光盘、磁盘、移动硬盘和 U 盘等。

图 3.14　计算机的存储系统

　　处于计算机存储系统的层次结构最上层的通用寄存器由于在 CPU 内部，其访问速度最快但容量最小，在编写软件时应尽量把数据放在通用寄存器中，这样才能获得最快执行速度。高速缓冲存储器位于 CPU 与内存储器之间，其访问速度是内存储器的 10 倍以上，容量可达几百 KB 到几 MB，存储的是内存储器中使用最频繁的程序和数据的副本，当 CPU 要访问内存储器数据时，先到高速缓冲存储器中查找，找到就使用，找不到再从内存储器中读取。这个过程由硬件自动实现，对程序员透明。

　　内存储器通常由 DRAM 组成。目前的计算机都配置有几百 MB 到几十 GB 的内存储器。内存储器与 CPU 通过系统总线相连，里面的程序和数据可以被 CPU 直接访问。由于 CPU 的速度比内存储器的速度快，而内存储器是 CPU 的主要数据加工厂，因此在 CPU 和内存储器之间增加高速缓冲存储器，可以化解 CPU 与内存储器速度不匹配的矛盾。

　　通常用硬盘作为计算机的外存储器。硬盘容量很大且价格便宜，但存取速度较慢且无法直接读写数据。硬盘通常用来存放计算机中的操作系统代码、各种应用程序及需要长期保存的数据。硬盘中的数据必须先调入内存储器才能被 CPU 访问。

　　计算机在执行某项任务时，仅将与任务有关的程序和原始数据从磁盘调入容量较小的内存储器，通过 CPU 与内存储器进行高速的数据处理，然后将最终结果通过内存储器写入硬盘。这样的配置价格适中，综合存取速度较快。

　　为了解决内存储器容量不够的问题，使可运行的程序代码大小不再受限于计算机实际物理内存储器大小，现代计算机系统通过软硬件结合的方式，把内存储器和辅助存储器相结合构成虚拟存储器，程序运行时不再需要全部装入内存储器，可以边运行边装入，该功能由操作系统自动实现。

　　存储系统的层次结构有如下特点。

　　① 各层次之间的信息流动由辅助硬件或操作系统自动完成。

　　② 存储系统的层次结构可以提高计算机的性价比，在速度方面接近最高层存储器，在容量和价格方面接近最底层存储器。

③ 存储系统访问数据的顺序：CPU 先访问高速缓冲存储器，若在高速缓冲存储器中未找到数据，则存储系统通过辅助硬件在内存储器中查找，若还未找到数据，则存储系统通过辅助硬件和软件在外存储器中查找；找到后再把数据逐级上调，没有空间时需进行页面调出以让出空间。

采用层次结构的存储系统可以有效地化解存储器速度、容量、价格之间的矛盾。

2. 输入设备

输入设备是用户和计算机系统之间进行信息交换的主要装置之一，如键盘、鼠标、摄像头、扫描仪、传真机、光笔、手写输入板、话筒、游戏杆和语音输入装置等。计算机能够通过不同类型的输入设备接收各种类型的数据。

（1）键盘

键盘是计算机系统中常用的输入设备，文字编辑、表格处理以及程序的编写、调试等绝大部分工作都是通过键盘完成的。当用户按某个按键时，键盘内的控制电路根据该键的位置把该字符信号转换为用二进制表示的键码，再通过键盘接口传输给主机。

键盘结构如图 3.15 所示，键盘主要由 8048 单片机、16 行×8 列的键开关阵列及编码器组成。键盘中的每个按键通过电路与计算机内部的扫描码一一对应，再将扫描码转换成 ASCII。

目前流行的无线键盘主要依靠蓝牙、红外线等方式与主机通信，蓝牙的有效传输距离为 10 m，红外线的有效传输距离为 1～2 m。一般来说，蓝牙在安全性、保密性方面要优于红外线。收看网络电视节目或利用电视屏幕浏览互联网上的内容时，利用无线键盘进行控制更为方便。

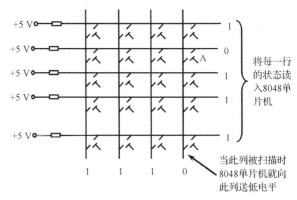

图 3.15　键盘结构

（2）鼠标

鼠标是一种用于图形用户界面环境的、带有按键的手持输入设备，它比键盘更灵活、更方便。当用户移动鼠标时，鼠标会将其相对坐标发送给主机。

鼠标依据外形分为两键鼠标、三键鼠标、滚轴鼠标和感应鼠标；根据工作原理分为机械式鼠标、光电式鼠标和无线鼠标。

① 机械式鼠标的底部有一个滚球，滚球的边缘有相互垂直的两个滚轴，分别用来感应水平和垂直两个方向上的移动位置。滚球一动，带动两个转轴（分别为 x 转轴、y 转轴）转动，便能输入鼠标在水平和垂直两个方向上移动的距离。机械式鼠标是早期常用的鼠标，其原理简单、操作方便，但是准确度、灵敏度不高，适用于一般的软件操作。

② 光电式鼠标又称为光学鼠标，其核心部件是发光二极管、摄像头、光学引擎和控制芯片。光电式鼠标工作时发光二极管发射光线照亮鼠标底部的表面，同时摄像头以一定的时间间隔不断进行图像拍摄。鼠标在移动过程中产生的不同图像将传送给光学引擎进行数字化处理，再由光学引擎中的控制芯片对所产生的图像数字矩阵进行分析，通过对比特征点的位置变化信息，可以判断出鼠标的移动方向与距离，这个分析结果最终被转换为坐标偏移量从而实现鼠标指针的定位。

③ 无线鼠标是指没有线缆直接连接到主机的鼠标，其采用无线技术与计算机通信，摆脱了电线的束缚。无线鼠标的缺点是在灵敏度方面可能不及有线鼠标，而且消耗电池。

（3）触摸屏

触摸屏是一种新型输入设备，已被广泛应用在各个领域的控制和查询等方面。触摸屏是透明的，可安装在任何一种显示器屏幕的外面（表面）。使用时，显示器屏幕根据实际应用的需要显示出用户所需控制的项目或查询的内容（标题）以供用户选择。用户只要用手指（或其他东西）点击所选择的项目（或标题），即可由触摸屏将此信息传输到计算机中，所以显示屏上显示的项目或标题相当于"伪按键"。

实际上触摸屏是一种定位设备，用户通过与触摸屏直接接触，向计算机"输入"接触点的坐标位置，后面的工作就由程序执行。触摸屏一般包括两部分：触摸屏控制器和触摸检测装置。触摸屏控制器上有微处理器和固化的监控程序，其主要作用是将触摸检测装置送来的触摸信息转换成触点坐标，再送给 CPU；同时它能接收 CPU 送来的控制信息，并执行。触摸屏工作原理如图 3.16 所示。

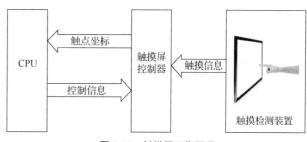

图 3.16　触摸屏工作原理

3. 输出设备

输出设备用来将保存在内存储器中的计算机处理结果以某种形式输出。计算机处理结果可以是字母、数字、表格和图形等，目前常见的输出设备有显示器、打印机、绘图仪、投影仪、磁记录设备等。

（1）显示器

显示器是计算机的主要输出设备，其作用是将计算机处理结果转换为光信号，最终将其以文字、数字、图形、图像等形式显示出来。目前常用的显示器包括液晶显示器（Liquid Crystal Display，LCD）、发光二极管（Light Emitting Diode，LED）显示器和等离子体显示屏（Plasma Display Panel，PDP）等。

① LCD 是一种采用液晶技术来实现显示色彩的显示器，优点是图像质量稳定、低辐射、完全平面、对身体健康影响较小等，缺点是价格较贵。

② LED 显示器通过控制发光二极管来显示图像，它集微电子技术、计算机技术、信息处理于一体，以色彩鲜艳、动态范围广、亮度高、寿命长、工作稳定可靠等优点，成为极具优势的新一代显示器。目前，LED 显示器已广泛应用于大型广场、体育场馆、证券交易所等场所，可以满足不同环境的需求。

③ PDP 是采用了近几年高速发展的等离子平面屏幕技术的新一代显示设备。PDP 具有亮度高、对比度高、纯平面图像、无扭曲、超薄设计、超宽视角、环保无辐射、分辨率高、占用空间少等特点，代表了未来显示器的发展趋势。

显示器的主要技术指标有分辨率、颜色质量和点距等。

① 分辨率是指显示器上像素的数目，像素数目越多，分辨率越高，图像越清晰。分辨率常用长、宽方向上的像素个数来表示，如 640×480 像素表示长、宽方向上的像素个数分别为 640 和 480。现在常用的分辨率有 640×480 像素、800×600 像素、1024×768 像素、1280×1024 像素、1600×800 像素、1920×1200 像素等。

② 颜色质量是指显示一个像素所占用的位数，单位是位。位数越多，颜色质量就越高。例如将颜色质量设置为 24 位（真彩色），则颜色数量为 2^{24} 种。

③ 点距是指屏幕上相邻的两个相同颜色的荧光点之间的最小距离，点距越小，显示器的分辨率就越高，显示的图像质量也越高。目前显示器的点距有 0.22 mm、0.25 mm、0.28 mm、0.31 mm。

显示器必须配置正确的适配器（即显卡，见图 3.17）才能构成完整的显示系统。显示器通常连接到显卡上，显卡接在计算机主板上。CPU 通过显卡控制显示器的显示模式和内容。

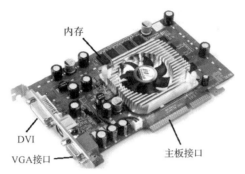

图 3.17　显卡

（2）打印机

打印机是计算机重要的输出设备，其作用是打印计算机里的文件。打印机通常由一根打印电缆与计算机上的并行接口或 USB 接口相连。打印机种类很多，按照工作原理，打印机分为针式打印机、喷墨打印机、激光打印机和 3D 打印机四大类。

① 针式打印机（Stylus Printer）由走纸装置、打印头、色带等组成。打印头由多支金属撞针组成，当指定的撞针到达某个位置时，便会弹射出来，在色带上打击一下，让色素印在色带上成为其中一个色点，配合多支撞针的排列样式，便能在纸上打印出文字或图形。针式打印机的优点是耗材便宜，缺点是打印速度慢、噪声大、打印分辨率低，通常用于打印票据。

② 喷墨打印机（Inkjet Printer）使用大量的喷嘴，将墨点喷射到纸张上。由于喷嘴的数量较多，且墨点细小，能够得到比针式打印机更细致的色彩效果。喷墨打印机的优点是可以满足多种打印效果需求，价格适合各种层次的需要；打印效果优于针式打印机，无噪声，并且能够打印彩色图像。其缺点是打印速度慢、墨盒消耗快，并且耗材贵，特别是彩色墨盒。

③ 激光打印机（Laser Printer）的核心部件由激光发生器和机芯组成。激光打印机利用磁鼓控制激光束的开启和关闭，当纸张在磁鼓间卷动时，上下起伏的激光束会在磁鼓上产生带电荷的图像区，此时打印机内部的碳粉会受到电荷的吸引而附着在纸上，形成文字或图形。激光打印机是各种打印机中打印效果最好的，其打印速度快、噪声小，缺点是耗材贵、价格较高，而且一般以黑白打印居多。

④ 3D 打印机如图 3.18 所示，是一种使用累积制造技术即快速成型技术的机器，它以数字模型文件为基础，使用特殊蜡材、粉末状金属或塑料等可黏合材料，通过打印一层层的黏合材料来制造 3D 物体。3D 打印机常在模具制造、工业设计等领域被用于制造模型，后逐渐用于一些产品的直接制造。

打印机的主要性能指标包括打印速度和打印分辨率。打印速度是指每分钟可以打印的页数，常用 ppm 来表示；打印分辨率是指每英寸打印的点数，常用 dpi 来表示，打印分辨率越高，打印质量越好。

（3）绘图仪

绘图仪是一种能按照人们的要求自动绘制图形的设备，它可将计算机的输出信息以图形的形式输出，如图 3.19 所示。绘图仪主要用于绘制各种管理图表、统计图、大地测量图、建筑设计图、电路布线图、机械图与计算机辅助设计图等。常用的绘图仪是 X-Y 绘图仪。现代的绘图仪已具有智能化的功能，它自身带有 CPU，可以使用绘图命令，具有直线和字符演算处理以及自检测等功能。

图 3.18　3D 打印机

图 3.19　绘图仪

3.3　软件系统

计算机系统拥有丰富的硬件资源和软件资源。软件系统是控制计算机工作流程及具体操作的核心，分为系统软件、支撑软件和应用软件。系统软件是指控制计算机的运行、管理计算机的各种资源，并为应用软件提供支持和服务的软件。在系统软件的支持下，用户才能运行各种应用软件。系统软件通常包括操作系统、语言处理程序和各种实用程序等。

3.3.1　操作系统

操作系统在计算机中占据了特别重要的地位，其是位于计算机硬件之上的第一层软件，如果没有操作系统，让用户对硬件直接进行操作是极其困难，甚至是不可能的。如果没有操作系统，其他软件就无法使用，硬件系统也不能发挥应有的作用。计算机系统的层次结构如图 3.20 所示。

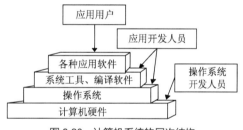

图 3.20　计算机系统的层次结构

操作系统控制 CPU 的工作和存储器的访问，进行设备驱动和设备中断处理。操作系统对硬件的功能做了首次扩充和改造，使得操作系统上层的其他软件可以获得比硬件所能提供的更多的功能。操作系统是其他系统软件和应用程序运行的基础，它为上层软件和用户提供运行环境，即提供方便、简单的用户接口。

1.　操作系统的定义和特征

操作系统（Operating System，OS）是管理和控制计算机硬件和软件资源，合理组织计算机工作流程并方便用户使用计算机的程序集合，是一种系统软件。操作系统的性能在很大程度上决定了整个计算机系统的性能。

当计算机启动后，我们会看到操作系统的操作界面，用户就是通过它来使用计算机资源的。例如，用户可以直观地向计算机发出"保存文件"的命令，而不必关心磁头移动、查找空闲磁盘块、分配磁盘空间等操作细节。这一切烦琐的操作细节全部由操作系统控制相应的物理部件来完成。

引入操作系统是为了对计算机系统的资源进行高效的管理，并向用户提供一个方便、易用的计算机操作环境。

操作系统作为计算机系统资源的管理者，在管理大量资源，面对各种数据、数据流、控制流时体现出了并发性、共享性、虚拟性及不确定性 4 个特征。这些也是操作系统区别于其他系统软件的几个基本的特征。

（1）并发性

并发性是指两个或两个以上的事件在同一时间间隔内发生。对于程序而言，并发性是指多个程序在同一时间间隔内同时执行。对于单处理器系统而言，程序并发执行实际上是多个程序在一个很小的时间段内交替执行。从宏观上看，它们似乎是同时进行即并发执行的。

（2）共享性

共享性就是资源共享，即计算机系统中的软硬件资源供所有授权程序或用户共同使用。实际上，由于系统中的资源有限，当多道程序并发执行时，必然要共享系统中的软硬件资源。所以，程序并发执行必然依赖于资源共享机制。

（3）虚拟性

虚拟性是指将一个物理上的实体变为（映射为）一个或者多个逻辑上的对应物。前者是实际存在的，而后者是虚拟的，是一种感觉性的存在。例如，在单处理器系统中，虽然只有一个处理器，每次只能执行一个程序，但是采用分时技术后，在一段时间内，宏观上看有多个程序在运行，似乎是多个处理器在运行各自的程序。这样，一个物理上的处理器虚拟为多个逻辑上的处理器，即虚拟处理机。虚拟性还体现在虚拟存储器、虚拟设备等。另外，虚拟性使物理特征不同的同类设备呈现给用户的是同样的操作界面和运行环境，从而方便用户使用。

（4）不确定性

在单处理器系统中由于程序并发执行及资源共享，系统中的程序在何时执行、各自执行的顺序、运行所需的时间都是不确定的，也是不可预知的。

2. 操作系统的类型

根据应用环境和用户使用计算机的方式不同，操作系统分为批处理操作系统、分时操作系统、实时操作系统、个人操作系统、网络操作系统、分布式操作系统、嵌入式操作系统和移动操作系统等。

（1）批处理操作系统

批处理操作系统的主要优点是用户脱机使用计算机，操作方便，成批处理，提高了CPU利用率。它的缺点是无交互性，即用户一旦将程序交给系统后，就失去了对它的控制，使用起来不方便。在计算机应用的早期，一般计算中心（或数据中心）小型以上的计算机上所配置的操作系统都属于批处理操作系统。

（2）分时操作系统

分时操作系统通常是一台主机连接若干台终端的计算机系统，允许多个用户在各自的终端共同使用一台主机。用户可在各自的终端上通过输入命令来控制计算机任务的执行，也可以从终端上了解计算机任务的执行情况。分时操作系统的工作方式如图3.21所示。

分时操作系统以时间片为单位，把主机轮流地分配给每个终端用户，每个终端用户在不

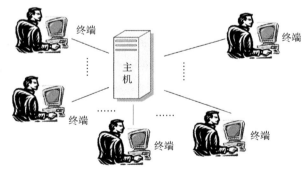

图3.21　分时操作系统的工作方式

同时刻轮流使用主机。分时操作系统是通用大中型计算机上配置的主流操作系统。UNIX操作系统是世界上最著名的分时操作系统之一。

（3）实时操作系统

实时操作系统是一种能在限定时间内对输入（外部事件）做出响应并进行快速处理的操作系统。实时操作系统可以分为硬实时操作系统和软实时操作系统。

硬实时操作系统要求响应和处理事件的速度十分快，响应时间一般为毫秒级，甚至是微秒级，而且要求工作环境极其安全、可靠，主要用于工业生产的过程控制、航空航天系统的跟踪和控制、武器的制导等。软实时操作系统主要用于对时限要求没有硬实时操作系统高的信息查询和事务处理等领域，响应时间一般在秒级，如情报资料检索系统、订票系统、银行财务管理系统等。

（4）个人操作系统

随着计算机的日益普及，许多人都能拥有自己的个人计算机，在个人计算机上配置的操作系统称为个人操作系统。目前，常用的个人操作系统有基于图形界面的 Windows 操作系统、能运行于各种硬件平台的 UNIX 操作系统以及开放源代码的 Linux 操作系统等。

Windows 是由微软公司为个人计算机和服务器用户设计开发的基于图形界面、支持多个程序运行的多任务操作系统，又称为视窗操作系统。Windows 操作系统的第一个版本发布于 1985 年，是作为对 DOS 图形界面的扩充而开发的，之后发布了 Windows 2000、Windows XP/Windows Server 2003、Windows Vista/Windows Server 2008、Windows 7、Windows 8、Windows 10、Windows 11 等。在个人计算机产业中，无论是台式计算机还是服务器，Windows 操作系统都是主流的预装操作系统，占据了相当大的市场份额。

UNIX 操作系统是通用、交互式、多用户、多任务应用领域的主流操作系统之一。UNIX 操作系统取得成功的最重要原因是系统的开放性。由于 UNIX 操作系统源代码公开，用户可以方便地向 UNIX 操作系统中逐步添加新的功能和工具，这样可使 UNIX 操作系统越来越完善，其能提供更多服务，成为有效的程序开发支撑平台。

Linux 操作系统基于 UNIX 操作系统内核程序，它与 UNIX 操作系统完全兼容。Linux 操作系统是一个多用户、多任务的类 UNIX 操作系统。Linux 操作系统最大的特点在于它是一个源代码公开的免费操作系统，其内核源代码可以免费传播，因此吸引了很多的商业软件公司和 UNIX 爱好者加盟到 Linux 操作系统的开发行列中。如今，Linux 操作系统已经变成一个稳定可靠、功能完善、性能卓越的操作系统，目前世界上许多著名的互联网服务提供商已把 Linux 操作系统作为主推操作系统之一。

macOS 是由苹果公司开发的计算机操作系统，主要服务于苹果公司的计算机。macOS 是基于 UNIX 操作系统衍生而来的图形化操作系统，macOS 的架构与 Windows 操作系统的不同，macOS 的界面非常独特，突出图标和人机对话。

（5）网络操作系统

网络操作系统是为计算机组网而配置的操作系统，其多数是在单机操作系统的基础上发展起来的，即在通用操作系统的基础上，扩充了按照网络体系结构和协议开发的软件模块。在这些软件模块及有关网络硬件的支持下，计算机可以互联成网，实现网络中的计算机之间的数据通信和资源共享等功能。

网络操作系统除具备通用操作系统的功能外，还包括网络通信、网络服务、网络管理、网络安全和各种网络应用等功能。网络操作系统有 NetWare、UNIX、Linux、Windows NT 等。

（6）分布式操作系统

分布式操作系统是指通过网络将大量计算机连接在一起，以获取极高的运算能力、广泛的数据共享以及实现分散资源管理等功能为目的的操作系统。分布式操作系统的最大特点是它的透明性，即用户并不知道分布式操作系统是运行在多台计算机上的，在用户的感觉中整个分布式操作系统就像一台计算机一样。分布式操作系统的优点是可靠性高，由于有多台计算机，因此当某台计算机发生故障时，整个系统仍然可以正常工作。

（7）嵌入式操作系统

嵌入式操作系统是指运行在嵌入式系统（嵌入在宿主设备中的微处理机系统）中，对整个嵌入式系统以及它所操作、控制的各种部件装置等资源进行统一管理的操作系统。嵌入式操作系统具有通用操作系统的基本特点，能够有效地管理系统资源。与通用操作系统相比，嵌入式操作系统在系统的实时高效性、硬件的相关性和依赖性、软件的固态化以及应用的专用性等方面具有较为突出的特点。制造工业、过程控制、通信、仪器、仪表、汽车、船舶、航空、航天、军事装备等领域均是嵌入式操作系统的应用领域。例如，手机、数码相机等家用电器产品中的智能功能就是嵌入式操作系统的应用。

在现代操作系统中，往往将上述多种类型操作系统的功能集成为一体，以提高操作系统的功能和应用范围。例如，在 Windows NT、UNIX、Linux 等操作系统中，融合了批处理、分时、网络等技术和功能。

（8）移动操作系统

移动操作系统（Mobile Operating System，Mobile OS）又称为移动平台（Mobile Platform）或手持式操作系统（Handheld Operating System），是指在移动设备上运行的操作系统。

微课视频

移动操作系统与在台式计算机上运行的操作系统类似，但是它通常较为简单。使用移动操作系统的设备有智能手机、平板计算机等，移动操作系统还应用于嵌入式系统、移动通信设备、无线设备等。在移动互联网时代，智能终端的竞争不仅在于硬件，而且在于应用、服务和生态系统的各方各面。作为整个移动互联网产业的核心，移动操作系统很大程度上决定了智能终端的性能特征，于是各大厂商相继推出不同的移动操作系统以争夺市场，包括谷歌公司的 Android、苹果公司的 iOS、微软公司的 Windows Phone、Symbian 和 BlackBerry OS 等。

3. 操作系统的功能

操作系统是以提高资源利用率、方便用户使用计算机为目的的系统软件。操作系统的功能主要体现在对计算机资源（如处理器、存储器、外部设备、文件和用户接口等）的管理。

（1）处理器管理

CPU 是计算机系统的核心硬件资源，任何计算都必须在 CPU 上进行，它的使用影响着整个系统的性能。在现代操作系统中，CPU 被多个程序共享，资源分配以进程作为基本单位，因此处理器的管理可以说是对进程的管理。

① 进程的概念

简单地说，进程就是执行中的程序，当一个程序加载到内存后就变为进程。在一个多进程的操作系统中，处理器的分配主要是按进程进行的，进程管理的主要任务是对 CPU 资源进行分配，并对程序运行进行有效的控制和管理。

② 进程与程序的区别和联系

a. 进程是动态的，程序是静态的。程序是有序代码的集合，进程是执行的程序。

b. 进程是暂时的，程序是永久的。进程是一个状态变化的过程，程序可长久保存。

c. 进程具有并发特征，而程序没有。在不考虑资源共享的情况下，各进程的执行是独立的，执行速度是异步的。

　　d. 进程与程序是密切相关的。通过多次执行，一个程序可对应多个进程。

　　③ Windows 进程的管理

　　在处理器管理中，最核心的问题是 CPU 时间的分配。在单 CPU 计算机系统中，当有多个进程请求使用 CPU 时，将处理器分配给哪个进程使用的问题就是处理器分配（又称为进程调度）的策略问题。这些策略因系统的设计目标不同而不同。可以按进程的紧迫程度、进程发出请求的先后次序或者其他的原则来确定处理器的分配原则。

　　在 Windows 操作系统中，进程的管理是通过任务管理器来完成的。例如，查看当前正在运行的程序和进程，用普通方法无法结束的项目。在任务管理器的"进程"选项卡中，用户可以查看当前正在执行的进程，如图 3.22 所示。

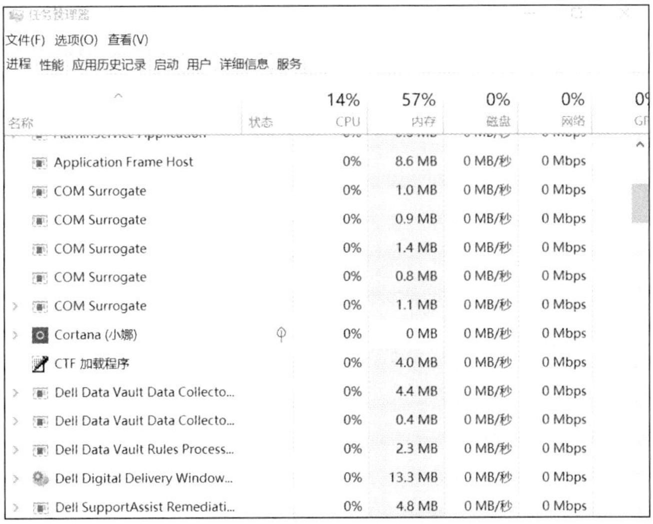

图 3.22　Windows 操作系统任务管理器的"进程"选项卡

　　（2）存储器管理

　　内存储器是计算机系统中另一个重要的资源，任何程序的执行都必须从内存储器中获取数据。通常，为了方便用户使用、提高存储器的利用率，操作系统对内存资源进行统一管理，使大程序能在小内存中运行，多个用户能够共享有效的内存资源，并且内存中的每个程序都互不干扰。

　　① 逻辑地址与物理地址

　　逻辑地址又称相对地址，这种地址一般以 0 为基础地址进行顺序编址。通常程序员在进行程序设计时，访问信息所用到的地址就是逻辑地址。物理地址也称绝对地址，内存中的每个存储单元都有唯一的物理地址。当程序在内存中运行时，要通过存储单元的物理地址查找数据。逻辑地址到物理地址的转换，称为地址重定位。

　　② 存储管理的功能

　　存储管理的主要工作：一是为每个应用程序分配和回收内存空间；二是地址映射，即将程序使用的逻辑地址映射为内存空间的物理地址；三是内存保护，当内存储器中有多个进程运行时，保证进程之间不会相互干扰从而影响系统的稳定性；四是当某个程序的运行导致系统内存不足时，给用户提供虚拟内存（硬盘空间），使程序顺利运行，或者采用内存"覆盖"技术、内存"交换"技术运行程序。

③ 虚拟内存

虚拟内存就是将硬盘空间当内存储器使用，硬盘空间比内存储器大很多，但是运行速度（毫秒级）远低于内存储器（纳秒级），所以虚拟内存的运行效率很低。这也反映了计算思维的一个基本原则，以时间换空间。

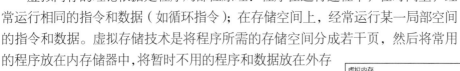

微课视频

虚拟内存的理论依据是程序局部性原理：程序在运行过程中，在时间上，经常运行相同的指令和数据（如循环指令）；在存储空间上，经常运行某一局部空间的指令和数据。虚拟存储技术是将程序所需的存储空间分成若干页，然后将常用的程序放在内存储器中，将暂时不用的程序和数据放在外存储器中。当需要用到外存储器中的程序和数据时，再把它们调入内存储器。

④ Windows 操作系统虚拟内存

虚拟内存在 Windows 操作系统中又称为页面文件。在安装 Windows 操作系统时就创建了虚拟内存（pagefile.sys），页面大小会根据实际情况自动调整。图 3.23 所示为某台计算机 Windows 10 中的虚拟内存。用户可根据需要调整虚拟内存的大小。

图 3.23　某台计算机 Windows 10 中的虚拟内存

（3）设备管理

在计算机系统中，除了 CPU 和内存储器外，其他大部分硬件设备称为外部设备，包括常用的输入输出设备、外存设备以及终端设备等。

① 设备管理的功能

设备管理是操作系统中十分庞杂、琐碎的部分，因为设备管理涉及很多实际的物理设备，这些设备品种繁多、用法各异。当各种外部设备和主机并行工作时，有些设备可被多个进程共享。另外，主机和外部设备，以及各类外部设备之间的速度不匹配，级差很大。

基于上述原因，设备管理就是在设备与操作系统之间提供一个简便、易用的接口，根据输入输出请求，按照一定的算法分配和管理资源，为其分配所需的设备，尽量提高输入输出设备的利用率。

为了提高处理器与输入输出设备的并行程度，解决两者之间数据传输速度不匹配的问题，系统一般采用缓冲技术。因此，要对缓冲区的建立、分配与释放进行管理。

缓冲区就是在内存储器中划分出的用作缓冲的区域，如果设置了缓冲区，可以将要输出的数据暂存在缓冲区中，处理器不必等待数据输出就可以继续进行其他工作，而输出设备将缓冲区中的数据依次输出。

② 设备驱动程序

设备驱动程序是指管理操作系统和驱动设备的程序，系统给每类设备分别编制了一组处理程序来控制输入输出，其中包括所有与设备相关的代码。设备驱动程序用于屏蔽各种设备的物理功能，如果某个设备的驱动程序不能正确安装，便不能正常工作。

在实际的使用过程中，由于硬件设备种类繁多，通常是由操作系统厂商提供一套设备驱动程序的标准框架，硬件厂商按照这个标准框架并结合设备的特性编写可以更好地发挥该设备功能的设备驱动程序，在用户购买该产品的同时提供给客户使用。

③ 外部设备的即插即用

即插即用（Plug and Play，PnP）是 20 世纪 90 年代末出现的外部设备安装方法，即用户不必关心如何安装和管理设备，凡是符合这种标准的外部设备插上就能使用。

通用的即插即用（Universal Plug and Play，UPnP）是微软公司于 1999 年推出的新技术，它使计算机能自动发现和使用基于网络的硬件设备，这些设备可以是物理设备，也可以是用计算机软件模拟的逻辑设备。Windows 2000 以上的 Windows 操作系统已经内置了 USB 的驱动程序，在这些操作系统中用户可以直接使用 USB 接口连接外部设备。

④ Windows 操作系统的设备管理

"设备管理器"是用户查看设备、管理设备和检修故障的有力工具。"设备管理器"会显示计算机上所安装的设备并允许用户更改设备属性、查看所有设备、排除硬件故障等。

启用"设备管理器"的方法有以下几种。

方法 1：在"计算机管理"窗口中选择"设备管理器"命令。

方法 2：右击"开始"菜单，在弹出的快捷菜单中选择"设备管理器"命令。

"设备管理器"启动后，用户可以按类型来寻找自己关心的设备。图 3.24 所示为右击"显示适配器"中的"Intel(R) UHD Graphic"后弹出的快捷菜单，通过快捷菜单可完成对该硬件相应的操作。

图 3.24　设备管理器

（4）文件管理

现代计算机系统要用到大量的程序和数据，由于内存储器的容量有限且不能长期保存程序和数据，故计算机总是把它们以文件的形式放在外存储器中，需要时再将它们调入内存储器。

在操作系统中，负责管理和存取文件信息的部分称为文件系统或文件管理系统。从系统角度看，文件系统对文件存储空间进行组织、分配，负责文件的存储并对存入的文件进行保护和检索；从用户的角度看，文件系统主要实现"按名存取"，用户可以按照文件名访问文件，而不必考虑各种外存储器的差异，也不必了解文件在外存储器上的具体物理地址以及存放方法。文件系统为用户提供简单、统一的访问文件的方法，因此它也被称为用户与外存储器交互的接口。

① 文件

文件特指存放于外存储器中具有一定名称的一组相关数据的集合。它用符号名（即文件名）标识。计算机中的所有信息，如数字、符号、程序、图形、图像以及音频等，都以文件的形式保存在外存储器上，使用时才被调入内存储器。

文件名由主文件名和扩展名组成，扩展名表示文件的类型，操作系统根据扩展名判断文件的用途，并对数据文件建立与程序的关联。文件一经建立，就一直存在，直到被删除。

② 目录结构

文件目录是文件系统实现"按名存取"的主要手段和工具，文件目录的创建、检索和维护是文件系统的主要功能。

一个磁盘上的文件成千上万，为了有效地管理和使用文件，用户通常在磁盘上创建文件夹（目录），在文件夹下创建子文件夹（子目录），也就是将磁盘上所有文件组织成树状结构，然后将文件分门别类地存放在不同文件夹中，如图 3.25 所示。这种结构像一棵倒置的树，树根为根文件夹（根目录），树中每一个分枝为一个子文件夹（子目录），树叶为文件。在树状结构中，用户可以将同一个项目有关的文件放在同一个文件夹中，也可以按文件类型或用途将文件分类存放；可以将同名文件存放在不同的文件夹中，也可以将访问权限相同的文件放在同一个文件夹中，集中管理。

图 3.25 目录的树状结构

③ 文件路径

当一个磁盘的目录结构被建立后，所有的文件可以分门别类地存放在所属的文件夹中，接下来的问题是如何访问这些文件。若要访问的文件不在同一个目录中，就必须加上文件路径，以便文件系统可以查找到所需要的文件。

文件路径分为如下两种。

a. 绝对路径。从根目录开始，依序到该文件的名称。

b. 相对路径。从当前目录开始到某个文件的名称。

在图 3.25 所示的目录结构中，Notepad.exe 和 Test.doc 文件的绝对路径分别为 C:\Windows\System32\Notepad.exe 和 C:\User\Test.doc。如果当前目录为 User，则 Data.mdb 文件的相对路径为..\..\User\Data.mdb（".."表示上一级目录）。

④ Windows 文件管理

Windows 10 是通过"计算机"窗口和"资源管理器"来实现文件管理的。

"计算机"窗口可以显示整个计算机的文件及文件夹等信息，如图 3.26 所示。

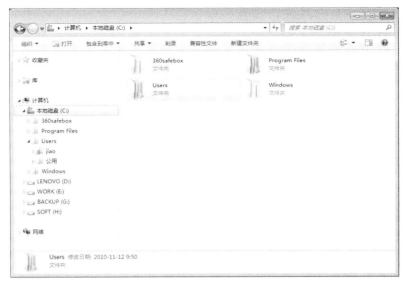

图 3.26　"计算机"窗口

在"计算机"窗口中，用户可以完成启动应用程序，打开、查找、复制、删除文件，更改文件名和创建新文件夹等操作。打开"计算机"窗口的方法如下。

方法 1：双击桌面上的"计算机"图标，打开"计算机"窗口。

方法 2：单击"开始"按钮，在弹出的"开始"菜单中选择"计算机"命令。

"计算机"窗口中默认用于管理文件的区域分别为左侧的导航窗格和右侧的内容窗格。导航窗格中以树状目录的形式列出当前磁盘中包含的文件类型。单击磁盘左侧的三角图标，可展开该磁盘，单击文件夹左侧的三角图标，可显示该文件夹中包含的文件及子文件夹。内容窗格显示了当前选中的文件夹中所包含的文件及子文件夹。

（5）用户接口

从用户角度来看，操作系统是用户与计算机之间进行交互和通信的通路。操作系统为用户提供的交流界面称为用户接口（或用户界面）。普通用户使用计算机操作系统有两种接口方式：命令行接口和图形用户接口。命令行接口方式是指在操作系统的提示下直接输入操作命令，操作系统通过对输入的操作命令进行解释、执行，最终完成用户指定的任务，如 DOS 和 UNIX 操作系统采用的就是这种方式。图形用户接口（Graphical User Interface，GUI）方式是指在操作系统提供的工作窗口中通过菜单命令或工具按钮完成命令的提交。Windows 操作系统就是具有图形用户接口的窗口操作系统，它提供形象、生动的图形化界面，用户只需拖动并单击鼠标，便可轻松操作计算机。

随着多媒体、多通道及智能化技术的发展，新一代用户界面——虚拟现实界面，正在研究和探索中。在虚拟现实界面中，人们可以用语音、手势、面部表情、视线跟踪等更加自然和方便的手段进行输入，计算机将输出具有真实感的仿真环境，如立体视觉、听觉等。这样，用户不仅能够通过虚拟现实界面获得客观物理世界中身临其境的感受，而且能够突破空间、时间和其他客观条件的限制，得到在真实世界中无法亲身经历的体验。

3.3.2　系统虚拟化

系统虚拟化是指将一台物理计算机系统虚拟化为一台或多台虚拟计算机系统（简称虚拟机）。每台虚拟机都拥有自己的虚拟硬件（如 CPU、内存和设备等），可提供独立的虚拟机运行环境。通过虚

拟化层的模拟，虚拟机中的操作系统认为自己仍然独占
系统运行。每台虚拟机中的操作系统可以完全不同，并
且它们的执行环境是完全独立的。这个虚拟化层被称为
虚拟机监视器（Virtual Machine Monitor，VMM）。系统
虚拟化的体系结构如图 3.27 所示。

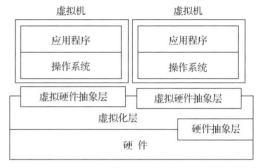

图 3.27　系统虚拟化的体系结构

虚拟机可以看作物理机的一种高效隔离的复制品。
虚拟机具有 3 个典型特征：同质、高效和资源受控。同
质指的是虚拟机运行环境和物理机环境在本质上是相
同的，但是在表现上有一些差异。高效指的是虚拟机中
运行的软件具有接近在物理机上直接运行的性能。资源
受控指的是 VMM 需要对系统资源有完全控制能力和管理权限，包括资源的分配、监控和回收。

VMM 对物理资源的虚拟可以归结为 3 个主要任务：CPU 虚拟化、内存虚拟化和输入输出虚拟
化。CPU 虚拟化是 VMM 中最核心的部分，决定了内存虚拟化和输入输出虚拟化的正确实现。CPU
虚拟化包括命令的模拟、中断和异常的模拟，以及注入和 SMP 技术的模拟。内存虚拟化一方面解决
了 VMM 和客户机操作系统对物理内存认知上的差异；另一方面在虚拟机之间、虚拟机和 VMM 之
间进行隔离，防止某台虚拟机内部的活动影响其他的虚拟机和 VMM，从而造成安全上的漏洞。输入
输出虚拟化主要满足多个客户机操作系统对外围设备的访问需求，通过访问截获、设备模拟和设备
共享等方式复用外部设备。

VMM 提供的虚拟平台类型分为两类：完全虚拟化和半虚拟化。完全虚拟化下，VMM 虚拟的是
现实存在的平台。在客户机操作系统看来，虚拟的平台和现实的平台是一样的，客户机操作系统察
觉不到其运行在一个虚拟平台上。这样的虚拟平台无须对现有的操作系统做任何修改。半虚拟化下，
VMM 虚拟的平台在现实中是不存在的。这样的虚拟平台需要对客户机操作系统进行修改，使之适应
虚拟环境。操作系统知道其运行在虚拟平台上，并且会主动去适应。

3.4　云计算

在信息爆炸的时代，计算机要计算的信息量是 TB 数量级的，通过个人计算机和大型主机为人们
提供计算服务的技术已经逐渐不能满足要求。这迫使人们开始寻找获取更为强大、便捷、经济的计
算力的新方法。云计算作为信息技术领域的一种创新应用技术，是新一代信息技术发展与商业模式
变革的核心力量之一，引起世界各国的广泛关注。

3.4.1　云计算的概述

1．云计算的产生

20 世纪 60 年代初，计算机价格高、数量少，于是有人提出了共享计算机资源的想法。1963 年，
美国国防部高级研究计划局（Defense Advanced Research Projects Agency，DARPA）启动了一个重要
的项目，这个项目将计算机资源组织为一种"计算机公共事业"，借鉴类似水厂、电厂等公共事业的
模式，将分散在各地的服务器、存储系统以及应用程序整合起来并共享给多个用户使用，让人们使
用计算能力就像使用水、电资源一样方便。这个项目形成了"云"和"虚拟化"技术的雏形。

2006 年 8 月，Google 公司的首席执行官埃里克·施密特在搜索引擎大会上首次提出"云计算"

概念。之后，亚马逊为了将自建的数据中心里多余的空间租出去，推出了弹性计算云（Elastic Compute Cloud，EC2）服务。IBM 公司则在从硬件制造商转型为企业级软硬件整体解决方案供应商的过程中，逐渐具备云服务能力，于 2007 年推出了 Blue Cloud 服务。2008 年，微软在其举办的开发者大会上发布了自研的 PaaS 云计算平台——Azure Service Platform。

这些公司相继取得成功后，经多年的发展，"云计算"已经成为可有效驾驭庞大计算资源的成熟技术，形成了完整的产业。云计算从部署模式上可分为公有云、私有云、社区云和混合云 4 种类型。公有云一般是云计算提供商拥有的可公共访问的云环境，私有云是仅供一个单独客户使用而构建的云环境，社区云是向社区内部或相关组织和公众提供有偿或无偿服务的云环境，混合云则是采用两种或多种部署模式组合而成的云环境。

2. 云计算的定义

目前对云计算的定义还在发展中，其中普遍为人们所接受的是美国国家标准和技术研究所（National Institute of Standards and Technology，NIST）对云计算的定义。NIST 将云计算定义为一种模型，它可以实现随时随地地、便捷地、随"需"应变地从可配置的计算资源共享池中获取所需的资源（如网络、服务器、存储设备、应用程序以及服务等资源），这些资源能够快速供应并释放，使管理资源的工作量和服务提供商的交互减小到最低限度。

3. 云计算基础模型

云服务类别是指拥有相同质量集的一组云服务。根据《云计算标准化白皮书（2012 年）》，典型的云服务类别包括以下内容。

（1）通信即服务（CaaS）。提供实时交互与协作能力的一种云服务类别。

（2）数据存储即服务（DSaaS）。提供配置和使用数据存储相关能力的一种云服务类别。

（3）基础设施即服务（IaaS）。提供云能力类型中的基础设施能力类型的一种云服务类别。

（4）网络即服务（NaaS）。提供传输、连接和相关网络能力的一种云服务类别。

（5）平台即服务（PaaS）。提供云能力类型中的平台能力类型的一种云服务类别。

（6）软件即服务（SaaS）。提供云能力类型中的应用能力类型的一种云服务类别。

其中，IaaS、PaaS 和 SaaS 应用广泛，它们组成了公认的云计算基础模型，如图 3.28 所示。

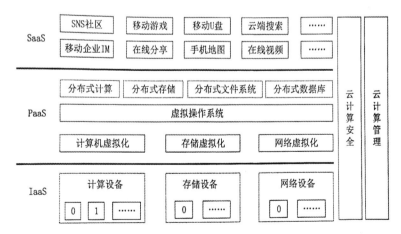

图 3.28　云计算基础模型

IaaS 主要包括计算设备、存储设备、网络设备等，能够按需向用户提供计算能力、存储能力或网络能力等信息技术基础设施类服务，也就是能在基础设施层面提供服务。IaaS 能够被成熟应用的核心在于虚拟化技术，通过虚拟化技术可以将计算设备统一虚拟化为虚拟资源池中的计算资源，也可以将存储设备统一虚拟化为虚拟资源池中的存储资源，还可以将网络设备统一虚拟化为虚拟资源池中的网络资源。当用户订购这些资源时，数据中心管理者直接将订购的资源打包并提供给用户，从而实现 IaaS。

PaaS 是通过互联网为用户提供一整套开发、运行和运营应用软件的支撑平台。就像在个人计算机软件开发模式下，程序员在一台装有 Windows 或 Linux 操作系统的计算机上使用开发工具开发并部署应用软件。Microsoft 公司的 Windows Azure 和 Google 公司的 GAE，是 PaaS 平台中为人熟知的两个产品。

SaaS 模式下，用户不需要花费大量资金和人力用于硬件、软件和开发团队的建设，只需要支付一定的租赁费用，就可以通过互联网享受相应的服务，而且整个系统的维护也由厂商负责。

当前国内外的典型云计算服务应用举例如表 3.1 所示。

表 3.1　典型云计算服务应用举例

层次	国内云计算服务应用举例	国际云计算服务应用举例
IaaS	虚拟机租用服务、存储服务、负载均衡服务、防火墙服务等	Amazon EC2、Amazon S3、Rackspace Cloud Server 等
PaaS	App 开发环境、App 测试环境、应用引擎等	Google App Engine、Microsoft Azure 等
SaaS	电子商务云、中小企业云、医疗云、教育云等	Google Apps、Salesforce CRM 等

3.4.2　云计算技术

现阶段的云计算是分布式计算、效用计算、负载均衡、并行计算、网络存储、热备份冗杂和虚拟化等计算机技术混合演进并跃升的结果。云计算包括虚拟化技术、海量数据的分布式存储技术、海量数据管理技术、编程模式、云计算平台管理技术、信息安全技术这六大核心技术。这里我们只介绍前两种技术。

1. 虚拟化技术

虚拟化技术是云计算中最重要的核心技术之一，它为云计算服务模式提供基础架构层面的支撑，可以说，没有虚拟化技术就没有云计算服务的落地与成功。虚拟化技术可通过将资源划分为多个虚拟资源的分裂模式与将多个资源整合为一个虚拟资源的聚合模式，将物理资源转换为逻辑上可管理的资源，跨越物理结构之间的障碍。当所有的资源都透明地运行在各种物理平台上时，资源的管理将以逻辑的方式进行，充分实现资源的自动分配。虚拟化技术可分为存储虚拟化、计算虚拟化以及网络虚拟化。

从技术上讲，虚拟化是一种在软件中仿真计算机硬件，用虚拟资源为用户提供服务的计算形式。虚拟化旨在合理调配计算机资源，使其更高效地提供服务。它把应用系统各硬件间的物理划分打破，从而实现架构的动态化，以及物理资源的集中管理和使用。虚拟化的好处是增强系统的弹性和灵活性、降低成本、改进服务、提高资源利用效率。

从表现形式上看，虚拟化分为两种应用模式。一种是将一个性能强大的服务器虚拟成多个独立的小服务器，服务不同的用户。另一种是将多个服务器虚拟成一个性能强大的服务器，完成特定的功能。这两种应用模式的核心都是统一管理，动态分配资源，提高资源利用率。在云计算中，这两种应用模式都有比较多的应用。

2. 海量数据的分布式存储技术

云计算的一大优势就是能够快速、高效地处理海量数据。在数据爆炸的今天，众多应用场景落地，让生活充满想象。随之而来的是用户激增、应用众多、数据增长，海量数据的存储给本地存储带来了巨大的压力。随着计算机系统规模的扩大，原本将所有业务单元集中部署的方案显然已经无法满足当今的计算需求。为了保证数据的高可靠性，云计算通常会采用分布式存储技术，将数据存储在不同的物理设备中。这种技术不仅摆脱了硬件设备的限制，同时扩展性更好，能够快速响应用户需求的变化。

分布式存储系统与传统的网络存储系统并不完全相同。传统的网络存储系统采用集中式存储服务器存储所有数据。存储服务器已经成为系统性能的瓶颈，无法满足大规模存储应用的需求。分布式存储系统采用可扩展的系统结构，通过多台存储服务器分担存储负载，以及通过位置服务器定位存储信息。它不仅可提高系统的可靠性、可用性和访问效率，而且具有更好的扩展性，能够更好地适应用户需求的变化。

在当前云计算领域，谷歌开发的谷歌文件系统（Google File System，GFS）和 Hadoop 公司开发的 Hadoop 分布式文件系统（Hadoop Distributed File System，HDFS）是两种流行的云计算分布式存储系统。目前，除谷歌之外的大多数信息与通信技术（Information and Communication Technology，ICT）供应商，包括雅虎、英特尔等的"云"计划是基于 HDFS 的。未来云计算的发展将集中于超大规模的数据存储、数据加密和安全保障，以及输入输出速率的持续改进。

3.4.3　云计算的应用案例

目前云计算的应用已经渗透我们工作和生活之中。在金融领域，云计算可以为银行提供生活缴费、资讯查询、网上购物等"金融+非金融"服务基础；在游戏领域，云计算解决了游戏厂商应对玩家数量激增和高并发、海量访问等问题；在视频领域，云计算为企业提供直播、点播、连线互动、云通信、短信、流量、X-P2P、游戏语音等产品；在网站建设领域，云计算为创建个人博客、企业门户网站、电子商务网站提供便利；在大数据领域，云计算帮助对数据进行收集、存储、处理、分析和可视化，有效提高企业数据资产管理效率等。在生活中我们经常会在手机或计算机上下载一个云盘来存储文件或者传输软件，这就是一种简单的云计算应用案例。

下面，我们具体列举云计算在医院信息化建设中的应用案例。

随着云计算服务模式的引入，医院可以很好地管理信息资源，建立共享资源，合理配置资源，提高系统资源的利用效率，更好地保护用户数据的隐私和安全。

（1）网上医疗服务系统的建立

中国有大量的医疗机构，为了给患者提供更高效、便捷的服务，这些机构通常会建立相关的在线服务系统。然而，这些在线服务系统并不能为患者提供全面的服务。医院利用云计算技术建立网上医疗服务系统，可以很好地管理信息资源。此外，该系统可以提供远程操作，许多云计算服务模式还允许患者和医生直接通话，方便医生进行远程会诊。例如，医院在云平台上部署网上医疗服务系统，患者可以通过应用程序了解医生的信息并在线挂号，遇到问题可以通过远程医疗会诊邀请专家进行沟通和指导。

（2）构建多机构共享平台

从目前的发展来看，我国医疗机构大多采用云计算技术构建共享平台，其中最高一级是国家卫生平台，最低一级是乡镇卫生站。在这样一个多机构共享平台的建设中，云计算可以保证机制的完善，使资源配置更加合理，实现信息资源的统一管理，促进区域内信息和数据的共享。例如，医院可以利用互联网技术创建患者的电子病历，并将各种检查结果上传到平台上。当患者去其他医院需要相关病历数据时，可以直接在平台上浏览下载。此外，医院应确保云计算系统的完善，有效促进区域内的信息共享。

（3）疾病分析系统的建立

随着社会的不断发展和环境的变化，疾病的种类不断增加，医学研究通常需要依赖对大量病例、研究样本和实验数据的收集、整理和分析。传统的计算系统只能采集和整理医学数据，不能满足临床医生和科研人员的需求。云计算提供的计算分析服务可以根据相关人员的需求对医学数据和信息集进行细化和分析，从而创建疾病分析系统，提高医生和科研人员的临床研究效果。

（4）存储和共享医学影像信息

如今，在疾病的诊断和治疗中，磁共振成像（MRI）、超声、CT 等医学成像设备不可或缺，存储医学图像信息的空间必然很大。云计算技术的存储功能可以通过分布式文件系统、集群使用、网格技术等实现。通过软件采集网络，不同类型的设备提供业务接入和数据存储。只有这样，医院才能利用空间服务和远程数据备份服务的功能，创建符合自身情况的远程备份，从而利用云计算技术的存储服务，完成医学影像信息的存储和共享。

（5）云计算在医院信息化建设中的应用优点

近年来，我国积极推进医院信息化建设，医院信息化能力是医院综合实力的重要组成部分。使用云计算技术可以提供更准确、详细的患者信息，帮助医务人员更全面地了解患者的病史、病情，医务人员也可以根据这些信息，更好地帮助患者，缩短患者的康复时间，提高患者的生活质量。因此，云计算在医院信息化建设中发挥着越来越重要的作用。

习题 3

3.1 简述计算机系统的组成部分及各组成部分的功能。

3.2 简述计算机的性能指标。

3.3 简述主板的作用及其主要组成部分。

3.4 简述输入输出接口的概念及其出现的原因。

3.5 简述总线的概念及其组成部分。

3.6 简述 CPU 的概念及其基本结构和性能指标。

3.7 简述计算机存储系统的层次结构。

3.8 简述高速缓冲存储器的工作原理。

3.9 简述构成内存储器的半导体存储部件 RAM 和 ROM 的特性。

3.10 简述硬盘的结构和工作原理。

3.11 简述内存储器和外存储器的区别。

3.12 简述主要的输入输出设备。

3.13 什么是操作系统？操作系统的主要特性是什么？

3.14 操作系统的资源管理功能有哪些？

3.15 什么是进程？进程与程序有什么区别和联系？

3.16 为什么要引入虚拟存储器的概念？

3.17 什么是文件？Windows 操作系统如何管理文件？

3.18 简述云计算的核心技术。

04 第4章 计算机网络与物联网

人类社会已经进入信息社会，信息的传输和流通依托计算机网络，全球信息化、万物互联化已成为人类社会发展的大趋势。一方面，计算机网络使人们共享各种网络资源，大大地推动了社会的信息化进程；另一方面，网络攻击、计算机病毒、非法入侵等恶意行为频繁发生，对国家安全、经济和社会生活造成了极大的威胁。信息安全已成为世界各国政府、企业及广大网络用户最关心的问题之一。

4.1 计算机网络

4.1.1 计算机网络概述

1. 计算机网络的定义

计算机网络是指利用通信设备、通信线路及网络软件，把地理上分散的多台具有独立工作能力的计算机（及其他智能设备），以相互共享资源（硬件、软件和数据等）为目的而连接起来的系统。从通信或资源共享的视角上看，计算机网络可分为两大部分：通信子网和资源子网，如图 4.1 所示。通信子网负责主机间数据的通信，即信息的传输。通过通信子网连接在一起的计算机及智能设备负责对信息进行处理与存储，提供可共享的硬件、软件和数据等资源，它们构成计算机网络中的资源子网。

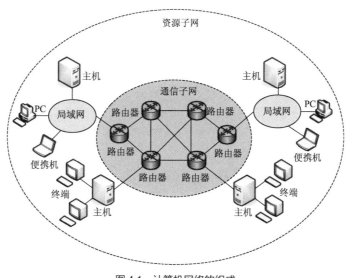

图 4.1 计算机网络的组成

计算机网络是计算机技术与通信技术紧密结合的产物，其发展历程大体可分为 4 个阶段。20 世纪 50 年代中期，许多系统都将地理上分散的多台计算机通过通信线路连接到一台中心计算机上，出现了第一代计算机网络。20 世纪 60 年代后期，出现了第二代计算机网络，其特点是远程大规模互连，即网络将多个主机通过通信线路互连，为用户提供服务，典型代表是美国国防部高级研究计划署创建的 ARPANET。

第三代计算机网络走向标准化、成熟化。1981 年，国际标准化组织（ISO）制定了开放系统互连参考模型（OSI-RM），两年后 TCP/IP 协议簇诞生，统一了网络通信技术标准。进入 20 世纪 90 年代，随着互联网的出现，计算机网络进入了高速互连、迅猛发展的第四代。网络技术发展的方向是"IP 技术+光网络"，从网络的服务层面上看这是一个 IP 的世界，通信网络、计算机网络和有线电视网络将通过 IP 三网合一；从物理传输层面上看这是一个光的世界；从接入方式上看这是一个有线与无线相结合、移动与固定相结合的世界。

2．计算机网络的分类

（1）按计算机网络覆盖的地理范围划分

按照计算机网络覆盖的地理范围，一般将计算机网络分为局域网、城域网和广域网 3 种类型。这是计算机网络最常用的分类方法。

① 局域网（Local Area Network，LAN）：是将较小地理区域内的计算机或终端设备连接在一起的计算机网络，主要用于实现小范围内的资源共享。它的覆盖范围一般在几十米到几千米之间，常以一个办公室、一栋楼、一个楼群、一个校园或一个企业园区为单位组建。

② 城域网（Metropolitan Area Network，MAN）：是一种较大型的计算机网络，它的覆盖范围介于局域网和广域网之间，一般为几千米至几万米。城域网的覆盖范围一般为一座城市，它把同一城市内不同地点的多个局域网连接起来以实现资源共享。

③ 广域网（Wide Area Network，WAN）：是在一个广阔的地理区域内进行数据、语音、图像信息传输的计算机网络。广域网可以覆盖一座城市、一个国家甚至全球。

（2）按网络传输介质分类

按传输介质的不同，计算机网络可划分为以下两大类。

① 有线网：采用双绞线、同轴电缆和光纤等物理介质传输数据的网络。

② 无线网：采用自由空间为传输介质传输数据的网络。

（3）按网络通信方式分类

按网络通信方式的不同，计算机网络可划分为以下两大类。

① 广播式网络：该网络中的结点共享通信信道，当一台计算机传输数据时，数据将会被信道上其他所有计算机接收。

② 点对点网络：该网络中每对设备之间都有一条专用的通信信道，不存在信道共享与复用。

除此之外，还可以按网络通信的速率，将计算机网络分为低速网、中速网、高速网；按网络功能的应用范围，将计算机网络分为公用网和专用网。

3．计算机网络的功能

计算机网络的功能主要体现在 3 个方面：资源共享、信息交换和分布式处理。除此之外，计算机网络还有集中管理、负荷均衡、提高系统安全与提高可靠性等功能。

（1）资源共享：计算机网络可以共享硬件资源、软件资源、数据资源和信道资源。例如，局域网中的每个用户都可以使用网络打印机，提高资源利用效率。

（2）信息交换：信息交换也叫数据通信，是计算机网络的基本功能之一，它为用户提供了强有力的通信手段。建设计算机网络的主要目的就是让分布在不同地理位置的用户能够相互通信。利用信息交换功能，计算机网络才可以实现发送电子邮件、举行视频会议等。

（3）分布式处理：对于领域信息管理系统中的每一项大任务，先通过计算机网络将其划分为许多小任务，再由网络内的各种计算机并行实施以完成。这种工作方式使计算机网络的整体性能大为增加。

4.1.2　计算机网络的组成

一个完整的计算机网络由网络硬件和网络软件组成。网络硬件是组建计算机网络的基础，对网络的物理性能起着决定性作用；网络软件提供对各种网络应用的技术支持。

1. 网络硬件

网络硬件主要包括各种计算机设备、网络接口设备、网络传输介质与网络互联设备。

（1）计算机设备

计算机设备是网络中被连接的对象，主要作用是对数据进行生成、存储及处理。

① 服务器（Server）：通常是指速度快、容量大、具有特定作用的小型或大型计算机（见图 4.2），它是整个网络提供服务的核心部件。常用的服务器有文件服务器、域名服务器、打印服务器、通信服务器、数据库服务器等。

图 4.2　服务器

② 客户机（Client）：是指网络中使用服务器上共享资源的普通个人计算机或工作站，用户通过客户端软件可以向服务器请求各种服务，如邮件服务、打印服务等。这种工作方式也称为客户机/服务器（Client/Server，C/S）模式。为了进一步减轻客户机的负担，使其不需要安装特定的客户端软件，而只需在浏览器中就可以完成大部分任务，诞生了浏览器/服务器（Browser/Server，B/S）模式。

（2）网络接口设备

网络接口设备主要指网卡，是插在计算机总线插槽内或某个外部接口上的电路板卡，有的计算机已把它集成在主板上。网卡是网络中必不可少的连接设备，计算机只有通过各种网卡才能接入网络。根据通信介质的不同，网卡的接口类型也不相同，常见的接口有 BNG 接口、RJ-45 接口、光纤接口和无线接口。图 4.3 所示为 RJ-45 接口的网卡。

图 4.3　RJ-45 接口的网卡

（3）网络传输介质

常用的网络传输介质有两种：一种是有线介质，另一种是无线介质。有线介质主要有同轴电缆、双绞线、光纤，无线介质主要有自由空间等。

① 有线介质

a. 同轴电缆（Coaxial Cable）：同轴电缆的核心是一根铜线，铜线外有一层起绝缘作用的塑性材料，即绝缘层；然后包上一层金属网，即网状屏蔽层，用于屏蔽外界的干扰；最外面的是起保护作用的塑料封套，如图 4.4（a）所示。同轴电缆分为粗缆和细缆。粗缆多用于局域网主干，最远支持2500 米的传输距离；细缆多用于与用户桌面连接。同轴电缆的优点是抗干扰性强，支持多点连接。

b. 双绞线（Twisted Pair）：双绞线由两条相互绝缘并扭绞在一起的导线组成。扭绞的作用是减少外界电磁波对数据传输的干扰。实际使用中多将 4 对双绞线一起包在绝缘电缆套管中。双绞线分为非屏蔽双绞线（Unshielded Twisted Pair，UTP）和屏蔽双绞线（Shielded Twisted Pair，STP）两种，分别如图 4.4（b）和图 4.4（c）所示。STP 在电缆护套内增加了一屏蔽层，能更有效地防止外界电磁波的干扰。目前常用的双绞线是 5 类 UTP，被广泛应用在局域网中。

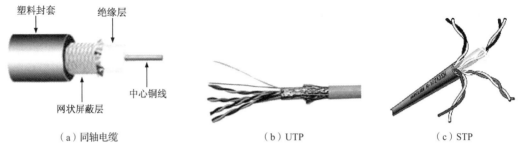

（a）同轴电缆　　　　　　　　　（b）UTP　　　　　　　　　（c）STP

图 4.4　同轴电缆和双绞线

c. 光纤（Optical Fiber）：光纤是光导纤维的简称，通过传递光波（而非电信号）来实现通信，主要由纤芯、包层和涂覆层组成，如图 4.5 所示。在实际使用中，通常将多根光纤放在一起，在外面包上保护介质，组成光缆。光纤有很多优点，如频带宽、传输速率快、传输距离远、抗电磁干扰性能好以及数据保密性好等。但也存在连接和分支困难，工艺和技术要求高，传输数据需要配备光电转换设备，单向传输等缺点。

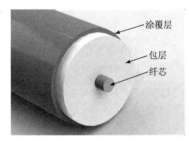

图 4.5　光纤

② 无线介质

无线介质指的是通信双方之间无须铺设电缆或光缆，直接利用大气和外层空间传播信号的介质。常用的无线介质就是自由空间。无线局域网通常采用无线电波和红外线作为传输信号。红外线主要用于室内短距离的通信，如两台笔记本计算机之间的数据交换。

（4）网络互联设备

将多台计算机连接成一个计算机网络，除了需要插在计算机中的网卡和连接计算机的传输介质外，还需要集线器、交换机、路由器等网络互联设备。

① 集线器（Hub）：集线器在数据的传输过程中起物理信号放大和重发的作用，其目的是扩大网络的传输范围，是一个标准的共享式设备。

② 交换机（Switch）：以太网交换机也称为交换式集线器，是一种能完成数据帧封装转发功能的网络互连设备。通常有多个端口，如 8 口、16 口、24 口等。24 口交换机如图 4.6（a）所示，它在同一时刻可进行多个端口之间的数据传输，而且每个端口都是独立工作的，相互通信的双方独自享有全部的带宽，无须同其他计算机竞争使用，如图 4.6（b）所示。

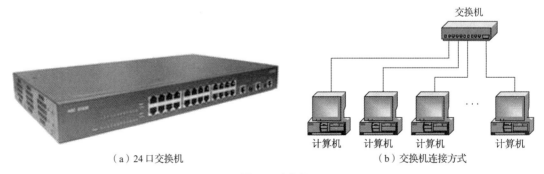

（a）24 口交换机　　　　　　　　　　　（b）交换机连接方式

图 4.6　交换机

③ 路由器（Router）：路由器也是一个多端口的设备，其主要功能是选择路径和转发数据，如图 4.7 所示。路由器能把多个不同类型、不同规模的网络相连，使不同网络内的计算机相互通信，形成一个更大范围的网络。例如，可以将学校机房内的局域网与路由器相连，再将路由器与互联网相连，这样学校机房中的计算机便接入了互联网，如图 4.8 所示。

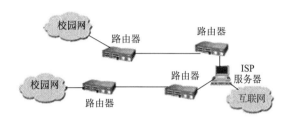

图 4.7　路由器　　　　　　　　图 4.8　学校机房内的局域网通过路由器接入互联网

2. 网络软件

网络软件是一种在计算机网络环境下使用、运行、控制及管理网络的计算机软件，主要有以下几类。

（1）网络操作系统：网络操作系统（Network Operating System，NOS）是具有网络功能的操作系统，主要用于管理网络中的所有资源，并为用户提供各种网络服务。网络操作系统一般都内置了多种网络协议。它是网络软件的核心程序，也是网络软件系统的基础。目前常见的网络操作系统有 Windows、UNIX 和 Linux。

（2）网络管理软件：网络管理软件是用来对网络资源进行管理以及对网络进行维护、升级的软件，具体任务有性能管理、配置管理、故障管理、计费管理、安全管理、网络运行状态监测与统计等。常见的网络管理软件有 sniffer、网路岗等。

（3）网络通信软件：网络通信软件是用于实现网络中各种设备之间通信的软件，可以使用户在不必详细了解通信子网的情况下，控制应用程序与多台设备进行通信，并能对大量的通信数据进行处理。

（4）网络应用软件：网络应用软件是指在计算机网络环境中为实现某一个应用目的而开发的计算机软件，如远程教学软件、电子图书馆软件、互联网信息服务软件等。

3. 计算机网络的拓扑结构

在计算机网络中，如果我们把网络中的连接对象即各种计算机看成点，把连接介质看成线，那么各种计算机网络就是一个个由点和线组成的几何图形。这种通过数学方法抽象出的图形结构称为计算机网络的拓扑结构。计算机网络的拓扑结构主要有总线型、星形、环形、树形、网状形等，如图 4.9 所示。

（1）总线型结构

总线型结构（Bus）由一条通信线路（总线）作为公共的传输通道，所有的计算机都通过各自的接口连接到该总线上，各个结点只能通过总线进行数据传输，共享信道的带宽，如图 4.9（a）所示。总线型结构简单灵活、易于扩展、费用低；共享能力强，便于广播式传输；局部结点故障不影响整体，可靠性较高，常用于局域网。但是，若总线出现故障，将影响整个计算机网络。

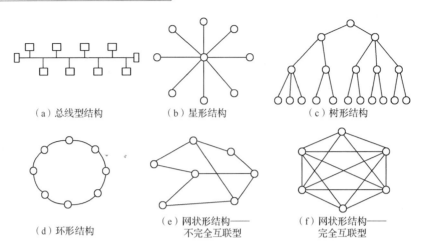

（a）总线型结构　　　　（b）星形结构　　　　　　（c）树形结构

（d）环形结构　　　　（e）网状形结构——　　　　（f）网状形结构——
　　　　　　　　　　　　　不完全互联型　　　　　　　完全互联型

图 4.9　计算机网络的拓扑结构

（2）星形结构

星形结构（Star）由一个功能较强的中心结点以及一些连接到中心结点的从结点组成，如图4.9（b）所示。结点之间收发数据需要通过中心结点转发。集线器或者交换机均可以作为中心结点。星形结构是局域网常用的拓扑结构，具有结构简单、易扩充的优点。但是中心结点的可靠性基本决定了整个网络的可靠性，如果中心结点负担重，易成为信息传输的瓶颈，且中心结点一旦出现故障，会导致全网瘫痪。

（3）树形结构

树形结构（Tree）的形状像一棵倒置的树，由总线型结构和星形结构演变而来，在局域网中应用较多，如图 4.9（c）所示。树形结构易于扩展，故障易隔离，可靠性高。树形结构对根结点的依赖性大，根结点一旦出现故障，将导致全网瘫痪。

（4）环形结构

环形结构（Ring）是由通信介质将各个网络结点连接而成的一个闭合环，网络中结点间的数据传输需要依次经过两个结点之间的每个设备，如图 4.9（d）所示。在环形结构中，数据既可以单向传输也可以双向传输，其对应的结构分别称为单环结构和双环结构。环形结构的两个结点之间有唯一的路径，简化了路径选择，实时性较好，但是可扩充性差，任何线路或结点故障，都有可能引起全网故障，且故障检测困难。

（5）网状形结构

网状形结构（Mesh）中的结点与通信线路连接成不规则的几何形状。在该结构中每个结点至少与其他两个结点相连。该结构分为不完全互联型和完全互联型，如图4.9（e）和图4.9（f）所示。这种结构的最大优点是通信结点无须路由选择即可通信，非常方便；其缺点是网络的复杂性随结点的数量增加而迅速增大。大型网络的主干网一般都采用这种结构，如互联网、我国的教育科研网CERNET 等。

4.1.3　互联网

互联网音译为因特网，也称为互联网，是由不同类型、不同规模并能独立运行的计算机网络组成的全球性计算机网络。这些网络通过电话线、光纤、自由空间、高速率专用线路等通信线路，把不同国家的企业、政府部门、学校及科研机构中的网络资源整合起来，进行数据通信和信息交换，实现全球范围内的资源共享。

互联网源于美国国防部高级研究计划署于 1968 年建立的 ARPANET，初期它由 4 所大学的网络连接而成。20 世纪 80 年代，美国国家科学基金会（NSF）认识到了它的重要性，于是用 NSF 取代了 ARPANET，并逐步演变成互联网的主干网。

1994 年我国通过四大骨干网正式连入互联网。1998 年，由教育科研网 CERNET 牵头，以当时的网络设施和技术为依托，建设了中国第一个 IPv6 试验床，两年后开始分配地址。2004 年 12 月，我国以国家顶级域名 cn 服务器的 IPv6 地址成功登录全球域名根服务器，标志着我国国家域名系统正式进入下一代互联网。截至 2023 年 12 月，我国网民数量已达到 10.92 亿，国家顶级域名".cn"注册量为 2013 万个，互联网普及率为 77.5%，成为名副其实的互联网大国。

1. 互联网网络模型

互联网中包含许多不同种类的计算机网络。这些网络需要实现互联，是一个十分复杂的系统。要让这样一个庞大、复杂的系统有条不紊地工作，在总体设计时，就要逐步分解其功能、组成，把它们细化为一个个小的有机组成部分，再进行下一步的考虑与实现。

（1）TCP/IP 层次模型

互联网网络结构是一个层次模型，其有机组成"部分"是层次（Layer）。信息的发送方和接收方都应划分成相同的层次，这样双方的通信工作才能正常进行。并且在通信过程中，同一层次上的通信实体为了有效控制传输信息，双方必须做出一些约定，如信息的传输顺序、信息的格式、内容等，这些约定、规定、标准均称为网络协议（Network Protocol）。把计算机网络的功能划分成定义明确的层次，

微课视频

并规定对等实体间的通信协议及相邻层次之间的接口和服务，这就是网络体系结构，即我们常说的网络分层体系结构。

互联网网络结构采用 TCP/IP 层次模型，其将网络结构划分为 4 层，从下到上依次为子网（Subnet）层、网际（Network）层、传输（Transport）层和应用（Application）层，并定义了每层的功能及层次间的接口标准，其结构以及每层中运行的主要协议如图4.10 所示。

在这个体系结构中，传输层有 TCP 和 UDP，网际层有 IP。子网层没有具体规定运行的协议，只定义了各种物理网络与 TCP/IP 之间的网络接口，也就是说任何一种通信子网只要其上的服务支持 IP，通过该通信子网就可接入互联网。局域网是子网层中常见并且复杂度较低的一种网络。其中，遵循 IEEE 802.3

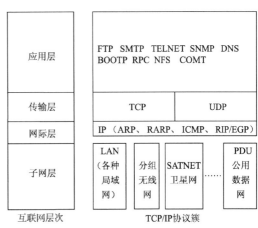

图 4.10　互联网网络模型

协议的局域网称为以太网，数据传输速率从 10 Mbit/s、100 Mbit/s 发展到了 1000 Mbit/s 甚至更高，是目前应用最广、发展最成熟的一种局域网。

（2）MAC 地址与 IP 地址

在互联网中，每台计算机设备都需要被识别，也就是需要拥有属于自己的标识符——地址。

① MAC 地址

介质访问控制（MAC）地址又称为网络设备物理地址，简称物理地址，它是网络环境中的每一

个硬件设备的标识符。IEEE 802.3 规定 MAC 地址是一个长度为 6 字节的二进制数。MAC 地址中的前 3 个字节（高 24 位）为生产机构唯一的标识，例如，02-60-8C 是 3Com 公司的标识符。MAC 地址中的后 3 个字节（低 24 位）称为扩展标识符，用于标识生产出来的每个能联网的设备。扩展标识符由厂商自行指定，只要保证不重复即可，通常由厂商在生产时固化在设备中。

② IP 地址

为了屏蔽物理网络细节，使得互联网在逻辑上是一个整体的网络，互联网中的每台计算机配备一个逻辑地址，即 IP 地址。IP 地址采用分层结构，由网络地址和主机地址两部分组成，IPv4 规定 IP 地址为一个长 32 位的二进制数，分为 4 字节，每字节可对应一个 0～255 的十进制整数，数之间用点号分隔，形如：XXX.XXX.XXX.XXX。这种格式的地址被称为"点分十进制"地址，如 202.112.0.36。

随着互联网飞速发展，IPv4 地址供应不足的情况日趋严重，解决 IPv4 地址耗尽问题的根本途径是使用 IPv6 协议。IPv6 使用 128 位 IP 编址方案，共有 2^{128} 个 IP 地址，有充足的地址量。与"点分十进制"地址类似，IPv6 采用冒号十六进制表示，每 16 位划分为一段，每段被转换成一个 4 位的十六进制数，并用冒号隔开，如 FDEC:BA09:7694:3810:ADBF:BB67:2922:3783 是一个标准的 IPv6 地址。

例：查看本机 MAC 地址和 IP 配置信息。

在 Windows 环境下，于命令提示符窗口中运行 ipconfig/all 命令即可查看本机 MAC 地址和有关 IP 的具体配置信息，如主机名、IPv4 地址、子网掩码、DNS（域名服务器）以及默认网关等信息，如图 4.11 所示。

（3）域名系统

由于 IP 地址难以记忆和理解，为此互联网引入了一种字符型的主机命名机制——域名系统，通过域名来表示主机的 IP 地址。域名空间结构是一个倒立的分层树形结构，每台计算机相当于树上的一个结点，它的域就是从该计算机所处的结点（树叶）到树根这一路径上各个结点名字的序列，如图 4.12 所示。

图 4.11　IP 配置信息

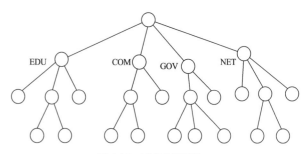

图 4.12　域名空间结构

域名的写法是用点号将各级子域名分隔开，域的层次次序从右到左（即由高到低或由大到小），分别称为顶级域名、二级域名、三级域名等。一类典型的域名空间结构如下。

主机名.单位名.机构名.国家名

例如，域名 cef.tyut.edu.cn 表示中国（cn）教育机构（edu）太原理工大学（tyut）校园网上的一台主机（cef）。

互联网在每一子域都设有域名服务器，负责域名与 IP 地址的转换。域名和 IP 地址之间的转换称为域名解析，整个过程是自动进行的。因此，用户可以等价地使用域名与 IP 地址。

　　为了保证域名系统的通用性，互联网规定了一些正式的通用标准。例如，将域名分为区域名和类型名两类。表 4.1 所示为部分国家或地区的域名。例如，cernet.edu.cn 表示一个在中国注册登记的教育类域名。国际域名由互联网名称与数字地址分配机构（Internet Corporation for Assigned Names and Numbers，ICANN）负责注册和管理。中国互联网络信息中心（China Internet Network Information Center，CNNIC）作为我国的顶级域名 cn 的注册管理机构，负责 cn 域名根服务器的运营。二级域名共有 40 个，分为类别域名和行政区域名两类。

表 4.1　域名表

部分国家或地区行政区域名					
域名	含义	域名	含义	域名	含义
au	澳大利亚	gb	英国	nz	新西兰
br	巴西	in	印度	pt	葡萄牙
ca	加拿大	jp	日本	se	瑞典
cn	中国	kr	韩国	sg	新加坡
de	德国	lu	卢森堡	us	美国
es	西班牙	my	马来西亚		
fr	法国	nl	荷兰		
类别域名					
域名	含义	域名	含义	域名	含义
com	商业类	edu	教育类	gov	政府部门
int	国际机构	mil	军事类	net	网络机构
org	非营利性组织	arts	文化娱乐	arc	消遣性娱乐
firm	公司企业	info	信息服务	nom	个人
stor	销售单位	web	与 WWW 有关的单位		

2. 互联网接入技术

　　无论是个人计算机还是单位的计算机都不是直接连到互联网上的，而是采用某种方式先连接到互联网服务提供商（Internet Service Provider，ISP）所提供的某一台服务器上，再接入互联网中。一般来讲，互联网的接入方式可以分为三大类。

　　（1）宽带接入

　　宽带接入是个人计算机接入互联网的主要方式。目前使用广泛的宽带接入技术有两种：一种是非对称数字用户线（Asymmetric Digital Subscriber Line，ADSL）技术，它采用频分复用技术把普通的电话线分成了电话、上行和下行 3 个相对独立的信道，通过专用的 ADSL Modem 连接到互联网，具有下载速率快、独享带宽等优点，如图 4.13 所示；另一种是基于光纤 IP 网的 FTTB+局域网技术（小区宽带），ISP 采用光纤到大楼（Fiber To The Building，FTTB）技术，再通过网线接入用户家，为整幢楼或整个小区提供共享带宽。

　　（2）局域网接入

　　如果需要将一批计算机（例如一个单位内部或者学校一间实验室内的所有计算机）接入互联网而只使用一个账号，需要先构建局域网，再通过共享接入方式把计算机接入互联网中，如图 4.14 所示。

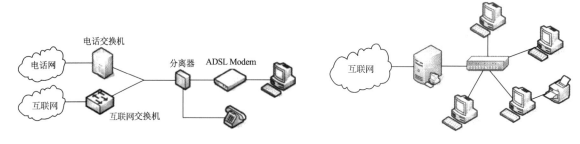

图 4.13　ADSL 示意图　　　　　　　　　　图 4.14　局域网接入示意图

（3）无线接入方式

无线接入方式主要是指采用移动宽带无线接入技术将移动终端快速接入互联网中。目前主流的技术有两种：宽带数字蜂窝技术和无线局域网（WLAN）。目前我国较新的蜂窝数字移动通信系统是第五代标准，就是我们常说的 5G 移动网，它的传输速率能达到 500 Mbit/s。

无线局域网是移动通信技术和局域网技术结合的产物，是计算机局域网向无线移动方向延伸的结果。在校园、机场、饭店、展会、休闲场所等人流量较大的公共场所内，一般由电信公司或单位统一部署无线接入点，建立无线局域网。这样配备了无线网卡的移动终端，都可以在无线局域网覆盖范围之内接入互联网，传输速率一般可达到 11 Mbit/s。

3. 互联网基本服务

随着互联网的飞速发展，互联网提供的服务越来越多，渗透到了社会的方方面面，极大地丰富了人们的日常生活。互联网的基本服务有以下几种。

（1）Web 服务

万维网（World Wide Web，WWW）是互联网上应用最多、应用范围最广的基本服务。Web 采用 B/S 模式，用户通过超文本传送协议（HyperText Transfer Protocol，HTTP）访问远程 Web 服务器。客户机和 Web 服务器之间传输由超文本标记语言（HTML）所写的文档，也就是网页，或称为 Web 页。网页存放在 Web 服务器上，当有用户请求访问时，服务器把网页传输到客户机，由客户机的浏览器解析后呈现给用户，如图 4.15 所示。网页中除了包含文本、图像、声音、视频等信息外，还包含超链接。超链接可以指向任何形式的文件，是网页之间的主要导航方法。

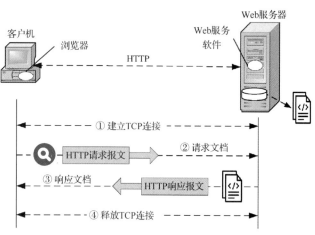

图 4.15　Web 服务系统

为了使客户机程序能找到位于互联网中的某个信息资源，Web 使用统一资源定位符（Uniform Resource Locator，URL）来规范互联网中的资源标识。

URL 由 4 个部分组成，如图 4.16 所示。

图 4.16　URL 的组成

如果想浏览中国国家图书馆的主页，只需在浏览器的地址栏中输入"http://www.nlc.gov.cn"。

（2）文件传输服务

在互联网中不同的主机之间传输文件时，主机使用的是文件传送协议（File Transfer Protocol，FTP）。从远程计算机上复制文件到本地计算机称为下载（Download），反之称为上传（Upload）。保存有大量文件资源供用户下载的远程计算机称为 FTP 服务器。文件传输工作过程如图 4.17 所示。

文件传输服务是一种实时联机服务，当用户访问 FTP 服务器时需要验证用户账号和密码。若用户没有账号，则可使用公开的账号和密码登录，这种访问方式称为匿名文件传输服务。

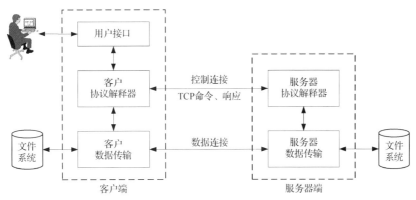

图 4.17　文件传输工作过程

若要访问域名为 cef.tyut.edu.cn 的 FTP 服务器,可在浏览器的地址栏中输入"ftp://cef.tyut.edu.cn"。连接成功后，浏览器窗口即可显示出该服务器中的文件夹和文件名列表。

（3）电子邮件服务

电子邮件服务也是互联网提供的一项基本服务。其工作过程遵循 C/S 模式，它分为邮件服务器与邮件客户端两部分。邮件服务器又分为接收邮件服务器和发送邮件服务器两类。接收邮件服务器包含众多用户的电子信箱。当发送方发出一份电子邮件时，邮件传送程序与远程的邮件服务器建立 TCP 连接，并按照简单邮件传送协议（Simple Mail Transfer Protocol，SMTP）传输电子邮件，经过多次存储、转发后，最终将该电子邮件存入接收方的邮箱。当接收方将自己的计算机连接到邮件服务器并发出接收指令后，邮件服务器按照邮局协议第 3 版（Post Office Protocol Version 3，POPv3）鉴别邮件用户的身份后，让用户读取电子信箱内的邮件。电子邮件收发如图 4.18 所示。

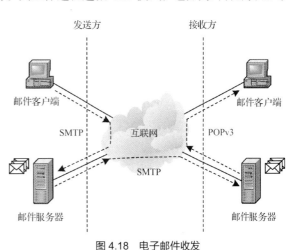

图 4.18　电子邮件收发

互联网用户经过申请，都可以成为某个电子邮件系统的用户，拥有一个属于自己的电子邮箱，并且电子邮箱的地址是唯一的，其形式为：邮箱名@邮箱所在的主机域名。

例如，abc@163.com 是一个电子邮箱地址，它表示电子邮箱的名字是 abc，电子邮箱所在的主机是 163.com。

（4）远程登录服务

远程登录是指用户使用 Telnet 命令，使自己的计算机暂时成为远程主机的仿真终端的过程。远程登录后，当用户在终端输入各种 Telnet 命令时，这些命令就会在服务器上运行，就像直接在服务器的控制台上输入命令一样控制服务器。使用 Telnet 命令进行远程登录时需要满足以下条件：在本地计算机上必须安装包含 Telnet 协议的客户程序；必须知道远程主机的 IP 地址或域名；必须知道登录标识与口令。Telnet 远程登录工作过程如图 4.19 所示。

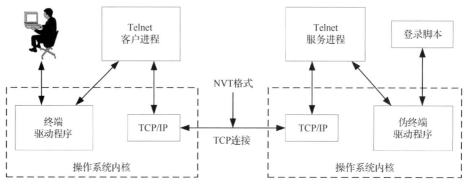

图 4.19　Telnet 远程登录工作过程

4.2　物联网

物联网的理念可追溯到比尔·盖茨于 1995 年发布的《未来之路》一书。书中描述道："你不会忘记带走遗留在办公室或教室里的网络连接用品，它将不仅是你随身携带的一个小物件，或是购买的一个用具，而且是你进入一个新的媒介的通行证"。今天，物联网已不是停留在概念层面的想象，我们正在走入万物互联（Internet of Everything，IoE）的智能时代。在这个智能时代中，每一件物体均可寻址、通信、控制。一个物物互联的世界的概念图如图 4.20 所示。

图 4.20　物物互联：沟通物理世界与信息世界

4.2.1　物联网概述

物联网的基本思想出现于 20 世纪 90 年代，从计算机发展历程来探讨物联网的起源可知，第一阶段人们解决的主要问题是"让人和计算机对话"，即输入指令让计算机按照人类的意图执行指令完成任务。第二阶段人们解决的主要问题是"让计算机和计算机对话"，即让处在不同地点的计算机可以协同工作，计算机网络应运而生。在第三阶段，如果我们将联网终端从任何计算机扩展到"物"——物体、环境等，那么整个物理世界都可以在数字世界中得到反映。从这个角度看，物联网是将物理世界数字化并形成数字世界的一个途径，物联网是通过网络化的计算能力与物理世界"对话"的。

物联网即"万物相连的互联网"，是在互联网的基础上延伸和扩展的、将各种信息传感设备与网络结合起来而形成的一个巨大网络，可以实现在任何时间、任何地点，人、机、物的互联互通。

物联网是新一代信息技术的重要组成部分，信息技术行业将其称为"泛互联"，指物物相连，万物万连。"物联网就是物物相连的互联网"有两层意思：第一，物联网的核心和基础仍然是互联网，其是在互联网的基础上延伸和扩展的网络；第二，其用户端延伸和扩展到任何物品与物品之间，进行信息交换和通信。因此，物联网的定义是通过射频识别、红外感应器、GPS、激光扫描器等信息传感设备，按约定的协议，把任何物品与互联网相连接，进行信息交换和通信，以实现对物品的智能化识别、定位、跟踪、监控和管理的一种网络。

物联网被称为继计算机、互联网之后，世界信息技术产业发展的第三次浪潮。物联网的问世，打破了过去将物理基础设施（机场、公路和建筑物等）和信息技术基础设施（数据中心、个人计算机和宽带等）分开的传统思维，而是将混凝土、电缆、芯片、宽带整合为统一的基础设施，再把红外感应器嵌入电网、铁路、桥梁和大坝等真实的物体上，实现了"赋予物体智能"的梦想。

物联网能够实现物品的自动识别，能够让物品"开口说话"，实现人与物的信息网络的无缝整合，进而通过开放性的计算机网络实现信息的交换与共享，从而达到对物体的透明管理。物联网描绘的是智能化的世界，在物联网的世界里万物都将互联，信息技术已经上升到让整个物理世界更加智能的智慧地球新阶段。

结合信息科学的观点，围绕信息的流动过程，可将物联网的功能归纳如下。

（1）获取信息的功能。主要是指信息的感知、识别，信息的感知指对事物属性、状态及变化方式的知觉和敏感；信息的识别指能把所感受到的事物状态用一定方式表示出来。

（2）传送信息的功能。主要是指信息发送、传输、接收等环节，把获取的事物状态信息及其变化方式从时间（或空间）上的一"点"传送到另一"点"，就是常说的通信过程。

（3）处理信息的功能。主要是指信息的加工过程，利用已有的信息或感知的信息产生新的信息，实际上是制定决策的过程。

（4）施效信息的功能。主要是指信息最终发挥效用的过程，其有很多的表现形式，比较重要的是通过调节事物的状态及其变换方式，始终使事物处于预先设计的状态。

微课视频

4.2.2　物联网的体系结构

物联网是在互联网和移动通信网络等网络通信基础上，针对不同领域的需求，利用具有感知、通信和计算功能的智能物体自动获取现实世界的信息，将这些智能物体互联，实现全面感知、可靠传输、智能处理，构建人与物、物与物互联的智能信息服务系统。

物联网的体系结构主要由 3 个层次组成：感知层、网络层和应用层，如图 4.21 所示。

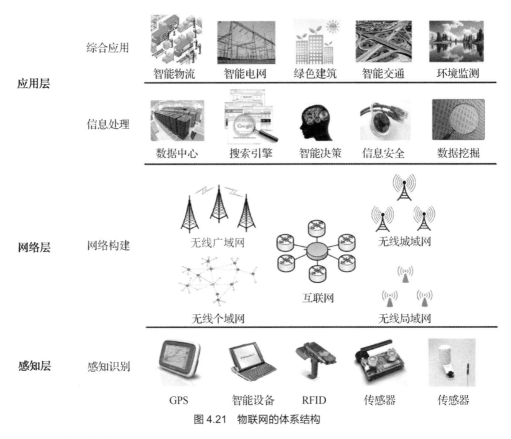

图 4.21　物联网的体系结构

1. 物联网的技术体系

物联网形式多样、技术复杂、涉及面广。物联网涉及感知、控制、网络通信、微电子、软件、嵌入式系统、微机电等技术领域，因此物联网涵盖的关键技术非常多。为了系统分析物联网的技术体系，根据信息生成、传输、处理和应用的原则，可以将物联网的技术体系划分为 3 层：感知层、网络层、应用层。

（1）感知层

感知识别是物联网的核心技术，是物理世界和数字世界的纽带。感知层既包括射频识别（RFID）设备、无线传感器等信息自动生成设备，也包括各种智能电子产品，用来人工生成信息。RFID 是能够让物品"开口说话"的技术：RFID 标签中存储着规范且具有互用性的信息，通过无线通信网络把它们自动采集到中央信息管理系统，可以实现物品的识别和管理。另外，作为一种新兴技术，无线传感器网络主要通过各种类型的传感器对物体性质、环境状态、行为模式等信息开展大规模、长期、实时的获取。近些年来，各类可联网电子产品层出不穷，智能手机、个人数字助理、多媒体播放器、笔记本计算机等迅速普及，人们可以随时随地连入互联网，分享信息。信息生成方式多样化是物联网区别于其他网络的重要特征。

微课视频

① 传感器技术

在物联网的感知层中，传感器技术是获取信息与采集数据的主要方式之一。传感器是一种能把物理量、化学量或生物量转变为便于利用的电信号等的器件，可以感知周围的温度、物体的速度、电磁辐射或气体成分等，主要用来采集传感器周围的各种信息。各种传感器如图 4.22 所示。

图 4.22　各种传感器

② RFID 技术

RFID 技术是一种自动识别技术，通过无线射频方式进行非接触双向数据通信，对记录媒体（RFID 或射频卡）进行读写，从而达到识别目标和数据交换的目的，其被认为是 21 世纪最具发展潜力的信息技术之一，如图 4.23 所示。

图 4.23　RFID

RFID 技术的基本工作原理并不复杂：电子标签被阅读器扫描后，接收阅读器发出的射频信号，凭借感应电流所获得的能量发送出存储在芯片中的产品信息（Passive Tag，无源标签或被动标签），或者由电子标签主动发送某一频率的信号（Active Tag，有源标签或主动标签），阅读器读取信息并解码后，送至中央信息管理系统进行相关数据处理。

③ 微机电系统

微机电系统（Micro electro mechanical System，MEMS）也叫作微电子机械系统、微系统、微机械等，是尺寸在几毫米乃至更小的高科技装置，如图 4.24 所示。

MEMS 是集微传感器、微执行器、微机械结构、微电源、微能源、信号处理和控制电路、高性能电子集成器件、接口、通信等于一体的微型器件或系统。MEMS 是一项具有革命性的新技术，广泛应用于高新技术产业，是一项关系到国家的科技发展、经济繁荣和国防安全的关键技术。

图 4.24　MEMS

常见的 MEMS 产品包括 MEMS 加速度计、MEMS 话筒、微马达、微泵、微振子、MEMS 光学传感器、MEMS 压力传感器、MEMS 陀螺仪、MEMS 湿度传感器、MEMS 气体传感器等以及它们的集成产品。

④ GPS

GPS（全球定位系统）是高精度、全天候和全球性的无线电导航、定位和定时的多功能系统。GPS 已经发展为多领域、多模式、多用途、多机型的国际性高新技术体系。GPS 由空间部分（见图 4.25）、地面测控部分和用户设备 3 个部分组成。

⑤ 无线传感器网络技术

无线传感器网络（Wireless Sensor Network，WSN）是一种分布式传感器网络，它的末梢是可以感知和检查外部世界的传感器。无线传感器网络中的传感器通过无线方式通信，因此网络设置灵活，设备位置可以随时更改，还可以跟互联网进行有线或无线方式的连接，通过无线通信方式形成一个多跳自组织网络，如图 4.26 所示。

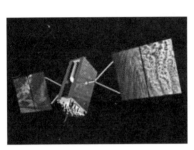

图 4.25　GPS 空间部分

图 4.26　无线传感器网络

无线传感器网络具有众多类型的传感器，可探测包括地震、电磁、温度、湿度、噪声、光强度、压力、土壤成分、移动物体的大小、速度和方向等周边环境中多种多样的信息。潜在的应用领域包括军事、航空、防爆、救灾、环境、医疗、保健、家居、工业、商业等。

⑥ 二维码

二维码是指利用在平面上按一定规律分布的黑白相间的几何图形来记录数据、信息的条码，也被称为"二维条码""二维条形码"。它使用若干个与二进制数相对应的几何图形来表示文字、数值信息，通过图像输入设备或光电扫描设备自动识读以实现信息自动处理。

二维码是自动识别中的一项重要技术，也是物联网产业的关键、核心技术之一。二维码技术能建立物品与网络的关联，对物品进行二维码编译，实现对物品的数字化、信息化管理，搭建物联网基础信息中心平台。作为一种及时、准确、可靠、经济的数据输入手段，二维码已在工业、商业、国防、交通、金融、医疗卫生、办公自动化等许多领域得到了广泛应用。可以说，二维码是当今社会信息化发展的基础，是人类进入物联网时代的"先锋"。二维码示例如图 4.27 所示。

图 4.27　二维码示例

（2）网络层

网络层的功能是把感知层的设备接入互联网，供应用层使用。这一层次主要包括互联网、无线广域网、无线城域网、无线局域网、无线个域网等各种网络，如图 4.28 所示。

微课视频

图 4.28　网络层核心技术

① 互联网

互联网以及下一代互联网是物联网的核心网络,为处在边缘的各种无线网络提供随时随地的网络接入服务。互联网是一组全球信息资源的汇总。普遍认为互联网是由许多小的网络(子网)互联而成的逻辑网,每个子网连接着若干台计算机(主机)。互联网以相互交流共享、信息资源为目的,基于一些共同的协议,并通过许多路由器和公共互联网组成,它是一个信息资源共享的集合,如图4.29 所示。

② 无线广域网

无线广域网(Wireless Wide Area Network,WWAN)包括现有的移动通信网络及其演进技术(包括 3G、4G、5G 技术),提供广阔范围内连续的网络接入服务。以移动、联通为代表的无线网络,特点是传输距离通常小于 15 km,传输速率大概为 3 Mbit/s,发展速度快。WWAN 是采用无线网络,把物理位置极为分散的局域网连接起来的通信方式。WWAN 的地理范围较大,常常是一个国家或一大洲。其目的是让分布较远的各局域网相互连接在一起,它的结构分为末端系统(两端的用户集合)和通信系统(中间链路)两部分。WWAN 概述图如图 4.30 所示。

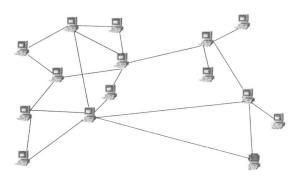

图 4.29　互联网示意图

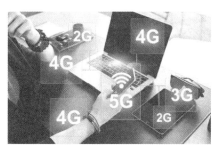

图 4.30　WWAN 概述图

③ 无线城域网

无线城域网(Wireless Metropolitan Area Network,WMAN)是指在地域上覆盖城市及其郊区范围的分布结点之间传输信息的本地无线网络,能实现语音、数据、图像、多媒体、IP 等多业务的接入服务。其覆盖范围通常为 3~5 km,点到点链路的覆盖范围长达几万米,具有支持(服务质量 QoS)的能力和在一定范围移动的共享接入能力。多通道多点分布服务(MMDS)、本地多点分布服务(LMDS)和威迈(WiMAX)等技术属于无线城域网范畴。

④ 无线局域网

无线局域网(Wireless Local Area Network,WLAN)是指应用无线通信技术,将计算机设备互连起来,构成可以互相通信和资源共享的网络体系,例如现在广为流行的 Wi-Fi。无线局域网是利用射频(Radio Frequency,RF)技术,使用电磁波,取代旧式碍手碍脚的双绞线所构成的局域网,从而使网络的构建和终端的移动更加灵活。无线局域网能利用简单的存取架构,让用户通过它达到"信息随身化,便利走天下"的理想目标。

⑤ 无线个域网

无线个域网包括蓝牙、ZigBee、近场通信(NFC)等通信技术。这类网络的特点是低功耗、低传输速率(相比于上述无线宽带网络)、短距离(一般小于 10 m),一般用于个人电子产品互联、工业设备控制等领域。

蓝牙(Bluetooth)是固定和移动设备建立通信环境的一种特殊的近距离无线通信技术,是一种无线数据和语音通信开放的全球规范。它是一种小范围无线连接技术，能在设备间实现方便快捷、灵活安全、低成本、低功耗的数据和语音通信。它是实现无线个域网通信的主流技术之一。蓝牙与其他网络相连接可以带来更广泛的应用。蓝牙图标如图 4.31 所示。

图 4.31　蓝牙图标

ZigBee 是一种速率比较低的双向无线网络技术，拥有低复杂度、短距离、低成本、低功耗等优点。ZigBee 适用于传输距离短、数据传输速率低的电子设备，可用于数以千计的微小传感器互联。ZigBee 还可用于小范围的基于无线通信的控制及自动化等领域，可省去计算机设备和一系列数字设备间的有线电缆，能够实现多种不同数字设备间的无线组网，使它们实现相互通信或者接入互联网。

近场通信是一种新兴的技术，使用了近场通信技术的设备（例如移动电话）可以在彼此靠近的情况下进行数据交换，它是由非接触式射频识别及互联互通技术整合而来的，通过在单一芯片上集成感应式读卡器、感应式卡片和点对点通信的功能，利用移动终端实现移动支付、电子票务、门禁、移动身份识别、防伪等应用。

不同类型的无线网络适用于不同的环境，它们合力提供便捷的网络接入，是实现物物互联的重要基础设施。

（3）应用层

物联网应用层解决的问题是信息处理和人机交互。感知和传输而来的数据在应用层进入各种类型的信息处理系统，信息处理系统完成数据的管理和处理，做出正确的控制和决策，并通过各种设备与人类进行交互。应用层覆盖了国民经济和社会生活的每一个领域，包括高效农业、环境监测、食品安全、智能家居、智能交通和智慧城市等。在应用层中，各种各样的物联网应用场景通过物联网中间件接入互联网。其中中间件是一种独立的系统软件，处于操作系统与应用程序之间，其作用是为处于上层的应用软件提供运行和开发的环境，屏蔽复杂的底层操作系统，使程序员面对简单而统一的开发环境，减轻应用软件开发者的负担。

微课视频

① M2M

机器对机器（Machine to Machine，M2M）是指将数据从一台终端传送到另一台终端，也就是机器与机器的对话。M2M 系统由智能化机器、M2M 硬件、通信网络、中间件等构成，如图 4.32 所示。

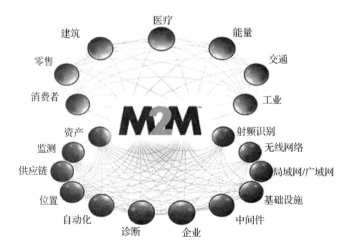

图 4.32　M2M 的组成

② 云计算

云计算是分布式计算的一种，指的是通过"云"将庞大的数据计算处理程序分解成无数个小程序，然后由多个服务器组成的系统对这些小程序进行处理和分析，得到结果并返回给用户。云计算概述图如图 4.33 所示。

随着物联网技术的不断变革，产生了海量数据，因此需要较强大的数据处理能力和存储能力。物联网与云计算都是根据互联网的发展而衍生出来的新时代产物，互联网是二者的连接纽带。物联网把实物的信息数据化，目标是对实物进行智能化的管理。为了实现对海量数据进行管理

图 4.33　云计算概述图

和分析，需要一个大规模的计算平台作为支撑。云计算具有规模大、标准化和较高的安全性等优势，能够满足物联网的发展需求。云计算通过利用其较大规模的计算集群和较强的传输能力，能有效地促进物联网基层传感数据的传输和计算。云计算的标准化技术接口能使物联网的应用更容易被建设和推广。云计算技术的高可靠性和高扩展性为物联网提供了更为可靠的服务。

③ 人工智能

物联网改变人们生活的深层次原因不仅是"互联"，更关键的是智能。具备高级智能的物联网应用会更智慧和更人性化，可以极大地拓宽应用领域。近年来，人工智能技术快速发展，使得物联网应用发生了深刻变化，极大地拓宽了物联网的应用范围和规模。

人工智能对物联网发展产生的推动作用：一是深度学习等技术使物联网应用显得更智能、更人性化，极大地拓宽了物联网的应用范围、应用深度和智能程度（脑更智慧）；二是在工业生产上通过将机器人、深度学习等技术结合，实现产品生产过程精准化控制，减少产品缺陷，提高产品精度，有助于高精度、小型化、智能化的芯片和感应器件的研发生产（手更灵活）。

④ 数据挖掘

数据挖掘是指从数据库中的大量数据中揭示出隐含的、先前未知的并有潜在价值的信息的过程，这是一种决策支持过程。它主要基于人工智能、机器学习、模式识别、统计学、数据库、可视化技术等，从海量原始数据中获取业务潜在的知识、规律并反过来利用它们指导生产，推动生产方式的优化调整或业务的变革，其在节能减排、农业生产、智慧医疗、自动驾驶等领域得到广泛应用。知识发现过程有以下 3 个阶段：数据准备、数据挖掘、结果表达和解释。数据挖掘可以与用户或知识库交互。数据挖掘系统原型如图 4.34 所示。

物联网各层之间既相对独立又紧密联系。在应用层以下，同一层次上的不同技术互相补充，适用于不同环境，构成该层次技术的全套应对策略；而不同层次提供各种技术的配置和组合，根据应用需求，构成完整的解决方案。

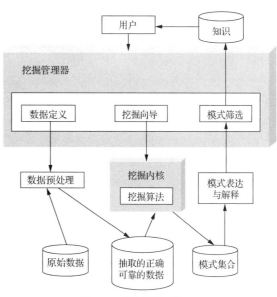

图 4.34　数据挖掘系统原型

2．物联网的工作流程

物联网系统的处理过程一般以传感器收集数据为起点，设备通过嵌入式传感器实时感知环境参数或捕获物理实体信息，经由通信模块将原始数据传输至物联网网关进行边缘预处理；数据经清洗压缩，向云端发送；然后通过智能算法融合分析，生成决策指令，并触发设备协同响应；最终处理结果通过用户界面，向用户反馈信息，形成"感知-传输-分析-响应"闭环。简而言之，物联网的工作流程为：如传感器之类的硬件设备收集数据，然后将由传感器收集的数据通过云共享并与软件集成，最后通过应用程序或网站分析数据并将数据传输给用户。物联网的工作流程如图4.35所示。

传感器　　　　网络连接　　　　数据处理　　　　用户界面
收集数据　　向云端发送数据　生成决策指令　向用户反馈信息

图 4.35　物联网的工作流程

一个完整的物联网工作流程通常包括4个基本要素：传感器、网络连接、数据处理和用户界面。下面将分别进行简要解释。

① 传感器（见图4.36）。首先，传感器从环境中收集数据。这个过程可以像温度读数一样简单，也可以像在连续视频中摘取关键场景一样复杂。多个传感器可以结合在一起，传感器也可以是设备的一部分。例如，手机作为典型的物联网智能终端，集成了相机（图像传感器）、加速度计（运动传感器）、GPS（位置传感器）等多种传感器模块。这些传感器通过捕捉物理量变化（例如光信号、加速度数据）生成原始电信号，经由设备处理器和软件系统转换为人类可读的信息（例如屏幕显示的步数统计），或通过网络传输至云端，以得到进一步的处理。

图 4.36　传感器

② 网络连接（概念图见图4.37）。传感器采集环境数据后，需通过通信模块将数据传输至云端。设备可根据场景选择蜂窝网络、卫星、Wi-Fi、蓝牙、低功耗广域网（LPWAN）或以太网等连接方式。选择连接技术时需综合权衡功耗、传输距离、带宽成本及安全性等因素。

网络连接是物联网难题的一部分，它使"事物"能够相互交流和交换数据。网络连接可以通过有线网络或无线网络实现。然而，有线网络不适合大多数物联网应用，因为其覆盖范围仅限于网线可到达的区域。

③ 数据处理（概念图见图4.38）。一旦数据到达云端，软件就会对其进行处理。这可以是非常简单的处理，例如检查温度读数是否在可接受的范围内；也可以是非常复杂的处理，例如使用计算机视觉技术在视频中识别对象（比如家中的入侵者）。

图 4.37　网络连接概念图

图 4.38　数据处理概念图

④ 用户界面（见图 4.39）是指用户与计算机进行交互的界面，包括按钮、图标、选项等。例如，计算机和智能手机屏幕上的显示界面就是常见的用户界面，用于用户与计算机或者智能手机进行交互。物联网的用户界面通过可视化元素构建双向交互通道，既支持系统主动推送警报（例如冷库温度异常时系统触发短信通知），也允许用户主动获取数据（例如用户通过手机应用查看安防视频流）。这种交互本质是自动化规则与人工干预的协同：系统可通过预设阈值实现无人值守运行（例如温度超过 5℃时系统自动启动制冷），用户亦能在特殊场景下远程调整参数（例如设备维护期用户手动调温），形成"自动报警-人工确认-系统执行"的闭环模式。同时，物联网平台还能向运维团队自动派发工单，构建"设备-用户-后台"三级联动的管理生态。

微课视频

图 4.39　用户界面

4.2.3 物联网的典型应用

物联网是互联网未来的发展方向，具有很强的整合性，对整个国家的经济和信息化水平都有重要的提升作用。从国内外物联网的应用情况来看，物联网在智慧交通、公共安全、智能物流、环境保护等多个领域都发挥着重要作用。

智能物流是物联网的一个典型应用，它利用条形码、射频识别技术、传感器、GPS 等技术，通过信息处理和网络通信技术平台广泛应用于物流运输、仓储管理、配送、包装、装卸等基本环节，实现货物运输过程的自动化运作和高效管理，提高物流行业的服务水平，降低成本，减少自然资源和社会资源的消耗。

下面以 Super Cola 公司的产品实例来深入介绍物联网的工作流程。产品在生产完成时，会贴上一个存储有独一无二的产品电子代码（EPC）标识的射频识别标签，此后在产品的整个生命周期中，该 EPC 成为产品的唯一标识，以 EPC 为索引能实时在 EPC 网络上查询和更新产品相关信息，也能以它为线索，在各个流通环节对产品进行定位、追踪。在运输、销售、使用、回收等任何环节，当某个阅读器在读取范围内监测到标签的存在，就会将标签所含 EPC 传往与其相连的 Savant。Savant 首先以该 EPC 为键值，在本地 ONS 服务器获取包含该产品信息的 EPC 信息服务器的网络地址，然后 Savant 根据该地址查询 EPC 信息服务器，获得产品的特定信息，进行必要的处理后，触发后端企业应用做更深层次的计算。其具体的工作流程如下。

（1）给产品加上 RFID 标签

给每一罐可乐都加上一个 RFID 标签，它含有 EPC，存储在 RFID 标签的微型计算机里，这个微型计算机的体积只有 $0.16mm^3$，而且带一根微型的射频天线。

（2）给包装箱加上识别标签

将可乐装箱，给箱子加上 RFID 标签，将其装进带标签的货盘。

（3）解读器对标签进行识读

可乐货盘出厂时，装货站门楣上的阅读器发出的射频波射向标签，启动这些标签同时供给电源。标签"苏醒"过来，开始发射各自的 EPC，阅读器每次只让一个标签"发言"。它快速地轮流开关这些标签，直到阅读完所有标签为止。

（4）Savant 软件

阅读器与运行 Savant 软件的计算机系统相连接，它将收集的 EPC 传给 Savant，随后 Savant 进入工作状态。系统通过互联网向对象名解析服务（ONS）数据库发出询问，而该数据库根据收到的 EPC 提供对应的名称。

（5）ONS 服务器

ONS 服务器将 EPC（即 RFID 标签上存储的唯一数据）与存有大量有关该产品信息的服务器的地址相匹配，世界各地的 Savant 都可以读取并存储这个数据。

（6）PML

第二台服务器采用 PML（实体标记语言），存储有关该厂产品的完整数据。它能辨认出收到的 EPC 是否属于 Super Cola 生产的罐装可乐。由于该系统知道发出询问的解读器的所在位置，因此它也知道哪个工厂生产了这罐可乐。如果发生缺陷或不合格事件，有了这个信息就可以很容易地找到问题的来源，便于回收有问题的产品。

（7）高效的产品分销体系

可乐货盘抵达装运公司的集散中心。由于在卸货区有阅读器，因此不需要开包检查里面的货物。

Savant 提供货物说明，这样这批可乐就可以很快地进行装车运输。

（8）零成本存货盘点

送货车抵达 SpeedyMart，SpeedyMart 一直在通过 Savant 连接跟踪这批货。SpeedyMart 也有阅读器，可乐一送到，SpeedyMart 的零售系统马上自动更新，将送到的每一罐可乐记录下来。这样，SpeedyMart 可以自动确认它的可乐存货量，精确可靠，无额外成本。

（9）消除库存积压情形

除此之外，SpeedyMart 的零售货架装有集成式阅读器。罐装可乐进货时，零售货架能"认识"新添的货物。此时，若一位顾客拿走 6 罐可乐，该货架就会向 SpeedyMart 的自动补货系统发出一个信息，该系统就向 Super Cola 公司订购可乐。有了这些系统，就不需要花费高成本维持"安全存货量"。

（10）对顾客的便利

自动识别技术还能方便顾客。顾客不需要长时间排队等候付款，只需要推着所需物品出门就行了。装在门上的阅读器可以通过货物的 EPC，辨认购物车里的货物，顾客只要刷付款卡或信用卡就可离去。

通过上面的智能物流案例，我们可以大致了解物联网的工作流程。物联网生态系统由支持 Web 的智能设备组成，这些设备使用嵌入式处理器、传感器和通信硬件来收集、发送和处理从环境中获取的数据。物联网设备通过连接到物联网网关共享它们收集的传感器数据，并将数据发送到云端以进行本地分析。有时，这些设备与其他相关设备通信，并根据彼此获得的信息进行操作。尽管人们可以与设备进行交互，但设备可以完成大部分工作而无须人工干预。

4.3　信息安全

信息安全是一门融合了现代密码学、计算机网络安全和保密通信理论的综合性、交叉性学科。随着信息科学和信息技术的发展和进步，信息安全理论和技术的研究也不断突破，确立了独立的学科体系，制定了相关的法律、规范和标准，建立了评估认证准则以及安全管理机制等。

4.3.1　信息安全概述

1. 信息安全的定义

信息安全是指保护网络的硬件、软件及系统中的数据，使其不因偶然的或者恶意的行为而遭到破坏、更改、泄露，系统可连续、可靠并正常地运行，信息服务不中断。信息安全的保护范围包括所有信息资源。凡是涉及信息的完整性、保密性、真实性、可用性和可控性的相关技术和理论都是信息安全的研究领域。

2. 信息安全的特征

信息安全具备以下基本特征。

（1）可用性

可用性（Availability）是指信息资源允许授权用户按需访问。可用性可以确保授权用户能够获得和使用所需要的信息、服务和资源。即使是网络部分受损或发生突发事件，如自然灾害、网络攻击等，系统仍能为授权用户提供有效的服务。

（2）保密性

保密性（Confidentiality）是指信息管理系统防止信息非法泄露。保密性可以确保网络信息服务只提供给授权用户，而不向非授权用户公开或供其使用。保密性是在可用性的基础上，使用户私密数据不被泄露的重要保障，其中对敏感数据的保密性保护尤为重要。

（3）完整性

完整性（Integrity）是指信息未经授权不能改变。完整性可以确保授权用户或实体间的通信数据是完整的，不被非法篡改、伪造、重传、插入或删除。完整性对于保证重要数据和敏感数据的精确性尤为重要。

（4）可控性

可控性（Controllability）是指信息管理系统对信息内容和传输具有控制能力。可控性可以对信息和信息管理系统进行安全监控、管理，确保信息和信息管理系统不被非法利用。

（5）不可否认性

不可否认性（Non-repudiation）是指通信双方不能抵赖或否认已完成的操作和承诺。不可否认性可以确保在与信息管理系统的信息交互过程中，参与者的真实同一性，并能确保参与者不能否认或抵赖曾经参加过某次信息交换、发送或接收的行为。

3. 信息安全的风险来源

信息安全所面临的风险来自很多方面，一般可分为自然因素和人为因素。自然因素是指来自自然灾害、恶劣的场地环境、电磁辐射和电磁干扰、网络设备自然老化等不可抗拒的自然风险。

人为因素引起的信息安全风险可根据是否存在恶意企图进一步划分为偶然事故和恶意攻击两种。偶然事故是指不存在明显恶意企图的安全威胁，比如系统断电、偶然删除文件、格式化磁盘等。恶意攻击是指蓄意利用系统漏洞，破坏、窃听、泄露或非法访问信息资源的恶意事件，比如计算机病毒、网络攻击、网络窃听等恶意行为。

以破坏信息保密性为目的的恶意攻击称为被动攻击，具体是指在未经用户同意和认可的情况下将信息泄露给系统攻击者，但不对信息做任何修改。这种攻击方式一般不会干扰信息在网络中的正常传输，其通常包括监听未受保护的通信、流量分析、获得认证信息等。以破坏信息可用性和完整性为主要目的的恶意攻击称为主动攻击，具体是指攻击者不仅截获系统中的数据，还对系统中的数据进行修改或者制造虚假数据，因此主动攻击具有更大的破坏性。

主动攻击主要来自网络黑客（Hacker），一般是指精通网络、系统、外部设备以及软、硬件技术的人。黑客一词并无贬义，但很多人将黑客与恶意攻击者混淆。实际上，国际上对黑客有白帽（White Hat）、黑帽（Black Hat）和灰帽（Gray Hat）之分。研究漏洞，追求最先进技术并让大家共享的黑客，称为白帽黑客；以破坏、入侵为目的的恶意黑客，称为黑帽黑客；灰帽黑客的行为介于以上二者之间，他们追求网上信息公开，但不破坏信息资源。

4. 信息安全的评价标准

在开展信息安全相关研究之前，人们面临一个重要且必须回答的问题："一个什么样的信息管理系统是安全的？"或者"如何证明一个信息管理系统是安全的？"这个问题正是信息安全评价标准要回答的，它完善而准确地表达了评价信息管理系统安全性的方法和准则。从 20 世纪 80 年代开始，为了更好地对信息安全产品的安全性进行评价，世界各国相继制定了多个信息安全评价标准，如 TCSEC、ITSEC、CC 以及我国的《计算机信息管理系统 安全保护等级划分准则》（GB 17859—1999）。

4.3.2 计算机病毒

随着计算机在社会生活各个领域的广泛应用，计算机病毒攻击与防范技术也在不断发展。据报道，世界各国遭受计算机病毒感染和攻击的事件数以亿计，严重地干扰了正常的人类社会生活秩序，给计算机网络和系统带来了巨大的潜在威胁和破坏。

1. 计算机病毒概述

"计算机病毒"这一概念最早是由一位美国计算机病毒研究专家提出的。"计算机病毒"有很多种定义，《中华人民共和国计算机信息管理系统安全保护条例》中对"计算机病毒"做出了明确定义：计算机病毒，是指编制或者在计算机程序中插入的破坏计算机功能或者毁坏数据，影响计算机使用，并能自我复制的一组计算机指令或者程序代码。

世界上第一例被证实的计算机病毒出现在 1983 年，专家在运行 UNIX 操作系统的 VAX11/750 计算机系统上进行了 5 次病毒实验。实验结果表明，病毒平均 30 分钟就可使计算机系统瘫痪，从而确认了计算机病毒的存在。

1988 年是国际上公认的计算机病毒年，这一年出现了典型的文件型病毒——"耶路撒冷"病毒，也被称为"黑色星期五"病毒，因为该病毒发作于 6 月 13 日，恰逢星期五。

同年 11 月 2 日，互联网中约 6000 台计算机系统遭到了"蠕虫"病毒的攻击，造成了整个网络的瘫痪，造成直接经济损失近亿美元。

1989 年 4 月，我国的西南铝厂首先报道在其计算机中发现"小球"病毒，这一事件标志着计算机病毒开始入侵我国。

2001 年以后，蠕虫病毒、邮件病毒以及木马病毒成为主流，并向多元化、混合化发展。

2009 年，U 盘等移动存储介质成为病毒传播的主要途径之一。

2012 年，彩票类钓鱼网站成为黑客"新宠"，并且病毒将破坏行为转变为"地下操作"，传统的中毒后"计算机死机""无法上网"等现象已不再是主流病毒采用的破坏方式。

2017 年，WannaCry（永恒之蓝）病毒爆发。这是一种勒索病毒，黑客通过加密用户文件等方式来敲诈用户钱财，其主要传播途径为系统漏洞、电子邮件及推广广告。

随着计算机软硬件和网络技术的发展，计算机病毒的编制技术也在不断适应新的变化。病毒攻击和反病毒攻击将成为长期的对抗运动。

2. 计算机病毒的特点

计算机病毒由计算机指令组成，可以像正常程序一样执行以达到窃取数据、篡改系统功能或干扰正常运行的目的。但计算机病毒又具备一些普通程序没有的特点。

（1）破坏性

破坏性是大部分病毒都具备的特点，有的病毒在运行时只占用系统资源，而不会有破坏行为；有的病毒在运行时则会破坏硬件、删除文件、破坏数据甚至格式化磁盘，具有较大的破坏性。网络时代的计算机病毒还可能会阻塞网络，造成网络服务中断甚至整个网络系统瘫痪的严重后果。

（2）传染性

传染性是计算机病毒区别于普通程序的本质特点。计算机病毒具有自我复制功能，并能将自身嵌入符合其传染条件的程序上，达到不断传染和扩散的目的。特别是在网络时代，计算机病毒通过互联网中的网页浏览和电子邮件的收发迅速传播。例如"爱虫"病毒仅用了两天就波及全球，造成多国的计算机网络瘫痪。

（3）隐蔽性

大部分的计算机病毒在触发运行之前，通常将自身附加在其他可执行的程序内，或者隐藏在磁盘的较隐蔽处，可以在不被用户察觉的情况下传染更多的计算机。

（4）潜伏性

有些计算机病毒传入合法的程序或系统后，不会立即运行，而是潜伏在程序中以传染扩散。通常病毒潜伏的时间越长，传染的范围就越大，病毒运行时造成的破坏性就强。

（5）可触发性

大部分计算机病毒只有在满足特定触发条件时才开始其破坏行为，不同的病毒的触发条件也不相同。常用的触发条件包括打开特定文件、键盘键入特定字符或者满足特定日期时间，例如"黑色星期五"病毒每逢 13 日星期五这一天就触发运行。

除上述典型特点外，网络时代的计算机病毒还显现出变种性、针对性、反跟踪性、智能化和自动化等特点，具有更大的危害，也给查杀病毒带来更大的挑战。

3. 蠕虫病毒和木马

蠕虫病毒是一种通过网络传播的恶性病毒，无须驻留文件即可在系统之间进行自我复制。蠕虫病毒的传染目标是互联网内的所有计算机，网络中的共享文件夹、电子邮件、恶意网页、存在漏洞的服务器等都是蠕虫病毒传播的途径。蠕虫病毒可以在很短的时间内蔓延整个网络，甚至造成网络瘫痪，比普通病毒具有更大的破坏性。典型的蠕虫病毒有尼姆达、震荡波、熊猫烧香等。

木马（Trojan Horse）一词来自古希腊神话中的"特洛伊木马"。古希腊人在一只用于祭礼的巨大木马中藏匿了许多古希腊士兵并引诱特洛伊人将它运进城内，等到夜里马腹内的士兵与城外士兵里应外合，一举攻破了特洛伊城。计算机病毒中的木马是指在表面上是有用的软件，实际目的却是危害计算机安全的计算机程序。它对自身进行伪装以吸引用户下载运行，向施种者提供打开被种者计算机的门户，使施种者可以任意毁坏、窃取被种者的文件，甚至远程操控被种者的计算机。

木马与普通病毒的区别是木马不具有传染性，它不能像普通病毒那样自我复制，也不"刻意"地去感染其他文件。它主要通过将自身伪装起来，吸引用户下载执行，窃取用户相关信息。木马病毒中包含能够在触发时导致数据丢失甚至被窃的恶意代码。要使木马传播，必须在计算机上有效地启用这些程序，例如打开电子邮件附件或者将木马捆绑在软件中放到网络上吸引用户下载执行等。典型的木马有网络游戏类木马、网银类木马、网页点击类木马等。

拓展阅读：木马病毒的常见伪装方式

4. 计算机病毒的防治方法

随着计算机和网络技术的快速发展，计算机病毒的传播速度越来越快，传播途径越来越多，所造成的危害也越来越大。为了最大限度地减少计算机病毒的危害，对计算机病毒的防治需要树立"预防为主，防治结合"的思想，采取有效的预防措施。一方面，需要加强计算机病毒防治的管理措施，建立健全的保护计算机系统安全的法律法规；另一方面，需要依靠强大的技术支持进行防护，包括系统加固、系统监控、软件过滤、文件加密、备份恢复等。

拓展阅读：计算机病毒预防措施

对于普通用户，在平时使用计算机的过程中，应当掌握一些简单的计算机病毒预防措施，养成良好的安全习惯。

4.3.3 信息安全防护措施

随着信息技术的发展与应用，信息安全的内涵不断延伸，从最初的信息保密性发展到信息的完整性、可用性，又发展为攻（攻击）、防（防范）、测（检测）、控（控制）、管（管理）、评（评估）等多方面的基础理论和实施技术。针对现代信息安全内涵，信息安全防护措施主要以提高安全防护和隐患发现能力、应急响应速度及信息对抗能力为目标。

1. 数据加密

在现代密码学中，加密变换和解密变换是互逆的过程，通常在一组密钥的控制下实现。密钥是一组特定的秘密参数，用于控制密码算法按照指定方式进行明文和密文的相互转换，其中控制加密变换的密钥称为加密密钥，控制解密变换的密钥称为解密密钥。一个完整的密码系统如图 4.40 所示。明文在加密密钥的作用下变换为密文；反之，密文在解密密钥的作用下还原为明文。

微课视频

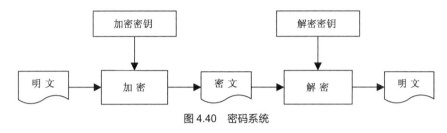

图 4.40　密码系统

按照采用的密钥方式的不同，将密码系统划分为两大类：对称密码系统和非对称密码系统。

在对称密码系统中，密码算法中的加密密钥和解密密钥相同，或者由加密密钥可以推算出解密密钥。典型的对称加密算法有 RC4 算法、DES 算法、3DES 算法、AES 算法等。非对称密码系统也被称为公钥密码系统，其加密变换和解密变换使用不同的密钥，加密密钥是公开的，称为公钥（Public Key）；而解密密钥是保密的，称为私钥（Private Key）。任何人都可以使用其他用户的公钥来对数据进行加密，但是只有拥有配对私钥的用户才能对加密的数据进行解密。典型的非对称密码算法包括 RSA 算法、ElGamal 算法、椭圆曲线密码算法等。

2. 身份认证

在安全的网络通信中，通信双方必须通过某种形式来判断和确认对方或双方的真实身份，以保证信息资源被合法用户访问。身份认证主要通过对身份标识的认证服务来确认身份及其合法性。身份标识是指能够证明用户身份的独有的特征标志，可以是一种私密信息，如口令；也可以是一件可信任的物体，如智能卡、移动电话；还可以是独一无二的生物特征，如指纹、虹膜、人脸、声音、行走步态等。

微课视频

3. 防火墙

防火墙（Firewall）是指位于可信网络（内部网）和不可信网络（外部网）边界上的一种防御措施，由软件和硬件设备组合而成，在两个网络通信时执行访问控制策略并控制进出网络的访问行为，对内部网进行保护，如图 4.41 所示，是保护信息安全的第一道防线。

微课视频

4. 入侵检测系统

入侵检测系统（Intrusion Detection System，IDS）是防火墙的合理补充，提供对内部攻击、外部攻击和误操作的实时监测和保护。典型的 IDS 通常包含 3 个功能组件：数据收集、数据分析以及事件响应，如图 4.42 所示。入侵检测的第一步是数据收集，包括系统、网络运行数据及用户活动的状态和行为，并从中提取有用的数据。数据分析组件是 IDS 的核心，从收集到的数据中提取当前系统或网络的行为模式，与模式库中的入侵行为模式和正常行为模式进行比对，将比对结果传送给事件响应组件。事件响应组件用于记录入侵事件过程，收集入侵证据，同时采取报警、中断连接等措施阻断入侵攻击。

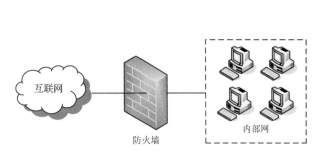

图 4.41 防火墙

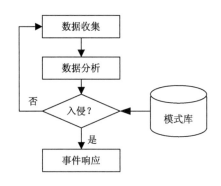

图 4.42 入侵检测系统的工作原理

习题 4

4.1 什么是计算机网络？其主要功能是什么？

4.2 从计算机网络的覆盖范围来看，计算机网络分为哪几类？

4.3 什么是网络拓扑结构？常用的网络拓扑结构有哪些？

4.4 互联网的体系结构是什么？

4.5 常用的互联网接入方式有哪些？

4.6 互联网提供的基本服务有哪些？

4.7 什么是物联网？其基本特征是什么？

4.8 简述物联网的体系结构？

4.9 物联网工作流程的基本要素有哪些？

4.10 射频识别技术的基本工作原理是什么？

4.11 物联网的主要应用领域有哪些？

4.12 什么是信息安全？信息安全的目标有哪些？

4.13 常用的信息安全防护措施有哪些？

4.14 什么是计算机病毒？计算机病毒的主要特点有哪些？

05

第5章　算法设计基础

计算思维是培养系统化抽象思维的基础，有了这一基础，我们在面对问题时才能具有更加严谨、完美的系统分析与问题分解能力。算法是实现计算思维的核心工具，是问题求解的技巧之一；也是计算机科学的灵魂、程序设计的精髓、人工智能的关键。

通俗地讲，算法就是对解决某个问题所采用的方法和步骤的描述。

无论计算机功能多么强大，它本身并不具备思维能力。也就是说计算机不能分析问题并产生问题的解决方案，必须由人来分析问题，确定问题的解决方案，然后采用计算机能够理解的程序指令描述问题的求解步骤，最后由计算机执行程序并获得问题的解。所以，在计算机系统中的任何软件，其无论容量大小、功能，都是按照各自特定的算法来完成任务的。甚至，在高科技领域里，如云计算、5G、物联网、人工智能等，算法更是强大的、不可或缺的核心工具。特别是面对"大数据"时代中爆发式增长的数据，让计算机采用何种算法能更高效、更智能地处理指定的数据，将"大数据"精简为"好数据"变得更加重要。在日常生活中，算法关系到人们的购物、出行、学习、劳动、管理、婚恋等行为和决策。

可见，无论是在生活、工作中，还是在高科技领域中，都明显或隐蔽地蕴含了算法的思想。因此，算法不仅是专业开发者应该掌握的技能，也是其他领域从业者需要学习的一项技能。

本章精选计算思维与算法课程中核心的内容，采用丰富的图例介绍算法以及算法设计的基础知识，并结合范例诠释计算机科学中的枚举、递推、递归、分治、动态等经典算法策略的核心思想，及其在数位拆分、求最值、排序、查找等具体问题中的灵活应用，使大家能更好地理解并掌握算法的基本概念及其简单应用。这不仅可以为今后学习程序设计打好专业基础，也可以让我们学会巧用计算思维的基本逻辑指导生活。

5.1　问题求解

问题求解就是寻找一种方法来实现目标。但是，没有任何一种通用的方法能够求解所有问题。而人在解决同一问题时，根据不同的理解、不同的经验、不同的工具等，会采用不同的求解方法。

图灵奖获得者迪杰斯特拉曾说过："我们所使用的工具影响着我们的思维方式和思维习惯，也将深刻地影响我们的思维能力。"可见对求解问题的方法影响最大的是"工具"，它将直接影响甚至决定我们发现问题、理解问题、解决问题的思维方式、方法。20 世纪 40 年代电子计算机发明以后，其因速度快、逻辑运算能力强、自动化程度高等特点，迅速取代多种计算工具，为各学科的问题求解提供了新的方法和手段。

运用计算机求解问题的思维活动被称为计算思维。计算思维建立在计算机实现计算过程的能力和限制之上。现代计算机的工作原理是存储程序和程序控制。因为计算机并不知道求解什么问题、怎么求解问题，所以需要人来告诉计算机。整个计算过程必须由人和机器协同配合执行，其中人与计算机的对话沟通是通过程序员依照算法编写程序指令实现的。可见，使用计算机进行问题求解即计算思维的实现过程，也就是探寻并写出能使计算机"心领神会"并"游刃有余"地完成预期的计算任务的程序指令的过程。

利用计算机求解不同问题的程序指令可以有不同的顺序和表示方法，但无论求解什么问题，获取程序指令的基本步骤是相同的。一般步骤包括分析建模、算法设计、程序编码、调试运行和文档编制 5 个环节。

1. 分析建模

因为计算机能直接处理的只有二进制数据，所以对于要解决的问题，在交给计算机处理前应深入分析问题给定的条件，以及最终要得到的结果，设法将其抽象成相应的数学问题，即数学建模。数学建模是一种基于数学的方法，它运用数学的语言，如数字、字符、符号等描述问题的操作对象、已知条件、需要的输入，以及最终期望得到的输出（即所求结果）等，并找出操作对象之间隐含的关系，从而用数学思想和方法找出解决问题的方案。简而言之，数学建模就是用数学语言描述实际问题的过程，是对实际问题的一种数学表述。

将现实世界的问题抽象成数学模型，就可能发现问题的本质及其能否求解，甚至找到求解该问题的方法和步骤。

2. 算法设计

算法设计是指在程序编码前，根据所得的数学模型，从计算机的角度设计适合计算机求解问题的具体方法和步骤的过程。这些方法和步骤要逐一细化至每一步执行怎样的计算和操作，即明确说明每一步"做什么"和"如何做"。算法表达的是一种解题思想，即根据规范的输入，在有限时间内获得所要求的输出的系统的策略机制。

微课视频

对于同一个问题，可以用多种算法求解。为了得到更优的算法，我们在设计算法时，一定要统筹考虑问题中数据的结构（即数据的存储方式和组织方式）和算法的控制结构。

算法不能被计算机直接执行。我们需要用程序设计语言描述算法，从而实现其基本操作。

3. 程序编码

程序编码就是使用某一种程序设计语言，依照设计好的求解问题的算法，编写对应的源代码的过程。在这个过程中，应当注意的是，不同程序设计语言的语句功能和性能有较大差距，因而写出的程序会有一定的差别。

4. 调试运行

编写完的计算机程序在投入运行前，必须送入计算机中测试。根据测试时所发现的错误，进一步诊断，找出原因和具体的位置进行修正，不断地重复"输入-调试-改错"的过程，直至无论输入什么数据，都能得到想要的结果。这也是对算法和程序的验证过程。

5. 文档编制

许多程序是提供给别人使用的，所以在程序正式交付使用时，必须向用户提供程序说明文件和操作手册。其内容包括程序名称、程序功能、运行环境、程序的装入和启动方法、可以输入的数据以及程序使用注意事项等。

下面通过计算机构建"石头剪刀布"游戏的实现，说明使用计算思维求解简单问题的一般过程。

【例 5-1】编写一个程序，让计算机同我们一起玩"石头剪刀布"游戏。人输了，则输出"输了"；人赢了，则输出"赢了"；人与计算机平局，则输出"平局"。

游戏规则：石头胜过剪刀，剪刀胜过布，布胜过石头。

根据游戏规则，会产生如表 5.1 所示的结果。

表 5.1 "石头剪刀布"游戏可能的情况及结果

人	计算机	结果	人	计算机	结果	人	计算机	结果
石头	石头	平局	剪刀	石头	输了	布	石头	赢了
石头	剪刀	赢了	剪刀	剪刀	平局	布	剪刀	输了
石头	布	输了	剪刀	布	赢了	布	布	平局

分析建模过程如下。

游戏中，计算机没有和人类一样的手、眼睛和思维，看不见也无法用肢体表示人类的动作，思考不出这些动作代表的意义，也就无法进行进一步的比较。所以，我们需要站在计算机的角度分析这个问题，即将游戏数字化。本游戏中的两个操作对象为"人"和"计算机"，而它们分别拥有 3 个值"石头""剪刀""布"。操作对象"人"和"计算机"可分别用字符表示，如字符 per 表示"人"，com 表示"计算机"。而它们所拥有的 3 个值"石头、剪刀、布"可分别数字化为 1、2、3。这样，人出的拳，可转化为 per 通过键盘随机输入得到的数字。计算机出的拳，可转化为 com 利用随机函数得到的值。即值为 1，代表"石头"；值为 2，代表"剪刀"；值为 3，代表"布"。

游戏数字化后，按照游戏规则，比较 per 和 com 的值，就可得到游戏结果，如表 5.2 所示。

表 5.2 "石头剪刀布"游戏数字化情况及结果

per	com	输出	per	com	输出	per	com	输出
1	1	平局	2	1	输了	3	1	赢了
1	2	赢了	2	2	平局	3	2	输了
1	3	输了	2	3	赢了	3	3	平局

算法设计：该游戏中两个操作对象 per 和 com 的取值为 1、2、3，故将其数据类型定义为整型；根据数据比较的不同的结果，执行不同操作，故选用控制结构中的选择结构。用自然语言描述具体算法如下。

S1：定义两个整型变量 per 和 com。

S2：选择{1,2,3}内的一个数输入，并赋值给变量 per。

S3：利用随机函数产生一个{1,2,3}内的整数，并赋值给变量 com。

S4：对 per 和 com 进行逻辑运算。若 per 等于 com，则输出"平局"；若 per 等于 1 且 com 等于 2、per 等于 2 且 com 等于 3 或者 per 等于 3 且 com 等于 1 中有一个成立，则输出"赢了"；如果 per 等于 1 且 com 等于 3、per 等于 2 且 com 等于 1 或者 per 等于 3 且 com 等于 2 中有一个成立，则输出"输了"。

S5：游戏结束。

设计好算法后，选定一种程序设计语言，按照其语法规则，依次将算法的每一步转换成对应的语句，完成程序编码。对编制好的程序进行调试运行，最后完成文档编制。最终可实现人和计算机的"石头剪刀布"游戏。

周以真教授曾提出计算思维的本质是抽象和自动化，其中的抽象就是指求解问题的分析建模，它是自动化的前提和基础。计算机通过程序实现自动化，而编写程序的核心是设计算法，设计可实现的、可在有限时间和空间内执行结束的算法。所以，算法设计是每一个程序设计人员必须具备的技能。

5.2 算法概述

算法是计算机科学中最具有方法论性质的核心概念之一，它提供了利用计算工具求解问题、完成任务的技术。在人工智能程序 AlphaGo 陆续击败了李世石、柯洁等人类顶尖围棋棋手之后，算法迅速成了街头巷尾热议的话题，日渐走进智能购物、智慧城市、智能制造、自动驾驶等领域。可以说，生活中你的一举一动都是算法，"算法"已深入了生活的各个方面。

5.2.1 算法定义及其特征

"算法"（Algorithm）一词，对你来说也许是陌生的、抽象的、艰深的、晦涩的。但西汉时期的《周髀算经》中就已经出现算法思想，之后《九章算术》给出四则运算、最大公约数、最小公倍数等问题的求解算法。自唐代以来，历代有许多专门论述"算法"的专著，如宋代的《杨辉算法》等。而在西欧，公元前 300 年，欧几里得描述了求两个正整数 m,n 的最大公约数的过程，被称为欧几里得算法，也叫辗转相除法，这个算法被认为是现存最早的算法，也被沿用至今。

算法，广义地讲就是为解决某一问题所采用的方法和步骤。例如用手机给微信好友发信息，所采用的方法和步骤可以描述如下。

第1步：打开手机的微信 App，并登录微信账号。

第2步：点击屏幕下方的"通讯录"按钮，查找接收消息的微信好友。

第3步：点击打开好友名片，选择"发消息"。

第4步：在底部输入框中输入信息内容，之后点击"发送"按钮。

以上 4 步就可以称为完成"用手机给微信好友发消息"这项任务的算法。

当然，在计算机科学领域中，算法有更为严格的定义：以一步接一步的方式来系统且清晰地描述计算机如何将有一定规范的输入，在有限时间内获得所要求的输出的过程。简单地说，算法是用系统的方法描述解决问题的策略机制。

一个合格的算法应该具有以下 5 个基本特征。

（1）输入：一个算法有零个或多个由外界提供的值作为输入。

（2）输出：一个算法至少产生一个值作为输出。算法是为了解决某一问题而设计的，故其应将最终结果展现出来，即算法必须有输出，否则就没有意义了。

（3）确定性：算法中每一条指令必须有确切的含义，且无歧义；确保在任何情况下，对于同一个算法的相同输入，必然得出相同的输出。

（4）有限性：对一定规范的输入，算法中每条指令必须在有限时间内执行有限步之后结束，即算法中每条指令的执行次数和时间都必须是有限的。

（5）可行性：算法中不应该有任何情况都执行不到的操作或无法执行的操作。

一个问题的解决方案可以有多种表述方式，但只有满足以上 5 个特征的才能被称为算法。因此，计算机算法对方法和步骤的描述必须是有限的、有序的、有效的。

5.2.2　算法的描述

算法是对计算机解题过程的精准而完整的描述。不管用哪种方式描述解题过程，只要它逻辑清晰、结果正确，哪怕只是在大脑里构思的算法也是好的算法。但在解决实际问题时，问题往往比较复杂，并不是可以直接用大脑就想得清楚的，因此需要借助一些简单、清晰的"描述语言"来辅助大脑构建解题过程，这就是算法的描述。好的算法描述不仅能对设计出的算法进行详细的表述，还可以使算法中的逻辑和顺序关系清晰、严谨，便于程序设计员阅读、理解，并能及时发现和改正错误，进而提高程序设计的效率。

描述算法有多种方式，常用的有自然语言、流程图、N-S 图、PAD 图、伪代码、程序设计语言等，不同的描述方式对问题的描述能力存在一定的差异。下面以求解两个正整数 m、n 的最大公约数的欧几里得算法为例，介绍自然语言、流程图、N-S 图、伪代码 4 种描述方式的基本特点。

1. 自然语言

自然语言指人们在日常生活中使用的语言，包括汉语、英语、数学关系式等。使用自然语言描述算法，通俗易懂，形式自由。但其用于描述的文字较为冗长，对复杂的问题难以表达准确，歧义性强。所以，自然语言一般用于初学者描述简单算法。

欧几里得算法用自然语言可描述如下。

S1：定义 3 个正整数变量 m、n、r。

S2：输入两个正整数 m、n 的值，并保证 $m \geq n$（若 $m < n$，则交换 m、n 的值）。

S3：r=m%n（注："="不是等号，而是赋值运算符，即符号左侧的变量会被赋予其右侧表达式的值；"%"为求余运算符。r=m%n 表示将 m 对 n 求余的结果赋值给变量 r）。

S4：如果 r!=0（"!="是不等号运算符）成立，则反复执行 m=n,n=r,r=m%n，直至 r 的值为 0 才结束循环，则所求最大公约数为 n。

S5：输出 n 的值并结束求解。

2. 流程图

流程图（Flow Chart）也称为程序框图，是指用各种几何图形、流程线及文字说明等来表示各种类型的操作框图。美国国家标准研究所（American National Standards Institute，ANSI）规定了一些常用的流程图符号，如表 5.3 所示。

表 5.3　常用流程图符号

名称	流程图符号	含义
起始框/结束框		表示算法的开始与结束
数据框		表示数据
处理框		用于描述基本的操作，如赋值、数学运算等
判断框		判断是否满足框中给定的条件，选择两条执行路径中的一条
流程线	↓　→	表示算法的执行顺序、路径和方向
连接符	○	连接流程图中不同地方的流程线。成对出现，同一对连接点标注相同的数字和文字。常用来连接不同页面中的流程图
注释框	- - -┐	框中的内容是对算法的相关部分的解释说明

使用流程图描述算法简单、易于理解，并可直观地将算法转化为程序。欧几里得算法用流程图描述如图 5.1 所示。

流程图占用篇幅较多，尤其是当算法比较复杂时，制作流程图既费时又不方便。此外，由于流程图中的流程线没有约束，可以任意转向，从而造成算法阅读和修改困难，不利于结构化程序的设计。所以，用流程图描述算法时，一般要注意以下几点。

（1）根据解决问题的步骤，按从上至下的顺序画流程线，各个框中的文字要尽量简洁。

（2）为避免流程图的图形过长，流程线要尽量短。

（3）用流程图描述算法的原则是：根据实际问题的复杂性，流程图达到的最终效果应该是依据此图就能用某种程序设计语言实现相应的算法（即完成编程）。

3. N–S 图

1972 年美国有学者提出了一种在流程图中完全去掉流程线，将全部算法写在一个矩形框内，在框内还可以包含其他框的流程图形式，即由一些基本的框按执行的次序连接起来组成一个大矩形框。这种流程图被称为 N-S 结构流程图，简称 N-S 图或盒图。

N-S 图描述的算法在执行时只能从上到下顺序执行，从而避免了算法流程的任意转向，保证了程序的质量。N-S 图的另一个优点是直观，画图节省篇幅，尤其适合结构化程序的设计。欧几里得算法用 N-S 图描述如图 5.2 所示。

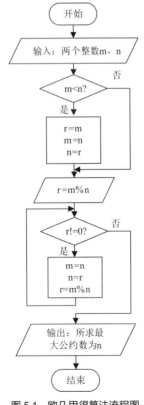

图 5.1　欧几里得算法流程图

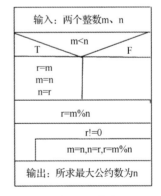

图 5.2　欧几里得算法 N-S 图

4. 伪代码

伪代码是指使用介于自然语言和计算机语言之间的英文、汉字、数学表达式、程序设计语言符号等混合描述算法。相比程序设计语言，伪代码更加不受语法和格式的约束。伪代码通常根据程序设计员的习惯来呈现，以便于书写和阅读为原则，随意性很大。故伪代码不能被计算机理解和执行，但可以被转换为高级语言程序。下面对比用伪代码描述的欧几里得算法和用该算法编写的 Python 程序。

用伪代码描述的欧几里得算法如下：

```
input(m,n)              /*用键盘输入 m,n 的值*/
if(m<n)                 /*若 m<n 成立,则交换 m,n 的值,以保证 m 的值始终大于 n */
    {r=m;m=n;n=r}       /*借助第三方变量 r,交换 m,n 的值*/
r=m%n                   /*将 m 除以 n 的余数赋值给 r*/
while(r!=0)             /*while 是循环语句关键字,只要循环条件 r!=0 成立,就执行循环体*/
    {m=n;n=r;r=m%n}     /*循环体中,不断递推 m,n,r 的值,缩小求解范围,直至循环条件不成立*/
Print   所求最大公约数为 n
```

将上述算法转化为用 Python 编写的程序，其源代码如下：

```
m =int(input("输入第 1 个数"))       /*输入函数 input()的整数值赋值给 m*/
n =int(input("输入第 2 个数"))
if m<n:                  /*if 语句的判断条件表达式 m<n 后的":"不能省略 */
  r=m                    /*Python 是通过缩进来控制语句块的*/
  m=n
  n=r                    /*3 个相同缩进量的表达式,构成了选择结构执行的内容*/
r=m%n
While r!=0:     /*while 是循环语句关键字,循环条件 r!=0 后的":"不能省略 */
  m=n                    /*3 个相同缩进量的表达式,构造了循环的循环体*/
  n=r
  r=m%n
print("所求的最大公约数为",n)
```

在编写 Python 程序时，要求必须符合其语法规定，如 Python 规定相同的缩进代表同一层次的代码块。而算法不受任何语法约束，只要不产生歧义，甚至可以在一个算法中使用多种程序设计语言中的表达式、关键字等。由此可见，伪代码对算法的描述不仅书写自由、简单、结构清晰，而且更接近程序代码的形式，故其深受程序设计人员的青睐，也常被用于技术文档、科学出版物中表示算法。

本书中例题的求解算法以流程图和 N-S 图为主。

5.2.3　算法的基本结构

经过研究发现，任何复杂的算法都可以由顺序结构、分支结构和循环结构这 3 种基本结构组成，通过它们可以实现对数据的处理、逻辑判断和循环执行等操作。这些基本结构是构建算法的基础。下面通过流程图和 N-S 图分别介绍这 3 种基本结构的执行情况，并分别举例。

1. 顺序结构

顺序结构是一种自上而下，按照线性的先后顺序依次执行各个操作的控制结构，是最简单、最基本的控制结构。设 A、B 代表算法的两个不同操作，顺序结构的基本形式为"执行 A 操作，然后执行 B 操作"，其流程图和 N-S 图如图 5.3 所示。

【例 5-2】 请完成用计算机实现求任意两数之和的算法流程图。

算法分析：本例中没有太多的步骤，只要依次执行"输入数据→求和→输出结果"，即可完成问题求解。用流程图描述其算法如图 5.4 所示。

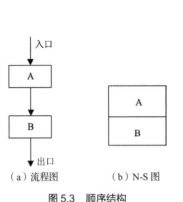

（a）流程图　　（b）N-S图

图 5.3　顺序结构

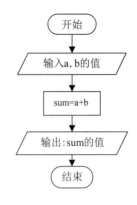

图 5.4　例 5-2 算法流程图

2. 分支结构

分支结构，也叫选择结构，是指需要根据给定条件作出判断，选择不同的操作的控制结构。分支结构分为单分支结构和双分支结构。

单分支结构的基本形式为"先判断条件 P，若 P 成立，则执行 A 操作，否则不执行任何操作"，意思是根据条件，要么执行 A 操作，要么跳过它。具体流程图和 N-S 图如图 5.5（a）所示。

双分支结构的基本形式为"先判断条件 P，若 P 成立，则执行 A 操作，否则执行 B 操作"，意思是无论条件是否成立，只能执行 A 或 B，不能既执行 A 又执行 B，也不能 A 和 B 都不执行。具体流程图和 N-S 图如图 5.5（b）所示。

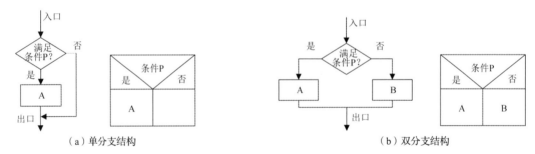

（a）单分支结构　　　　　　　　　　　　　　　　　（b）双分支结构

图 5.5　分支结构

【例 5-3】 小王计划出门，妈妈告诉他如果下雨就带上伞再出门。

算法分析：本例的含义为"如果下雨就带上伞再出门，否则直接出门。"由此可知，这里的任务是"出门"，"下雨"是否成立是完成"出门"任务前必须判定的条件。"下雨"成立，则带上伞再出门，否则不需要执行任何操作，直接出门即可。可知小王选择的情况只有一种，故本例选用单分支结构。用流程图描述其算法如图 5.6 所示。

【例 5-4】 输入一个整数 m，判断其能否被 2 和 3 整除。若能则输出"m 能被 2 和 3 整除"；若不能则输出"m 不能被 2 和 3 整除"。

算法分析：常用的判断是否被整除的方法是用该数对除数求余，若余数为 0，则判定为"能整除"；若余数不为 0，则判定为"不能整除"。所以，本例中判断"m 能否被 2 和 3 整除"，可将 m 分别对 2 和 3 求余后进行逻辑与运算（即 m%2==0 and m%3==0）的结果作为判断条件，或将 m 对 6 求余（即 m%6==0）的结果作为判断条件。若结果为 0，则 m 能被 2 和 3 整除；若结果不为 0，则 m 不能被 2 和 3 整除。用流程图描述其算法如图 5.7 所示。

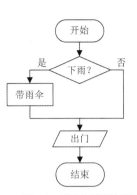

图 5.6　例 5-3 算法流程图

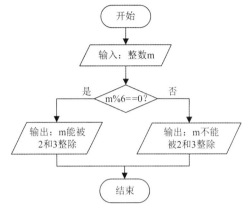

图 5.7　例 5-4 算法流程图

3. 循环结构

循环结构也叫重复结构，是指在一定条件下，可以重复执行某些操作的控制结构。计算机运算速度快，善于进行重复性的工作，利用循环结构就可以自动化地实现有规律的重复操作，减少算法描述的冗余性，提高算法的可维护性。循环结构有 3 个要素：循环体、循环变量和循环条件。

循环体是循环结构的核心部分，指要反复执行的一系列操作。构造循环体的基本思想是"以不变应万变"。所谓"不变"是指循环体内运算的表现形式和操作是不变的，而每次运算或操作的对象的具体内容是不尽相同的，这种不同一般与循环变量有关。循环变量是循环结构的关键要素，它用于控制循环次数或条件。该变量一般包含在开始或终止循环的条件中，通过在每一次循环迭代中改变它的值，从而使循环条件逐渐趋于不成立。循环条件是指可以用来判定是否继续执行循环体的条件，因为循环结构不能无限制地执行，否则就成了死循环，所以一定要在某个条件下终止循环。

循环结构可分为当型循环结构和直到型循环结构。

当型循环结构的基本形式为"先判断条件 P，若 P 成立，则执行循环体 A。如此反复，直到条件 P 不成立，结束并退出循环结构"，意思是当型循环结构需要先判断循环条件，再执行循环体。但是，如果第一次判断时，循环条件不成立，那么会直接跳过循环，也就是说循环体可能一次也不执行。具体流程图和 N-S 图如图 5.8（a）所示。

直到型循环结构的基本形式为"先执行一次循环体 A，再对条件 P 进行判断，若 P 成立，则再次执行循环体 A。如此反复，直到条件 P 不成立，结束并退出循环结构"，意思是直到型循环结构是先执行循环体，再判断循环条件，所以无论第一次判断时循环条件是否成立，循环体都至少会执行一次。具体的流程图和 N-S 图如图 5.8（b）所示。

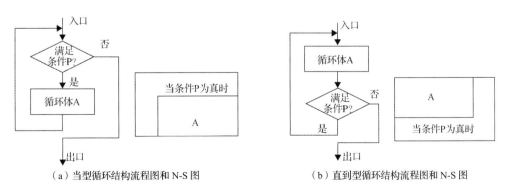

（a）当型循环结构流程图和 N-S 图　　　　　　（b）直到型循环结构流程图和 N-S 图

图 5.8　循环结构

【例 5-5】 计算 1+2+3+…+n 的值。

算法分析：因为计算机每次只能进行两数求和，所以在多数求和时，只能把数据依次逐个相加，即循环做加法运算。这时一般需要先设一个计数器和一个累加器。计数器用于统计相加的数据个数，即循环次数；累加器用于存放累加所得的和，其初值一般为 0。

用自然语言描述其算法如下。

S1：变量赋初值，i=1，sum=0。

S2：输入 n 的值。

S3：若 i≤n 成立，则执行循环体 S4，否则执行 S5。

S4：执行 sum=sum+i（实现累加），i=i+1（实现计数），并返回 S3。

S5：输出 sum 的值。

用流程图描述其算法如图 5.9 所示。

算法的 3 种基本结构之间并不是彼此孤立的。在解决实际问题时，可以选择其中的一种结构，也可以根据实际情况选择其中的两种或三种结构配合实现对应的高效的算法设计。但要注意，它们虽然可以并列，还可以相互包含，但不允许交叉，即不允许从一个结构直接转到另一个结构的内部中。

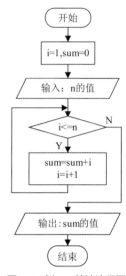

图 5.9 例 5-5 算法流程图

3 种基本结构具有以下共同特点：都只有一个入口和一个出口；结构内的每一部分都应当有被执行到的机会，也就是说，每一部分都应当有一条从入口到出口的路径通过（至少通过一次）；不能有死循环（不能终止的循环）。

5.2.4 算法的评价标准

同一个问题可以用许多不同的算法解决，而不同的算法的性能各不相同，例如它们可能消耗系统不同的时间、空间或资源等。对算法优劣的评定称为"算法评价"。

算法评价的意义在于从解决同一问题的不同算法中选择出最适合当前任务的算法，或者对原有的算法进行改造、加工，使其更好。一般通过以下性能指标对算法进行评价。

（1）算法的正确性

正确性是设计和评价算法的首要性能指标。算法正确性是指一切合法的输入数据，都能在有限的时间内得到满足要求的结果。可以对所有可能情况的输入数据进行分析，以判断算法是否正确。

（2）算法的可读性

可读性是指算法可供人们阅读的难易程度。可读性好的算法应该易于理解、修改、识别和记忆；应该符合结构化、模块化的设计思想；应该建立相应的文档，对整个算法的功能、结构、使用及有关事项进行必要的说明。

（3）算法的健壮性

健壮性是指算法面对不合理（又称不正确、非法、错误等）数据时，应能适当地做出反应或进行处理，而不会产生莫名其妙的输出结果。对不合理数据的处理一般包括打印出错信息、调用错误处理程序、返回标识错误的特定信息及终止程序的执行等方式。

（4）算法的复杂度

算法复杂度是指算法的时间复杂度和空间复杂度。算法在编写成可执行程序后，运行时希望能满足高效率、低存储量的需求。算法的时间复杂度是指执行算法所需要的计算机工作量，即算法执行过程中所需要的基本运算次数，而不是指执行算法程序所需要的时间；算法的空间复杂度是指其程序在运行过程中占用的内存空间大小。二者的大小与算法程序的长度或算法程序中的指令条数无关。好的算法应使对应程序基本运算次数和所占内存或者磁盘空间尽可能少。

对于同一算法，因为采用不同的程序设计语言实现、用不同的编译程序进行编译或在不同的计算机上运行等，算法的性能之间存在着或多或少的相互影响。因此，当设计一个算法，特别是大型算法时，要综合考虑并平衡算法的各项性能指标之间的关系，合理利用控制结构以及各种程序设计语言的特点，尽量做到算法必须正确、步骤尽可能少、实现过程尽可能简单、占用空间尽可能少等。

拓展阅读：算法对我们生活的影响

5.3 算法设计基础

算法设计是指针对一个问题，设计一个解决方案，即设计解决问题的算法。这里并不需要给出问题的精确的解，但在各个领域中考虑到数据的各种限制和规范，要得到一个符合实际的可行的优秀算法，必须经过严格的推理和分析。

5.3.1 经典算法策略

实际应用的算法千变万化，种类繁多。但前人对大量算法进行了深入探讨，发现许多不同问题的解决算法的设计思想有相似之处。经过科学地总结，他们找到了一些行之有效的策略机制，能够用于不同问题的算法设计中。下面列举一些常用的算法策略。

1. 枚举策略

枚举策略也称为穷举法或列举法。这种算法策略充分利用计算机高速运算的特点，根据已知条件，在给定范围内，对所有可能的解按某种顺序逐一验证，从中找出符合条件的解。

采用枚举策略解题，一般按照以下 3 步进行。

（1）确定解的可能范围，既不能遗漏任何一个真正解，也要避免有重复的解。

（2）确定能判断是否为真正解的条件。

（3）尽量使可能解的范围降至最小，以便提高解决问题的效率。

枚举策略常用于解决"是否存在"或"有多少种可能"等类型的问题，其关键是列举所有可能的情况，并进行条件判断，通常使用循环结构来实现。

【例 5-6】我国古代数学家张丘建在《张丘建算经》一书中提出了"百钱买百鸡问题"："鸡翁一，值钱五；鸡母一，值钱三；鸡雏三，值钱一。百钱买百鸡，问鸡翁、鸡母、鸡雏各几何？"

算法分析：首先判断题目。100 文钱买 100 只鸡，公鸡 5 文钱 1 只，母鸡 3 文钱 1 只，小鸡 1 文钱 3 只。

题目任务是根据两个固有条件"100 文钱"买"100 只鸡"，满足则输出一次组合。由此建立数学模型，设公鸡有 x 只，母鸡有 y 只，小鸡有 z 只。由题意可得如下两个方程：

$$\begin{cases} x + y + z = 100 & ① \\ 5x + 3y + z/3 = 100 & ② \end{cases}$$

这是一个典型的不定方程组，使用解析法很难求解，但使用枚举策略对所有可能的情况进行测试、验证，依次判断是否满足固有条件即可求解。如果将所有条件最大化，则公鸡、母鸡、小鸡的数量应该都为 0 ~ 100，如果将所有可能的情况——列举，则有 1030301 种情况需要验证。但若进一步分析，根据题意不难看出 100 文钱，最多可以买 20 只公鸡（即 $0 \leqslant x \leqslant 20$），或者 33 只母鸡（即

$0 \leq y \leq 33$），而小鸡最多只能是 100 只（即 $0 \leq z \leq 100$）。这样可将所有情况减少为 72114 种。

再进一步分析，如果将 $z=100-x-y$ 作为一个约束条件，则解题时遍历 x、y 的所有取值即可，那么求解该问题只需要验证 $21 \times 34 = 7149$ 种情况即可，此时的算法流程图如图 5.10 所示。

不难看出，采用枚举策略解题时虽然运算量大，但思路简单，而且对于同一个问题，可以有不同的枚举范围和枚举对象，从而导致解决问题的效率差别很大。可知，选择合适的算法会让解题效率大大提高。

2. 递推策略

递推策略在数学中又称为迭代法，它采用"稳打稳扎"的策略。首先在已知条件中建立起相邻两项或几项之间的关系，即递推公式，然后从初始条件出发，利用递推公式，不断由旧值推出新值，再用新值代替旧值继续递推，直至得到最终结果。

递推策略更多地用于计算，如求某个整数的阶乘，利用欧几里得算法求两个正整数的最大公约数，求斐波那契数列等，这些问题求解时都体现了递推策略的思想。

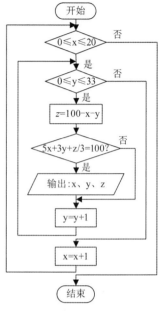

图 5.10　例 5-6 算法流程图

【例 5-7】 猴子吃桃问题。一只猴子第一天摘下若干桃子，当即吃了一半，还不过瘾，又多吃了一个，第二天早上又将剩下的桃子吃掉一半，并且又多吃了一个。以后每天早上都吃了前一天剩下的一半再多一个。到第 10 天早上再吃时，见只剩下一个桃子了。求猴子第一天共摘了多少个桃子。

算法分析：这是一个递推问题，因为猴子每次吃掉前一天的一半再多一个，则若设 x_n 为第 n 天的桃子数，那么第 $n-1$ 天和第 n 天的桃子数有如下递推公式。

$$x_{n-1} = (x_n + 1) \times 2$$

用程序语言描述为：

$$x = (x+1) \times 2$$

等号右侧的 x 为第 n 天的桃子数，运算后将结果赋值给等号左侧第 n-1 天的桃子数 x，利用循环结构，不断更新 x 的值，直至天数 t=1 时，x 的值为第一天的桃子数 1534。对应的算法流程图如图 5.11 所示。

【例 5-8】 斐波那契是中世纪意大利数学家，他在《计算之书》中提出了 1 对兔子的繁殖问题：如果每对兔子成熟后每月能生 1 对小兔子，而每对小兔子在出生后的第 3 个月开始，每月生 1 对小兔子，假定在不发生死亡的情况下，最初的一对兔子在一年末能繁殖成多少对兔子（假定以上兔子都是雌雄成对）？

微课视频

算法分析：根据问题描述，可以看出新生兔到第 3 个月开始生小兔子，之后就可每月生 1 对小兔子，而且无死亡情况，用表 5.4 可以清楚地分析兔子数的变化规律。

表 5.4　每月的兔子数量　　　　　　　　　　　　　　　　　　　　　　　单位：对

月份	小兔	大兔	合计	月份	小兔	大兔	合计	月份	小兔	大兔	合计	月份	小兔	大兔	合计
1月	1		1	4月	1	2	3	7月	5	8	13	10月	21	34	55
2月		1	1	5月	2	3	5	8月	8	13	21	11月	34	55	89
3月	1	1	2	6月	3	5	8	9月	13	21	34	12月	55	89	144

从表 5.4 中的数据不难看出以下规律: 每月的大兔子数目一定等于上月的兔子总数, 而每个月的小兔子数目一定等于上月的大兔子数目。合计可得每个月的兔子对数依次为 1,1,2,3,5,8,13,21…, 这就是著名的斐波那契数列。

假设第 n 个月的兔子数目是 fib(n), 根据上述分析, 可得如下关系式。

$$\text{fib}(n) = \begin{cases} 1 & (n \leqslant 2) \\ \text{fib}(n-1) + \text{fib}(n-2) & (n > 2) \end{cases}$$

由已知的 fib(1)=1, fib(2)=1, 利用上述递推公式便可求得 fib(3)=fib(1)+fib(2)=2, 再由 fib(2) 和 fib(3) 的值递推可得 fib(4)=fib(2)+fib(3)=3, 依次类推, 直至求出 fib(12)=144。其算法流程图如图 5.12 所示。

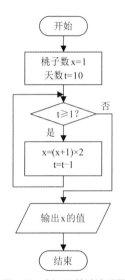

图 5.11　例 5-7 算法流程图

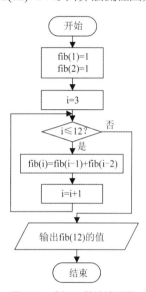

图 5.12　例 5-8 算法流程图

3. 递归策略

递归策略的基本思想是某个函数或子过程直接或间接调用自身。这样就把一个大的复杂问题转化为一个或多个与原问题性质相同但是规模更小的子问题来求解。递归策略只需要少量的代码就可以描述出解题过程所需要的多次重复计算, 大大减少了算法的代码量。

能够用递归策略解决的问题, 通常应该满足以下 3 个条件。

(1) 需要解决的问题可以转化为一个或多个子问题来求解, 而这些子问题的求解方法与原问题的完全相同, 只是数量和规模不同。

(2) 递归调用的次数必须是有限的。

(3) 必须有结束递归的条件。

微课视频

【例 5-9】 用递归策略求正整数 n 的阶乘 $f(n)$。其中

$$f(n) = \begin{cases} 1 & (n = 1) \\ n \times f(n-1) & (n > 1) \end{cases}$$

算法分析: 当 $n=1$ 时, $f(n)=1$; 当 $n>1$ 时, $f(n)=n \times f(n-1)$。而 $f(n-1)$ 同样满足上述函数的定义, $f(n-1)=(n-1) \times f(n-2)$, 只是其参数值小了 1, 继续递推, 需要参数更小的函数 $f(n-2)$ 的值……依次往下递推, 函数参数值逐渐减小, 直至参数值减小为 1, 递推结束。这一过程被称为递推过程。它将原始问题不断转化为规模更小且处理方式相同的新问题, 如图 5.13 的①~⑤所示。

得到 $f(1)=1$ 后, 将其值带回上一个函数 $f(2)$ 中, 得 $f(2)=2$, 再将 $f(2)$ 带回 $f(3)$……依次将得到的

值带回，直至将 $f(n-1)$ 的值带回 $f(n)=n \times f(n-1)$，得出 $f(n)=n!$，即可完成求解。这一过程被称为回归过程，它从已知条件出发，沿着递推的逆过程，逐一求值带回，直至回归到初始处。如图 5.13 的⑥～⑩所示。

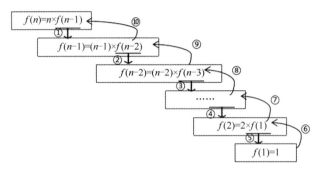

图 5.13　例 5-9 求解过程示意图

递归是一个奇妙的思维方式，对解决大类问题十分有效，如对斐波那契数列、汉诺塔问题、杨辉三角的存取等经典问题的求解。但由于递归会有一系列的重复计算——既要有去（递推），又要有回（回归），所以递归算法的执行效率相对较低。当某个递归算法能较方便地转换成递推算法时，通常按递推算法编写程序。例如例 5-9 计算 n 的阶乘 $f(n)$ 的值时采用递推算法，可从已知的 $f(1)=1$ 开始，利用递推公式 $f(n)=n \times f(n-1)$，即可依次求出 $f(2)$、$f(3)$、……、$f(n)$ 的值，其算法流程会更为简单、直接。

4. 分治策略

分治的思想古已有之，秦灭六国统一天下正是采用各个击破、分而治之的原则。在计算机科学中，分治策略的基本思想是：一个规模为 n 的问题，可分解为 k 个规模较小的更容易求解的子问题，这些子问题互相独立且与原问题性质相同，求解出各子问题的解后，将各子问题的解合并即可得到原问题的解，如图 5.14 所示。

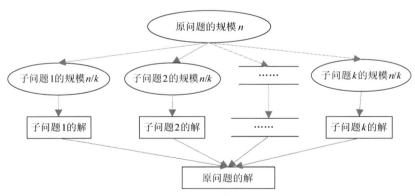

图 5.14　分治策略（典型情况）

能否用分治策略解决问题的关键是：原问题分解出的子问题的解是否可以合并为原问题的解，若不具备该特征，则无法使用分治策略求解；原问题分解出的各个子问题是相互独立的，即子问题之间不包含公共的子问题，此特征涉及分治策略的效率问题。如果各个子问题是不独立的，则分治策略要做许多不必要的工作，重复地解公共的子问题，此时虽然可用分治策略，但一般用动态规划策略较好。

分治策略与递归策略像一对孪生兄弟，经常同时应用在算法设计之中，并由此产生许多高效算法。例如我们熟知的汉诺塔问题、折半查找算法、快速排序算法等都是分治策略的典型运用案例。

5. 动态规划策略

动态规划策略通常用于求解具有某种最优性质的问题。其基本思想是将待求解的问题分解成若干个相互关联的子问题（阶段），按顺序求子问题的解，一般前一个子问题的解可为后一个子问题的求解提供有用信息。在求解任意子问题时，列出各种可能的局部解，通过决策保留有可能达到最优的局部解，丢弃其他局部解。依次解决各个子问题，最后一个子问题的解就是初始问题的解。

例如，对于斐波那契数列，可以用一维数组 A[n]记录子问题的解。根据该数列的初始值令 A[0]=A[1]=1，然后根据 A(i)=A(i-1)+A(i-2)依次计算 A[3],…,A[n]的值。计算 A[i]时，只需查询 A[i-1]和 A[i-2]的值并将它们求和即可。显然，上述计算过程的复杂度大大降低。

动态规划策略与分治策略不同的是，它适用于有重叠子问题和最优子结构的问题。它将子问题的解存储在一个数据结构中，在需要重复求解子问题时通过查询数据结构直接获得该子问题的解，从而避免重复计算，优化计算过程。例如最短路径、库存管理、作业调度、资源分配等问题，使用动态规划策略比其他策略求解更为方便。一个典型的案例是零售业中的库存管理，商家需要在有限的仓库空间内选择存放哪些商品以及存放的数量，以最大化销售额和利润。通过动态规划该问题，可以帮助商家做出最优的库存管理决策，使得在有限的仓库空间内存放有价值的商品。

5.3.2　常见问题算法举例

现在计算机能解决的实际问题种类繁多，解决问题的算法更是不胜枚举。但还是有一些基本方法和策略是可以遵循的。例如，递推策略、递归策略常用于计算性问题；枚举策略、分治策略、贪心策略、动态规划策略等常用于最优化问题等。算法设计中的每一种策略作为问题求解的方法，可应用于多个领域，具有明显的计算思维特征。

1. 数位拆分问题

【例 5-10】 输出所有的"水仙花数"。"水仙花数"是指一个三位数，其各位数字的立方和等于该数本身，如 153 是"水仙花数"，因为 $153=1^3+5^3+3^3$。

算法分析：根据"水仙花数"的定义，判断一个数是否为"水仙花数"，最重要的是拆分出该三位数的百位数、十位数、个位数，若这三位数等于其分解出的 3 个数的立方和， 则可确定该三位数为"水仙花数"；反之，则不是。

若设程序中的变量 n 为一个三位数，则其取值范围为 $100 \leqslant n \leqslant 999$，要对此范围内的所有数据进行判断，可采用枚举策略，将 n 的取值依次遍历、判断即可。其中每一个三位数的百位数、十位数、个位数分别按下列对应的数学方法拆分。

百位数（hun）：hun=n//100，即整数 n 整除 100 可得。

十位数（ten）：ten=n//10%10，即整数 n 先整除 10，再用结果对 10 求余可得。

个位数（ind）：ind=n%10，即整数 n 对 10 求余可得。

最后，计算这 3 个数的立方和，并判断其结果是否与变量 n 相等。若相等，则 n 为水仙花数，将 n 的值输出；否则不输出，继续判断下一个数。其算法流程图如图 5.15 所示。

2. 求一组整数的最值问题

求一组整数中的最大值或最小值是程序设计中经常遇到的问题。下面以求一列随机整数中最大的数，即该数列中的最大值为例，介绍求最值的基本算法。

【例 5-11】 假设由 10 个随机整数组成数列 A(10)，求这个数列的最大值。

算法分析：求数列最大值有多种算法，这里介绍利用打擂台算法求解和利用分治策略求解两种算法。

打擂台算法：打擂台的时候，一个一个上，赢的留下，输的下去，最后留在擂台上的为擂主。这一思想应用到求数列最大值问题中，可将每一个数列元素看作一位挑战者，最大值为擂主。具体算法可描述为：将首个到场的确定为擂主，即程序中最大值 max 的初值为 A(1)，max=A(1)；依次让挑战者上台与擂主比较，即比较 A(i)（i≥2）与 max 的大小；挑战者胜，则挑战者成为新的擂主，否则擂主卫冕，即若 A(i)≥max，则 max=A(i)，否则 max 的值不变；直到最后一个挑战者挑战结束；擂主 max 的值即所求最大值。打擂台算法流程如图 5.16 所示。

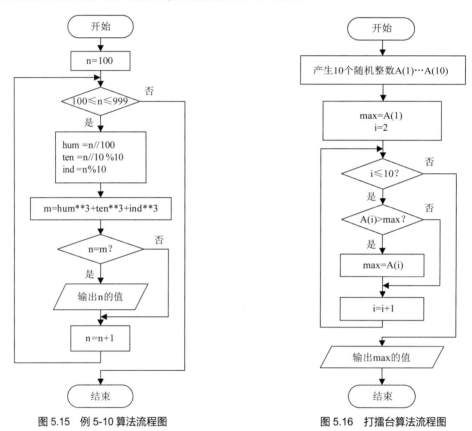

图 5.15　例 5-10 算法流程图　　　　　图 5.16　打擂台算法流程图

分治策略：首先把数列分成两部分，再把这两部分中的每一部分分成更小的两部分，一直递归分解，直到每一部分的元素个数小于等于两个为止，然后比较这两个数，找出大值，再依次回归比较直到回归至最外层，就可以找出其中的最大值了。

若设 A(10)={4,8,1,5,9,2,7,6,3,0}，则用分治策略求解最大值的过程如图 5.17 所示。

3. 排序问题

排序是数据处理中最常见的问题之一，它要求将一组数据按递增或递减的次序排列，例如对一个班的学生的考试成绩排序、公司内多个销售部门月销售额排序等。

排序算法有很多种，常用的有冒泡排序法、选择排序法、插入排序法、合并排序法、希尔排序法等。不同算法的执行效率不同，因此在处理数据量很大的排序问题时选择适当的算法就显得很重要。下面以例 5-12 为处理对象，介绍冒泡排序法、选择排序法和插入排序法的算法思想和操作特点。

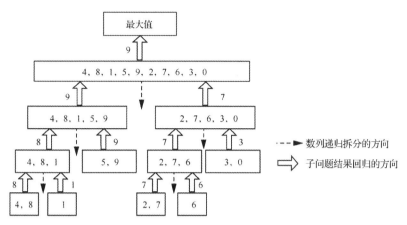

图 5.17 例 5-12 分治策略求解过程图

【例 5-12】 将数列 A 中的元素{8,6,9,3,2,7}按升序排列。

（1）冒泡排序法

冒泡排序法的基本思路是：从第一个元素开始，对数列中两两相邻的元素进行比较，如不符合顺序要求，就立即交换元素的值，直到交换该数列的最后一个元素。按此方法，数列中的元素经过一轮比较移位后，数列中一些较小的数就如同气泡一样上浮（前移）一个位置，一些较大的数会下沉（后移）一个位置，而最大的数会沉底，成为数列中的最后一个元素。这时称第一轮冒泡排序结束。第二轮冒泡排序只对前 $n-1$ 个元素进行比较移位即可。依此类推，n 个数，经过 $n-1$ 轮比较移位后完成排序。冒泡排序法重复地走访要排序的数列，一次次比较交换，完成排序。

微课视频

根据冒泡排序法的思路，例 5-12 中数据的第一轮冒泡排序过程如图 5.18（a）所示，每一轮冒泡排序的结果如图 5.18（b）所示。用 N-S 图描述冒泡排序法如图 5.19 所示。

原 始 数 据：8 6 9 3 2 7
第一次比较结果：6 8 9 3 2 7
第二次比较结果：6 8 9 3 2 7
第三次比较结果：6 8 3 9 2 7
第四次比较结果：6 8 3 2 9 7
第五次比较结果：6 8 3 2 7 9

（a）第一轮冒泡排序过程

原 始 数 据：8 6 9 3 2 7
第一轮冒泡后：6 8 3 2 7 9
第二轮冒泡后：6 3 2 7 8 9
第三轮冒泡后：3 2 6 7 8 9
第四轮冒泡后：2 3 6 7 8 9
第五轮冒泡后：2 3 6 7 8 9

（b）5 轮冒泡排序后的排序情况

图 5.18 例 5-12 冒泡排序过程

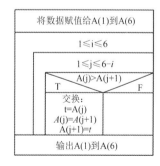

图 5.19 例 5-12 冒泡排序法的 N-S 图

（2）选择排序法

选择排序法（升序）的基本思路是：首先在未排序元素中找到最小元素，将其值与第一个元素的值交换，即最小值存放到数列的起始位置，再从剩余未排序元素中继续寻找最小元素，然后将其值与已排序序列的末尾元素的值交换，重复该操作，直到所有元素均排序完毕。可见选择排序法是通过选择和交换来实现排序的。

微课视频

用选择排序法求解例 5-12 的 N-S 图如图 5.20 所示，具体每一趟的排序结果如图 5.21 所示。

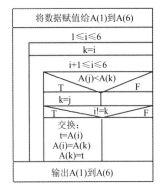

图 5.20　例 5-12 选择排序法的 N-S 图

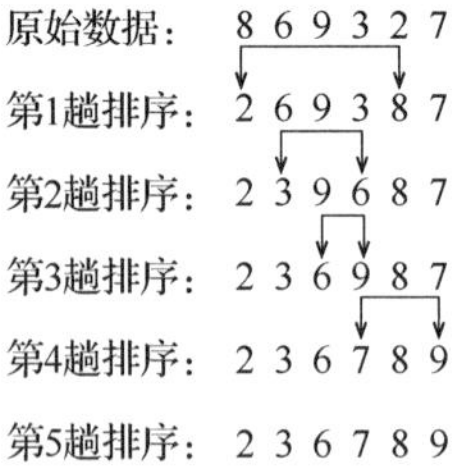

原始数据：　8 6 9 3 2 7

第1趟排序：　2 6 9 3 8 7

第2趟排序：　2 3 9 6 8 7

第3趟排序：　2 3 6 9 8 7

第4趟排序：　2 3 6 7 8 9

第5趟排序：　2 3 6 7 8 9

图 5.21　例 5-12 选择排序过程

（3）插入排序法

插入排序法的基本思想是：本程序中，把待排序的数列中的 n 个元素分为两部分，其中 $\{A(1),A(2),\cdots,A(i)\}$ 为已排序的有序数列，$\{A(i+1),A(i+2),\cdots,A(n)\}$ 为未排序的无序数列（初始时，令 i=1）。把无序数列中的第 1 个元素 $A(i+1)$ 的值依次与 $A(1),A(2),\cdots,A(i)$ 的值比较，并插入有序数列的适当位置，使得 $\{A(1),A(2),\cdots,A(i+1)\}$ 变为一个新的有序数列，直到未排序的数列中的元素全部插入有序数列中，即完成排序。

例 5-12 的数据依照插入排序法进行排序的全过程如图 5.22 所示。

这 3 种排序算法都易于理解和编写程序，但是它们的时间复杂度较高，所以比较适用于处理小规模数据的排序。而对于大规模数据的排序，可以采用快速排序、归并排序等算法。

原始数据：　8　6　9　3　2　7

第一步：　[6　8]　9　3　2　7

第二步：　[6　8　9]　3　2　7

第三步：　[3　6　8　9]　2　7

第四步：　[2　3　6　8　9]　7

第五步：　[2　3　6　7　8　9]

图 5.22　例 5-12 插入排序过程

4．查找问题

查找是数据处理中经常使用的重要算法。查找过程就是在给定的一列数据中寻找指定的数据及该数据在数列中的位置。常见的查找算法有顺序查找法和二分查找法。

（1）顺序查找法

顺序查找法是要求最低的查找算法，指的是从数列的第一个数据开始，将要查找的数据与数列中的每个数据依次进行比较，如果二者相等，则查找成功，结束查找并记录位置；否则，查找失败。

顺序查找法采用枚举策略，对于待查数据的结构没有任何要求，特点是算法简单，但查找效率低。因此，当待查数列中的数据个数较少且排列无大小顺序时，采用顺序查找法较好；但当数据量非常大时，用顺序查找法就不太合适了。通常对于大量的无序数据，一般是先对数据排序，再用二分查找法进行查找。

（2）二分查找法

二分查找法又称折半查找法，是一种查找效率较高的查找算法。但该算法要求待查数列必须是有序的，即数据是由小到大或由大到小排列的。二分查找法充分利用了数据间的次序关系，采用分治策略，可以对折式地缩小查找范围，从而用最短的时间完成查找任务。其基本思路如下。

假设数列中数据是按升序排列的。首先，将查找的数据与待查数列中处于中间位置的数据（中点数据）进行比较，如果两者相等，则查找成功；否则利用中间数据将数列分成前、后两个子数列，若待查数据小于中点数据，则进一步查找前一子数列，否则进一步查找后一子数列。其次，在子数列中重复以上过程，直到找到满足条件的数据，此时查找成功，或直到再分解的子数列不存在为止，此时查找不成功。

二分查找法的优点是比较次数少，查找速度快，平均性能好；缺点是要求待查数列必须为有序数列，且插入、删除困难。因此，二分查找法适用于不经常变动且查找频繁的有序数列。

【例 5-13】　在给定的数列 $A(10)=\{18,28,8,22,32,57,12,5,91,83\}$ 中，查找 83 是否存在。

算法分析：在程序中，首先，假设 Low 为查找区间下界的数列元素下标，初值为 1；High 为查找区间上界的数列元素下标，初值为 10，即 Low=1，High=10；需要查找的数为 x=83。二分查找法描述如下。

S1：对数列按从小到大排序，得 $A(10)=\{5,8,12,18,22,28,32,57,83,91\}$。

S2：求出查找区间的中间元素下标 Mid=(int)((High +Low)/2)，即 Mid=5（int 表示将结果取整数）。

S3：比较 A(Mid)与查找的数据 x 是否相等。若相等，则完成查找任务；若不相等，则继续进行如下判断。

S4：若 A(Mid)<x 成立，则表明 x 在 A(Mid+1)）到 A(High)内，则设置 Low=Mid+1，即使查找区间下界移动到新位置，使查找区间缩小一半；若 A(Mid)>x 成立，则表明 x 在 A(Low)到 A(Mid-1)内，则设置 High=Mid-1，即使查找区间上界移动到新位置，使查找区间缩小一半。本例中因为 A(5)=22，x=83，则 A(5)<x，故有 Low=6，即查找区间缩小为 6~10，数列的前半部分不再考虑。

S5：重复执行 S2、S3、S4，直至查找到或找不到（Low>High）。

本例可描述为：继续求解新区间的中间元素下标 Mid=8，因为 A(8)=57，则 A(8)<x，故有 Low=9，即将查找区间继续缩小为 9~10；再次求解新区间的中间元素下标 Mid=9，而 A(9)=83，即 A(9)=x 成立，查找任务完成，结束查找。

习题 5

5.1　简述算法的定义和特征。

5.2　算法有哪 3 种基本结构？它们各自的特点是什么？

5.3　请用自然语言描述求任意 3 个正整数 a、b、c 中的最大值的算法。

5.4　猜数字游戏：游戏机随机产生一个 100 以内的正整数，用户输入一个数对其进行猜测，如果两个数相等，则输出"猜对了！"否则输出"猜错了！"请用流程图描述算法。

5.5　用流程图描述：输入一个实数，用分段函数 $y=\begin{cases}x^2+1(x\geq 0)\\x^2-1(x<0)\end{cases}$ 求解函数值的算法。

5.6　用流程图描述求 2+4+6+…+100 的值的算法。

5.7　编写用递归法求斐波那契数列前 10 项的算法。

5.8　请给出计算下式的值的流程图：

$$1+\frac{1}{4}+\frac{1}{7}+\frac{1}{10}+\frac{1}{13}+\cdots+\frac{1}{100}$$

5.9　顺序查找法和二分查找法有什么不同？

5.10　常见的排序算法有哪些？简述它们各自的基本思路。

第6章 Python程序设计

众所周知，计算机通过硬件系统和软件系统的协同工作来处理各种问题。用户利用计算机解决问题的本质是计算机加载并运行相关程序。程序设计是给出解决特定问题程序的过程，如何进行程序设计是计算机求解问题的重要步骤，也是抽象思维转换为计算思维的过程。

Python 简洁、易学、易用、开源免费、应用广泛、生态丰富，因而在软件产业中已经成为广泛使用的程序设计语言。特别是随着大数据、人工智能的兴起，Python 成为开发相关软件的首选。对于初学者，Python 是学习计算机程序开发的理想工具。

本章通过阐述 Python 的基础知识，包括 Python 编程基础、流程控制、函数、海龟绘图，以及讲解使用 Python 进行简单编程的实例，来介绍如何使用 Python 进行程序设计，进而实现计算机问题的求解。

6.1 程序及程序设计语言

6.1.1 计算机程序及程序设计

1. 一个简单的 Python 程序示例

【例 6-1】 输入圆的半径，计算并显示圆的周长。

用 Python 编写计算圆的周长的计算机程序，其代码如下。

```
r=int(input("输入半径值: "))        # 输入半径值，并赋值给变量 r
cirzc = 2 * 3.14 * r                # 计算圆的周长，并赋值给变量 cirzc
print("圆的周长为: ", cirzc)        # 输出圆的周长
```

2. 计算机程序

通常情况下，我们把指示计算机进行某一操作的命令称为指令，把使用计算机语言编写的用于解决某个问题或完成特定任务的若干条指令的有序集合称为计算机程序。在程序中，指令是用计算机语言描述的。在程序运行时，计算机将严格按照程序中的各条指令所指定的动作进行操作，从而逐步完成预定的任务。

3. 程序设计

程序设计是指根据提出的待求解问题，使用某种计算机语言编写程序，来驱动计算机正确完成任务的过程。也就是说，用计算机能理解的语言告诉计算机如何工作。因此，学习程序设计，需要掌握程序设计的基本过程及计算机语言的相关知识。

程序设计的基本过程是用计算机求解问题的过程，包括问题分析和建模、算法设计、程序编码、调试运行和文档编制 5 个步骤。第 5 章介绍了算法设计，本章主要从程序编码开始介绍，本章的例题主要体现从算法设计到程序编码的过程。

程序编码就是用计算机能够识别的语言编写程序的过程。首先应当选择程序设计语言，用该语言来描述已设计好的解决问题的算法及数据结构。不同语言提供的语句功能与性能有较大差距，因而写出的程序会有一定的差别。

6.1.2 程序设计语言

程序设计语言是指编写程序时使用的"语言"，即计算机语言。程序设计语言是能够完整、准确和规则地表达人们的意图，并用以指挥或控制计算机工作的"符号系统"，它是人类与计算机交流的工具。在程序设计过程中，首先要选择程序设计语言，程序设计语言的种类有很多，通常应根据软件系统的应用特点及程序设计语言的内在特性等因素来进行选择。

1. 程序设计语言的分类

程序设计语言的发展是一个不断演化的过程，从发展历程来看，程序设计语言可以分为 3 类：机器语言、汇编语言、高级语言。

（1）机器语言

机器语言也称低级语言，是用二进制代码 0、1 表示的，计算机能够直接识别和执行用机器语言编写的程序。机器语言程序是直接针对计算机硬件的，因此它的执行效率比较高，能够充分发挥计算机的速度性能。

【例 6-2】 用机器语言程序实现 20+33 的运算。

```
10110000  00010100    #将 20 送入累加器 AL 中
00000100  00100001    #33 与累加器 AL 中的值相加，运算结果仍放在 AL 中
11110100              #停机，结束
```

使用机器语言编写程序难书写、难记忆、编程困难、程序的可读性差。

（2）汇编语言

汇编语言弥补了机器语言的缺陷，采用助记码和符号地址来表示机器指令，因此也称作符号语言。

【例 6-3】 用汇编语言程序实现 20+33 的运算。

```
MOV  AL, 14H
ADD  AL, 21H
HALT
```

在例 6-3 中，用助记码"MOV"表示数据传送，代替了例 6-2 中的机器指令"10110000"；用助记码"ADD"表示加法运算，代替了例 6-2 中的机器指令"00000100"；用助记码"HALT"表示停机，代替了例 6-2 中的机器指令"11110100"。这样使程序的可读性有了很大的提升。

用汇编语言编写的程序不能被计算机直接识别和执行，必须经过"翻译"，将符号指令转换成机器指令。

（3）高级语言

高级语言是一种接近自然语言的程序设计语言，它按照人们的语言习惯，人们可以使用日常用语、数学公式和符号等表达方式，按照一定的语法规则来编写程序。

【例 6-4 】 用 Python 程序实现 20+33 的运算。

```
a=20+33
print(a)        #显示计算结果
```

用高级语言编写的程序通常可以在不同的计算机系统上运行，也就是说，高级语言的通用性强、兼容性好、便于移植程序。高级语言有力地推动了计算机软件产业的发展，进一步扩展了计算机的应用范围。常见的高级语言主要有 C 语言、C++、C#、Java、Python 等。

使用高级语言编写的程序称为源程序，其不能被计算机直接识别和执行，必须使用相应的语言处理程序把源程序翻译成机器指令。

2. 语言处理程序

不是用机器语言编写的程序，计算机是无法直接执行的。因此，用汇编语言、高级语言编写的程序都需要翻译。

高级语言程序的翻译有两种方式，即编译方式和解释方式。使用 Fortran、COBOL、Pascal、C 语言、C++等高级语言编写的程序执行编译方式；Basic 则以执行解释方式为主，Java、Python 也是典型的执行解释方式的高级语言。

每种高级语言都需要配有特定的语言处理程序。无论何种计算机，只要配备相应的高级语言的编译程序或解释程序，就可以执行用高级语言编写的程序。对于软件开发人员来说，选择哪种高级语言编程，编程所使用的计算机就需要安装与该语言配套的语言处理程序，高级语言的源程序才能被编译（解释）为机器语言程序。语言处理程序如图 6.1 所示。

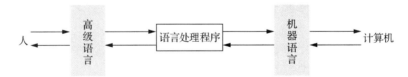

图 6.1　语言处理程序

现代的高级语言一般都提供一个集成开发环境，以方便程序设计者使用。集成开发环境是指将程序的编辑、编译（或解释）、运行、调试集成在同一环境下，使程序设计者既能高效地编写程序，又能方便地调试、执行程序，甚至逐条调试、执行。

6.1.3　Python 简介

Python 是由荷兰科学家吉多·范罗苏姆设计的。从 20 世纪 90 年代初诞生至今，Python 已经成为最受欢迎的程序设计语言之一。一些知名大学采用 Python 来讲授程序设计课程。例如，美国卡耐基梅隆大学的编程基础课程、美国麻省理工学院的计算机科学及编程导论课程，均使用 Python 讲授。

微课视频

1. Python 的优势

Python 是一种面向对象的、解释型的、交互式的高级语言，其设计哲学是优雅、明确、简单。Python 功能强大，使用简单，专注于解决问题。Python 的优势主要体现在：简单、易学、易读，免费、开源，可移植性好。

简单、易学、易读：Python 是一种代表简单主义思想的语言，它使用户能够专注于解决问题，相比其他程序设计语言（如 Java），Python 代码非常简单。比如要完成某个功能，用 Java 需要 100 行代码，但用 Python 可能只需要 20 行代码，这使 Python 具有巨大的吸引力。而且，Python 很容易上手。

免费、开源：Python 是 FLOSS（自由/开放源代码软件）之一。使用者可以自由地发布这个软件，阅读它的源代码，对它做改动，把它的一部分用于新的自由软件中。FLOSS 是基于一个团体分享知识的概念。

可移植性好：Python 作为一门解释型的语言，具有跨平台的特征，只要操作系统提供了相应的 Python 解释器，Python 就可以在该操作系统上运行。Python 已经被移植在许多操作系统上，如 Windows、Linux、UNIX、VxWorks、macOS 等。

2. Python 的应用

Python 提供的函数分为内置函数、标准库函数和第三方库函数 3 类，如图 6.2 所示。内置函数、标准库函数是 Python 自带的函数，而第三方库函数需要下载并安装后才能使用。例如，6.3.1 小节介绍的 input()、print()、range()函数都属于内置函数，可以在程序中直接使用；6.3.3 小节介绍的 turtle 库函数属于标准库函数；第 7 章大数据 Python 实例中用到与大数据处理相关的第三方库函数，需要下载并安装后才可使用。

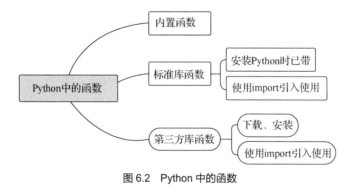

图 6.2　Python 中的函数

Python 拥有强大的标准库函数、丰富的第三方库函数，这些深植于信息技术领域的大量可重用资源，构成 Python 的"计算生态"，使得 Python 广泛应用于人工智能、云计算、大数据、数据分析、科学运算、网站开发、爬虫、自动化运维、自动化测试、游戏开发等领域。Python 在各领域的应用及相关的库函数如图 6.3 所示。

微课视频

Python 计算生态可以理解为一种功能的半成品，它完成了很多的基础功能，只需要用户进行扩展开发或配置，就可以实现用户系统的特定功能。

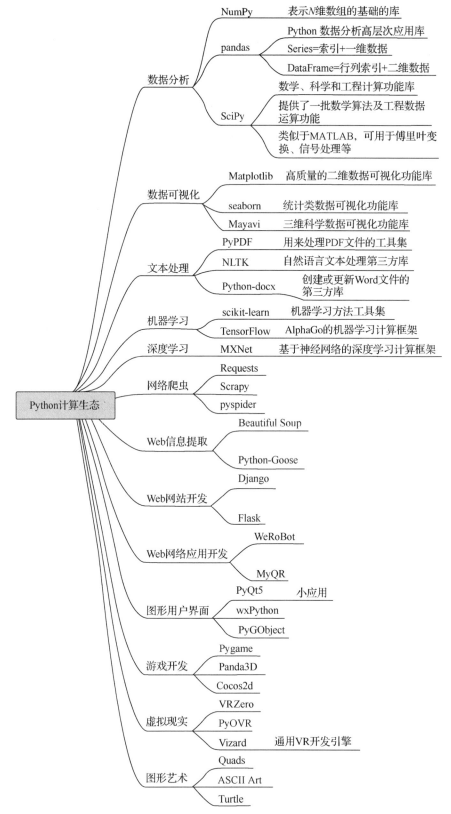

图 6.3　Python 在各领域的应用及相关的库函数

6.2　Python 编程基础

我们观察例 6-1 中的 Python 示例代码。

```
r=int(input('输入半径值：'))        # 输入半径值，赋值给变量 r
cirzc = 2 * 3.14 * r                # 计算圆的周长，赋值给变量 cirzc
print("圆的周长为：", cirzc)        # 输出圆的周长
```

第 1 行 r=int(input('输入半径值：'))是一条赋值语句，即把用户输入的数据保存在 r 中，该语句涉及两个函数 int()、input()和一个变量 r。

第 2 行 cirzc = 2 * 3.14 * r 也是一条赋值语句，该语句涉及一个表达式 2 * 3.14 * r ，表达式中包含两个常量 2、3.14 及乘法运算符 "*"；该语句还涉及两个变量 r、cirzc。

第 3 行 print("圆的周长为：", cirzc)是一个输出函数 print()，即输出圆的周长。

各行后面带 "#" 的文字都属于注释。

我们观察到，这个简单的 Python 示例代码涉及常量、变量、运算符、表达式、赋值语句、函数、注释及数据类型等基本概念。虽然各种高级语言在功能、风格、书写规范、语法规则及应用领域各不相同，但是它们在语言的构成要素方面大致相同，即这些语言都包含常量、变量、数据类型、赋值语句、运算符、表达式、函数、注释等基本要素。下面介绍 Python 的基本要素。

6.2.1　Python 书写规范

各种高级语言的书写规范各不相同，Python 的基本书写规范如下。

（1）Python 中严格区分大小写。

（2）Python 中的每一行就是一条语句，每条语句以换行结束。

（3）一条语句可以分多行编写，多行编写时语句后以 "\" 结尾。

（4）Python 是缩进严格的语言，依靠代码块的缩进来体现代码之间的逻辑关系，所以在 Python 程序中应谨慎缩进。

在 Python 程序中，函数定义、选择结构、循环结构行尾的冒号表示缩进开始。缩进结束表示一个代码块结束。同一个级别的代码块的缩进量必须相同。一般而言，以 4 个空格为基本缩进单位。

微课视频

（5）在 Python 中 "#" 表示注释，"#" 后的内容都属于注释，注释的内容将会被解释器忽略，注释只是用来帮助用户理解程序的。

6.2.2　变量、常量

1．变量

【例 6-5】在程序中，给变量赋值，并输出变量的值。

打开文件编辑器，编写程序代码如下。

```
num=5            # 定义一个变量 num，并赋值为 5
print(num)       # 输出变量 num 的值
num=15           # 修改变量 num 的值为 15
print(num)       # 输出变量 num 的值
```

上述程序的运行结果如下。

```
5
15
```

在程序设计语言中，变量的概念源于数学。变量的实质是在程序运行过程中其值可变化的内存单元。为了便于识别或记忆，通常需要为变量指定一个标识符，即定义变量名。

在 Python 中，给变量赋值的同时，就定义了变量，解释器会基于变量的数据类型分配指定内存用来存放其值。

2. 常量

常量就是固定的值，指在程序执行过程中，其值保持不变的数据。常量是一块只读的内存区域，常量一旦被初始化就不能被改变。例如，计算圆周长的公式为 2 * 3.14 * r，其中的 2、3.14 属于常量。

3. 标识符和保留字

Python 中的标识符类似人的名字，用于对变量、函数、对象等数据进行命名。

Python 中标识符的命名规则：标识符由大小写字母、数字、下划线和汉字组成；首字母不能使用数字；不能与保留字相同；标识符区分大小写，如 Abc 与 abc 代表两个不同的标识符。正确的命名示例：num、num_231、n12。

保留字也叫关键字，是在程序设计语言内部定义并保留使用的标识符。Python 有 33 个保留字，如 and、if、for、while 等都属于保留字，都不能用于变量、函数、对象的命名。

6.2.3 数据类型

数据是程序操作的对象。为了有效地在计算机中保存数据、处理数据，各种程序设计语言都提供若干种数据类型，供程序设计使用。例如，一个人的名字可以用字符来存储，年龄可以用数字来存储，爱好可以用集合来存储等。Python 中有六大数据类型：数字、字符串、列表、元组、字典、集合。下面介绍数字类型、字符串类型、列表和元组。

1. 数字类型

在 Python 中，数字类型分为整数类型、浮点类型、复数类型和布尔类型。

（1）整数类型

Python 中，整数类型（int）与数学中整数的概念一致，可以是正数、负数或 0，Python 中整数的大小没有限制。例如，126、-126、0。

（2）浮点类型

Python 中，浮点类型（float）与数学中实数的概念一致。浮点类型的数据由整数部分和小数部分组成，可以用小数形式或科学记数法形式表示。浮点类型数据的取值范围和小数精度都存在限制，但在常规的计算中可忽略。例如，5.12、5.12e2。

（3）复数类型

复数类型（complex）是由实数部分和虚数部分组成的。可以用 a+bi 或 complex(a,b)表示，实部 a 和虚部 b 都是浮点类型。例如，2+4i、complex(2,4)。

（4）布尔类型

布尔类型（bool）是一种表示逻辑值的类型，分别用于表示逻辑上的"真"和"假"，其值分别对应数字 1 和 0。

2. 字符串类型

在 Python 中，字符串表示一段文本信息，是程序中使用较多的数据类型。字符串需要使用引号引起来。引号可以是单引号、双引号、三单引号、三双引号，不同的引号之间可以互相嵌套。例如，x = 'Hello.'或 x = "Python."。

3. 列表、元组

（1）列表

Python 中的列表（List）是一种内置的可变序列，它由一系列按特定顺序排列的元素组成。列表中的元素可以是任意的数据类型，包括整数类型、浮点类型、字符串类型，也可以在列表里面嵌套列表。

列表用一对方括号表示，元素之间使用英文的逗号分隔。列表是可变的，可以在原列表上直接进行添加、删除或修改元素的操作。

① 列表的创建

在 Python 中，可以使用 list()函数构造一个空列表，也可以使用方括号[]直接创建列表，直接在方括号中添加元素，元素之间用逗号分隔。

格式 1：列表名=list()，例如 my_list = list()。

格式 2：列表名=[元素 1,元素 2,…,元素 *n*]，例如 my_list= [1, 2, 3, 4, 5]。

② 列表的删除

可以使用 del 关键字删除整个列表，其格式如下。

del　列表名

③ 列表元素的访问

Python 列表元素的访问主要通过索引实现，其格式如下。

列表名[索引]

索引表示列表中元素的位置，正索引从 0 开始，表示列表的第一个元素。可以通过正索引从前往后访问元素，也可以通过负索引从后往前访问元素。例如，有一个列表 fruits = ["apple", "banana", "cherry"]，可以通过 fruits[0]访问列表的第一个元素"apple"，通过 fruits[1]访问第 2 个元素，依此类推；也可以通过负索引进行访问，-1 表示列表的最后一个元素，例如通过 fruits[-1]访问"cherry"，通过 fruits[-2]访问 "banana"，依此类推。

此外，Python 支持通过列表切片操作访问列表中的一部分元素。切片操作符使用冒号，例如fruits[1:3]会返回从索引 1 到索引 2 的元素，即["banana","cherry"]。

注意：访问的索引超出列表范围时，Python 会报错。因此，访问列表元素时，需要确保索引在有效范围内。

④ 列表的基本操作

Python 提供了多种针对列表操作的方法，如 append()用于添加元素，remove()用于删除元素。列表常用的操作如表 6.1 所示。

表 6.1　列表常用的操作

方法	说明
append(x)	将 x 追加至列表尾部
extend(L)	将列表 L 中的所有元素追加至列表尾部
insert(index,x)	在列表的 index 位置处插入 x

方法	说明
remove(x)	在列表中删除第一个值为 x 的元素
pop([index])	删除并返回列表中下标为 index 的元素
clear()	清空列表，删除列表中的所有元素，保留列表对象
index(x)	返回列表中第一个值为 x 的元素的索引
count(x)	返回 x 在列表中的出现次数
reversed()	对列表所有元素进行逆序排列，即首尾交换
sort(key=None.reverse=False)	对列表中的元素进行排序，key 用来指定排序规则，reverse 为 False 表示升序，为 True 表示降序

也可以通过内置函数对列表进行操作。例如 len( )、max( )、min( )、sum( )等，可以分别获取列表的长度、元素最大值、元素最小值、元素之和等。

（2）元组

Python 中，元组（tuple）是一种不可变的序列类型，用于存储一组有序的元素。元组使用圆括号()表示，元素之间用逗号分隔。

元组和列表的区别是，创建元组后，其元素的值不能被修改，不能向元组中添加、删除或修改元素。元组的不可变性使得它在某些情况下非常安全和可靠。

① 元组的创建

创建元组的格式如下。

格式 1：元组名=tuple( )

格式 2：元组名=(元素 1,元素 2,…,元素 *n*)，例如 tup = (1, 2, 3)

② 访问元组元素

例如

print(tup[0])　　# 输出元组 tup 的第一个元素 1

6.2.4　赋值语句

赋值语句用来给变量赋予新的值。

赋值语句的格式：<变量> = <表达式>。例如，cirzc = 2 * 3.14 * r。

该语句把等号右侧表达式的运算结果赋给等号左侧的变量 cirzc。

注：在赋值语句中，等号右侧的数据类型同时作用于等号左侧的变量。例如语句 x=3 是赋值语句，该语句的含义是创建整数类型变量 x，并赋值为 3。再例如语句 x='Hello world.'是赋值语句，该语句的含义是创建字符串类型变量 x，并赋值为'Hello world.'。

6.2.5　运算符与表达式

Python 提供的运算有：算术运算、关系运算、逻辑运算、位运算、成员运算及身份运算等。

1.　算术运算

两个对象之间的算术运算（加、减、乘、除等运算）是通过算术运算符进行的。数学中的算术运算符在 Python 中的体现如表 6.2 所示。

表 6.2　算术运算符

运算符	功能	实例（设变量：a=10，b=20）
+	加法运算	a+b 的值为 30
−	减法运算	a−b 的值为-10
*	乘法运算或返回一个被重复若干次的字符串	a*b 的值为 200
/	除法运算	b/a 的值为 2.0
%	取模运算，返回余数	b%a 的值为 0
**	幂运算，返回一个值的几次幂	a**b 的值为 10 的 20 次方
//	整除运算，返回商的整数部分	9//2 的值为 4； 9.0//2 的值为 4.0

2. 关系运算

关系运算是通过关系运算符进行的。用关系运算符将两个表达式连接起来的式子称为关系表达式。关系表达式的结果为 True，表示真，对应数字 1；结果为 False，表示假，对应数字 0。Python 提供了 6 种关系运算符，如表 6.3 所示。

表 6.3　关系运算符

运算符	功能	实例（设变量：a=10，b=20）
==	等于运算符，比较两个对象是否相等	a==b 返回 False
!=	不等于运算符，比较两个对象是否不相等	a!=b 返回 True
<>	不等于运算符，比较两个对象是否不相等	a<>b 返回 True
>	大于运算符，比较左侧的值是否大于右侧的值	a>b 返回 False
<	小于运算符，比较左侧的值是否小于右侧的值	a<b 返回 True
>=	大于等于运算符，比较左侧的值是否大于或等于右侧的值	a>=b 返回 False
<=	小于等于运算符，比较左侧的值是否小于或等于右侧的值	a<=b 返回 True

3. 逻辑运算

逻辑运算是通过逻辑运算符进行的，逻辑表达式主要用来做一些逻辑判断，Python 中共有 3 个逻辑运算符，即 and（逻辑与）、or（逻辑或）、not（逻辑非），如表 6.4 所示。

表 6.4　逻辑运算符

运算符	功能	实例
and	逻辑与运算	当 a 和 b 都为真时，a and b 的结果为真，否则为假
or	逻辑或运算	当 a 和 b 都为假时，a or b 的结果为假，否则为真
not	逻辑非运算	如果 a 为真，not a 的结果为假； 如果 a 为假，not a 的结果为真

在程序中，关系表达式、逻辑表达式主要用来做条件判断。

【例 6-6】针对学生是否符合勤工俭学条件编写 Python 程序。勤工俭学条件为：年龄为 18～23 岁，且总分不低于 160 分。程序功能为：输入学生年龄及两门课程成绩，如果符合勤工俭学条件，则输出"符合条件"，否则输出"不符合条件"。

分析：针对题目的条件判断需要用到逻辑表达式、关系表达式及算术表达式。这里需要注意运算符的优先级。程序代码如下。

```
age = int(input("请输入年龄："))
score1 = int(input("请输入成绩 1 ："))
score2 = int(input("请输入成绩 2 ："))
if age>=18 and age<=23 and (score1 +score2>=160):
```

```
    print("符合条件")
else:
    print("不符合条件")
```

程序运行结果如下。

请输入年龄：20

请输入成绩 1：88

请输入成绩 2：90

符合条件

4. 表达式及运算符优先级规则

程序中的表达式是由一系列操作数和运算符组合而成的，表达式的结果为一个具体的值。操作数可以是常量或变量。例如，表 6.1～表 6.3 中提供的表达式示例。

表达式中的运算遵循运算符优先级规则。Python 的运算符优先级规则为：算术运算符优先级最高，其次是位运算符、成员运算符、关系运算符、逻辑运算符等；算术运算符遵循"先乘除，后加减"的基本运算原则。

虽然 Python 运算符有一套严格的优先级规则，但建议在编写复杂表达式时，使用圆括号明确说明其中的逻辑，以提高代码可读性。

6.3 程序设计

6.3.1 流程控制

试着想象一下你在一天内做出的所有决定，即使在时间短暂的早晨，也有许多事情需要做出决定：当闹钟响起时，你会选择起床还是按下闹钟按钮继续睡觉？早餐吃什么？或者你会因为快迟到而选择不吃早餐？不同的决策决定不同的流程，决策制定会使程序更加灵活，也因此使 Python 程序更加智能。

计算机程序在解决某个具体问题时，通常包括 3 种执行情形，即顺序执行所有语句、选择执行部分语句和循环执行部分语句，这对应着程序设计中的 3 种流程控制结构：顺序结构、分支结构、循环结构。

1. 顺序结构

（1）顺序结构流程控制

顺序结构是指程序线性地自上而下逐行执行语句，一条语句执行完之后继续执行下一条语句。顺序结构流程如图 6.4 所示。

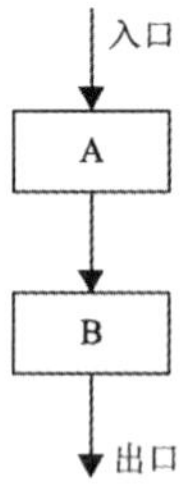

图 6.4 顺序结构流程

【例 6-7】 参照例 5-2，编程实现求任意两数之和。

本例沿用第 5 章的算法设计结果流程图，只讲解从流程图（算法设计）到程序编码，不再重复分析建模、算法设计。

根据图 5.4 所示的流程图，程序代码如下。

```
a= int(input("请输入 a: "))
b= int(input("请输入 b: "))
sum=a+b
print("sum=",sum)
```

本例中涉及新的知识点：input()、print()函数。

程序必须通过输入和输出才可实现人类和计算机的交互，Python 程序中可以使用 input()、print() 函数实现输入和输出。Python 提供了很多内置函数，在众多的内置函数中，input()、print() 函数很重要。

（2）输入函数 input()

input() 函数的格式：<变量> = input(<提示信息字符串>)。

注：提示信息字符串可以省略。

input() 函数的功能：将用户输入的信息以字符串类型保存在<变量>中。例如：

```
name=input ("请输入姓名： ")
```

执行语句 name=input("请输入姓名： ")时，界面会显示"请输入姓名:"的提示信息，并等待用户输入，当用户输入姓名信息并按 Enter 键后，系统将用户输入的姓名赋予 name 变量。

（3）输出函数 print()

在 print() 函数的括号中加入想要输出的字符串，就可以让控制台输出指定的信息。例如：

```
print ('Hello World')
```

该语句的功能：让控制台输出"Hello World"。

print() 函数可以输出多个变量或表达式的值，也可以输出多个字符串，多个输出对象用逗号隔开。

图 6.5　猜数字游戏算法流程图

2．分支结构

【例 6-8】 猜数字游戏：在程序运行过程中，用户输入一个数，如果是 99，则显示"猜对了"。其算法流程图如图 6.5 所示。

新建一个 Python 文件，在文件中输入如下代码。

```
guess = eval(input())        # 输入数字
if guess == 99:              # 判断输入的数字是否与 99 相等
    print("猜对了")          # 如果输入的数字是 99，输出"猜对了"
```

如果用户输入 99，运行程序后输出"猜对了"。

分析上述代码：只有用户输入 99 时，程序才会输出"猜对了"，print("猜对了")语句执行与否需要根据条件进行判断，只有满足条件 guess == 99，print("猜对了")语句才会被执行。这就是单分支结构，其对应 if 语句。下面分别介绍 Python 分支结构常用的两种语句：if 语句、if...else 语句。

（1）if 语句

if 语句也称单分支结构，其根据判断条件的结果，决定程序向前的路径。其语句格式、流程图及执行过程如表 6.5 所示。

表 6.5　if 语句

语句格式	流程图	执行过程
if <条件>: 　　<语句块>	条件 是/否 → 语句块	当判断条件为真时，执行语句块； 当判断条件为假时，跳过语句块继续向下执行。 注：语句块可以是一条或多条语句

【例 6-9】 用 if 语句实现输入 3 个整数，输出其中的最大值。

算法设计：一个问题可以有多个解法，该问题可使用 if 语句求解，先设 a 为最大值 max，用 b 与当前最大值 max 进行比较，若 b 大于当前最大值 max，则更新最大值 max 为 b，再用 c 与当前最大值 max 进行比较，若 c 大于当前最大值 max，则更新最大值 max 为 c。

该算法流程图如图 6.6 所示。

程序代码如下。

```
a = float(input("输入第 1 个数"))
b = float(input("输入第 2 个数"))
c = float(input("输入第 3 个数"))
max=a
if  b > max:
    max=b
if  c > max:
    max=c
print(max)
```

（2）if…else 语句

if…else 语句属于双分支结构。其根据判断条件的结果不同而选择不同的路径，但只能选择一条路径。其语句格式、流程图及执行过程如表 6.6 所示。

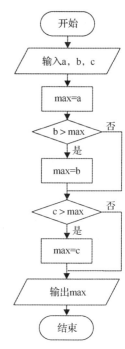

图 6.6　求 3 个数的最大值的算法流程图

表 6.6　if…else 语句

语句格式	流程图	执行过程

if <条件>:
　<语句块 1>
else:
　<语句块 2>
	是　条件　否
	语句块1　语句块2
		当判断条件为真时，执行语句块 1；
		当判断条件为假时，执行语句块 2

【例 6-10】 用户输入两个整数，程序输出其中的最大值。

该算法流程图如图 6.7 所示。

用 if…else 语句实现以上算法，程序代码如下。

```
a = float(input("输入第 1 个数"))
b = float(input("输入第 2 个数"))
if  a > b:
    max= a
else:
    max= b
print(max)
```

【例 6-11】 用 if…else 语句实现：用户输入 3 个整数，程序输出其中的最大值。

首先利用图 6.7 所示的流程图，用 max 存放 a,b 中的最大值，再用 max 与 c 比较。进行 Python 程序编码，使用了 if…else 语句及 if 语句。

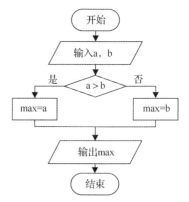

图 6.7　输出两个数的最大值的算法流程图

程序代码如下。

```
a = float(input("输入第 1 个数"))
b = float(input("输入第 2 个数"))
c = float(input("输入第 3 个数"))
if a>= b:
    max=a
else:
    max=b
if c>max:
    max=c
print(max)
```

if 语句是 if...else 语句的特殊形式，当不存在语句块 2 时，if...else 语句转化成 if 语句。

3. 循环结构

循环结构用于同一段代码的多次重复执行，其本质是在一定条件下反复执行某段程序的流程结构，其中被反复执行的程序段称为该循环结构的循环体。循环结构的语句由循环条件、循环体两部分组成。Python 提供两种循环结构：for 循环语句、while 循环语句。

微课视频

（1）for 循环语句

for 循环语句也叫遍历循环语句。for 循环语句的语句格式、流程图、执行过程如表 6.7 所示。

表 6.7　for 循环语句

语句格式	流程图	执行过程
for ＜循环变量＞in ＜遍历结构＞: 　　＜循环体＞	为循环变量赋初值 → 循环条件（否/是）→ 循环体 → 循环变量增或减	遍历结构包含多个元素。每次循环，逐一从遍历结构中提取一个元素赋予循环变量，并执行一次循环体。直到遍历结构的所有元素都提取完毕，循环结束

for 循环语句有多种应用形式，常见的应用形式如下。

```
for I in range(N) :
    ＜循环体＞
```

其中，遍历结构是由 range()函数产生的数字序列。

例如以下程序代码。

```
for i in range(5) :
    print( i )
```

程序运行结果如下。

```
0
1
2
3
4
```

该程序中涉及 range()函数。

Python 中 range()函数的用法如下。

① 作用：Python 中，range()函数可创建一个整数列表，一般用在 for 循环语句中。

② 格式：range(start, stop, step)。

③ 说明如下。

start：表示列表的起始数，若省略则默认为 0。

stop：表示列表的终止数。

step：即步长，表示数之间的增量，若省略则默认为 1。

④ 例如：range(10)产生序列[0, 1, 2, 3, 4, 5, 6, 7, 8, 9]；range(1,10,1) 或 range(1,10)产生序列[1, 2, 3, 4, 5, 6, 7, 8, 9]。

【例 6-12】参看例 5-10，用程序实现：找出 100～999 中的所有水仙花数，并将找出的水仙花数从小到大输出，每行输出 1 个数。

分析：可以采用遍历方法，依次判断 100～999 中的每个数是不是水仙花数。这就涉及代码段的重复执行，因此采用循环结构。

根据图 5.15 所示的流程图，进行程序设计，程序代码如下。

```
for n in range(100, 999):
    hum = n // 100
    ten = n // 10 % 10
    ind = n % 10
    m= hum ** 3 + ten ** 3 + ind ** 3
    if m == n:
        print(n)
```

程序运行结果如下。

```
153
370
374
407
```

（2）while 循环语句

while 循环语句也叫条件循环语句，根据条件判断是否结束循环。while 循环语句的语句格式、流程图、执行过程如表 6.8 所示。

表 6.8　while 循环语句

语句格式	流程图	执行过程
while 条件表达式: 　　<循环体>	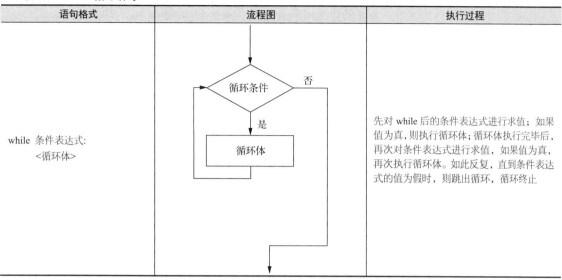	先对 while 后的条件表达式进行求值；如果值为真，则执行循环体；循环体执行完毕后，再次对条件表达式进行求值，如果值为真，再次执行循环体。如此反复，直到条件表达式的值为假时，则跳出循环，循环终止

【例 6-13】 参看例 5-5，计算 1+2+3+⋯+n 的值。

根据图 5.9 所示的流程图，进行程序设计，程序代码如下。

```
i=1
sum=0
n= int(input("请输入 n"))
while i<=n:
    sum=sum+i
    i=i+1
print(sum)
```

【例 6-14】 参照例 5-7，编程解决猴子吃桃问题。一只猴子第一天摘下若干桃子，当即吃了一半，还不过瘾，又多吃了一个，第二天早上又将剩下的桃子吃掉一半，并且又多吃了一个。以后每天早上都吃了前一天剩下的一半再多一个。到第 10 天早上再吃时，发现只剩下一个桃子了。求猴子第一天共摘了多少个桃子。

根据图 5.11 所示的流程图，进行程序设计，程序代码如下。

```
x=1
t=10
while t>=1:
    x=(x+1)*2
    t=t-1
print(x)
```

6.3.2　函数式编程

Python 中，函数的应用非常广泛，前面几节中我们已经接触过多个函数，比如 input()、print()、range()等，这些都属于 Python 的内置函数，可以直接使用。除了可以直接使用的内置函数外，Python 还支持程序员自定义函数，即将一段有特定功能、可重复使用的代码以固定的格式写成一个函数。

函数的本质是一段有特定功能、可以重复使用的代码，这段代码已经被提前编写好，并且有一个"好听"的名字。在后续编写程序的过程中，如果需要实现同样的功能，就可以直接通过函数名调用这段代码。

我们可以将实现特定功能的代码定义成一个函数，每当程序需要实现该功能时，只要通过参数的传递调用该函数即可，从而达到一次编写、多次使用的目的。

函数的使用通常分为两步：定义函数和调用函数。

1. 定义函数

函数是可以重复使用的、用于实现某种功能的代码块，在 Python 中，定义函数的语法格式如下。

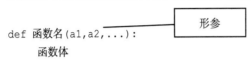

```
def 函数名(a1,a2,...):
    函数体
    return [返回值]
```

其中，定义函数时所使用的参数称为形式参数（简称形参），用于设置该函数可以接收的参数的个数，多个参数之间用逗号（,）分隔；函数体是指函数内部的代码；函数可以有返回值，并且支持返回多个值，也可以没有返回值，根据需要而定。

【例 6-15】 编写函数：计算两个数 x,y 的最大值。

把计算两个数的最大值这一功能定义为一个函数。定义函数的代码如下。

```
          函数名    形参
def  max(x, y):  #定义函数，函数的功能为求 x,y 的最大值
if x>y:
    return  x
else:
    return  y
                   返回值
```

定义函数后，函数不会被执行，只有调用该函数时才会执行。定义函数时，形参是输入，函数体是处理，返回值是输出。

2. 调用函数

调用函数是运行函数代码的过程，即在程序或其他程序中，使用已定义的函数。如果把定义的函数理解为具有某种功能的工具，调用函数就相当于使用该工具。

调用函数的格式：

```
函数名 ([实参)
```

其中，函数名指要调用的函数；调用函数时给出的参数称为实参，调用时将实参传递给对应的形参。如果定义函数时指定了形参，那么在调用函数时必须传递实参，定义函数时有多少个形参，调用函数时就需要传递多少个实参，且顺序必须和定义函数时一致。即便该函数没有实参，函数名后的括号也不能省略。

【例 6-16】 编写计算两个数 x, y 的最大值的函数并调用。

程序代码如下。

```
def  max(x, y):  #定义函数，函数的功能为求 x, y 的最大值
   if x>y:
        return  x
   else:
        return  y
```

定义函数 max，形参为 x, y

```
a = float (input("请输入 x 的值: "))
b = float (input("请输入 y 的值: "))
```

```
z = max(a, b)  ◀────────────────────────  调用函数 max，实参 a,b
print("x 与 y 的最大值为", z)
```

3. 函数的调用过程

在例 6-16 中，语句 z=max(a,b)的含义是调用函数 max，并将函数的返回值赋给变量 z。程序执行到语句 z=max(a,b)时，首先查找定义好的 max 函数，将实参 a,b 分别传递给形参 x,y，即用 a,b 分别代替 x,y；执行 max 函数的函数体后，将返回值赋给 z。max 函数的调用过程如下。

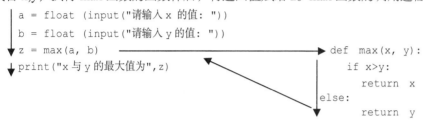

```
a = float (input("请输入 x 的值: "))
b = float (input("请输入 y 的值: "))
z = max(a, b)  ──────────────────▶  def max(x, y):
print("x 与 y 的最大值为",z)                      if x>y:
                                                  return x
                                        else:
                                                  return y
```

6.3.3　Python 标准库及扩展库

Python 的标准库和扩展库共同构成了 Python 生态系统的核心，为开发者提供了广泛的功能和工具，使得 Python 在多个领域有广泛的应用。

1. Python 标准库及扩展库概述

标准库：对于 Windows 版本的 Python，标准库是在安装 Python 时默认自带的库，提供操作系统功能、网络通信、文本处理、文件处理、数学运算等基本功能。在程序中使用 import 语句引用，方可使用标准库。

扩展库：也称为第三方库，覆盖了科学计算、Web 开发、大数据、人工智能、图形系统等几乎所有领域。扩展库需要先下载安装到 Python 的安装目录下，再在程序中使用 import 语句引用，才可使用。

（1）安装扩展库

安装 Python 的扩展库主要有以下几种方法。

使用 pip 命令安装：这是常用的方法，在命令行中使用 pip 命令来安装扩展库，例如 pip install requests。

在 PyCharm 中安装：如果使用 PyCharm 作为开发环境，可以直接在 PyCharm 中搜索并安装扩展库。

下载.exe 文件安装：部分扩展库提供.exe 文件，下载后运行即可安装扩展库。

使用 conda 安装：对于使用 Anaconda 或 Miniconda 的用户，可以使用 conda 命令来安装扩展库。

（2）引用标准库、扩展库

在 Python 中，引用库主要通过 import 语句实现。具体方法包括以下几种。

引用整个库：使用"import 库名"的方式，例如 import math，之后可以通过"math.函数名"的方式调用库中的函数或变量。

引用库并使用别名：使用"import 库名 as 别名"的方式，例如 import numpy as np，之后可以通过别名调用库中的函数或变量，如 np.函数名。

仅引用库中的特定函数、类或变量：使用"from 库名 import 函数名, 类名, 变量名"的方式，之后可以直接使用函数名、类名或变量名，无须通过库名前缀调用。例如 from math import sqrt，后续可直接使用 sqrt()，不需要使用 math.sqrt()。

引用库中的所有函数、类或变量：使用"from 库名 import *"的方式，会引入库中的所有公开函数、类或变量，但可能导致命名冲突。

2. turtle 绘图程序设计

turtle 库在 Python 中是用于绘制图形的标准函数库，使用 turtle 库画图也叫海龟绘图，它的特点是通过编程指挥一个小海龟（Turtle）在画布上绘图。小海龟可以看作一个画笔，根据一组函数指令的控制，在画布中移动，在它经过的路径上绘制出各种图案。

微课视频

（1）画布

画布就是 turtle 库用于绘图的区域，程序中可以根据需要设置画布的大小和初始位置。例如：

```
turtle.screensize(800,600, "green")  #设置画布的宽度、高度、背景颜色
```

在画布上，默认有一个以坐标原点为画布中心的坐标系，如图 6.8 所示。默认情况下，画笔为箭头形状，通过使用 turtle.shape('turtle')函数可将画笔形状更改为海龟形状。

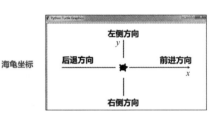

图 6.8　画布坐标体系

（2）画笔

程序中可以设置画笔的颜色、画线的宽度、画笔移动方向、画笔移动速度等，从而绘制出各种图案。如：turtle.speed(5)，设置画笔移动速度为 5，画笔移动速度为[0,10] 的整数，数字越大速度就越快。

（3）使用 turtle 库绘图的步骤

使用 turtle 库绘图，一般包括以下两个步骤。

① 引用 turtle 库，并创建画笔，代码如下。

```
import turtle as t
```

② 创建画笔后，通过函数命令操纵画笔。操纵画笔的命令有很多，常用的命令如表 6.9 所示。

表 6.9　画笔命令

命令	功能
turtle.forward(distance)	向当前画笔正方向移动 distance 像素长度
turtle.backward(distance)	向当前画笔反方向移动 distance 像素长度
turtle.right(degree)	顺时针旋转 degree 度
turtle.left(degree)	逆时针旋转 degree 度
turtle.pendown()	移动时绘制图形，省略时也为绘制图形
turtle.goto(x,y)	将画笔移动到坐标为(x,y)的位置
turtle.penup()	提起画笔移动，不绘制图形，用于另起一个地方绘制
turtle.circle()	画圆，半径为正（负），表示圆心在画笔的左边（右边）画圆
turtle.fillcolor(colorstring)	绘制图形的填充颜色
turtle. pencolor(colorstring)	绘制图形时画笔的颜色
turtle.pensize()	设置绘制的线的宽度
turtle.done()	使窗口等待被关闭，否则将立刻关闭窗口
turtle.begin_fill()	准备开始填充图形
turtle.end_fill()	填充完成

【例 6-17】　使用 turtle 库绘制一条长度为 120 的红色直线。

分析：首先使用 import 命令引用 turtle 库，并创建画笔，然后通过函数命令操纵画笔向前移动

120 像素。

程序代码如下，程序运行结果如图 6.9 所示。

```
import turtle as t          # 引用 turtle 库，并创建画笔
t.pencolor("red")           # 设置画笔颜色
t.width(4)                  # 设置笔刷宽度
t.forward(120)              # 前进 120 像素
t.done()                    # 调用 done() 函数使窗口等待关闭，否则将立刻关闭窗口
```

图 6.9　绘制一条长度为 120 的红色直线的程序运行结果

【例 6-18】　使用 turtle 库绘制正方形，边长为 120 像素。

分析：首先引用 turtle 库，并创建画笔，然后通过函数命令操纵画笔向前移动 120 像素，右转 90°；继续向前移动 120 像素，右转 90°；继续向前移动 120 像素，右转 90°；继续向前移 120 像素，右转 90°。

解法 1：程序代码如下，程序运行结果如图 6.10 所示。

```
import turtle as t          # 引用 turtle 库，并创建画笔
t.pencolor("red")           # 设置画笔颜色
t.width(4)                  # 设置笔刷宽度
t.forward(120)              # 前进 120 像素
t.right(90)                 # 右转 90°
t.forward(120)
t.right(90)
t.forward(120)
t.right(90)
t.forward(120)
t.right(90)
t.done()                    # 调用 done() 函数使窗口等待关闭，否则将立刻关闭窗口
```

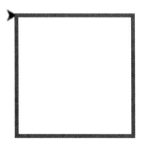

图 6.10　绘制正方形的程序运行结果

解法 2：使用循环结构绘制正方形，程序代码如下。

```
import turtle as t          # 引用 turtle 库，并创建画笔
t.pencolor("red")           # 设置画笔颜色
t.width(4)                  # 设置笔刷宽度
for i in range(4):          # 绘制正方形的 4 条边，即循环 4 次
    t.forward(120)          # 前进 120 像素
    t.right(90)             # 右转 90°
t.done()                    # 调用 done() 函数使窗口等待关闭，否则将立刻关闭窗口
```

141

【例 6-19】 绘制 36 个旋转正方形。

分析：每绘制一个正方形后，旋转 10°，共绘制 36 个正方形。

算法设计：绘制 36 个正方形，绘制正方形的代码需重复执行 36 次，算法使用循环结构实现代码段的重复执行。

程序代码如下，程序运行结果如图 6.11 所示。

```
import turtle as t          # 引用 turtle 库，并创建画笔
t.pencolor("red")           # 设置画笔颜色
t.width(4)                  # 设置笔刷宽度
for i in range(36):         # 绘制 36 个正方形，循环 36 次
    for i in range(4):      # 绘制 1 个正方形的 4 条边，即循环 4 次
        t.forward(120)      # 前进 120 像素
        t.right(90)         # 右转 90°
    t.right(10)             # 绘制完 1 个正方形后，右转 10°
t.done()                    # 调用 done() 函数使窗口等待被关闭，否则将立刻关闭窗口
```

图 6.11　绘制旋转正方形程序运行结果

3. time 库和 datetime 库

Python 提供了多种处理日期和时间的标准库，其中 time 库、datetime 库较为常用，这两个库结合使用，可以有效地解决大多数与时间相关的编程问题。

（1）time 库

time 库是一个用于处理时间相关操作的标准库。它提供了许多函数来获取、表示和操作时间，用户可根据处理问题的需要做出选择，其常用函数如表 6.10 所示。

表 6.10　time 库常用函数

函数（常量）	说明
time(0)	返回当前时间的时间戳
gmtime([secs])	将时间戳转换为 UTC 格式的 struct_time，可选参数 secs 表示从 epoch 到现在的秒数
localtime([secs])	与 gmtime() 函数相似，用于返回当地时间下的 struct_time
mktime(t)	localtime() 函数的反函数
asctime([t])	接收一个 struct_time 表示的时间，返回形式为 Mon Dec 2 08:53:46 2023 的字符串
ctime([secs])	作用相当于 asctime(localtime(secs))
strftime(format[,t])	格式化日期，接收一个 struct_time 表示的时间，并返回以可读字符串表示的当地时间
sleep(secs)	推迟执行调用线程，secs 指秒数

time 库包括 3 类函数。

时间获取：time()、gmtime()、localtime()、ctime()。

时间格式化：strftime()、strptime()、asctime()。

程序计时：sleep()、perf_counter()。

① 时间获取

time()函数：获取当前时间戳（从 UTC 的 1970 年 1 月 1 日 00:00:00 开始到当前这一时刻为止的总秒数），即计算机内部时间值，浮点数。

localtime()函数和 gmtime()函数：Python 提供了可以获取结构化时间的 localtime()函数和 gmtime()函数。localtime()函数和 gmtime()函数都可将时间戳转换为以元组表示的时间对象（struct_time 格式），其中 localtime()函数得到的是当地时间，gmtime()函数得到的是 UTC 时间。

示例代码如下。

```
import  time
timestamp=time.time()                        #获取当前时间戳
print("当前时间戳",timestamp)
local_time=time.localtime()                  #获取本地时间
print("本地时间", local_time)
utc_time=time.gmtime()                        #获取 UTC 时间
print("UTC 时间", utc_time)
```

运行结果（取决当时的时区及当地时间）如下。

当前时间戳：1715833304.1631322

本地时间：time.struct_ time(tm_ year=2024, tm_ mon=5, tm_mday=16, tm_hour=12, tm_min=21, tm_sec=44, tm_wday=3,

UTC 时间：time.struct_time(tm_year=2024, tm_mon=5, tm_mday=16, tm_hour=4, tm_min=21, tm_sec=44, tm_wday=3,

ctime()函数：用于将一个时间戳（以 s 为单位的浮点数）转换为 "Sat Jan 13 21:56:34 2023"，即 "星期 月份 当月日期 时分秒 年份" 这种形式。

示例代码如下。

```
import time
timestamp= time.time()
time_string = time.ctime(timestamp)
print(f"当前时间字符串是：{time_string}")
```

运行结果如下。

当前时间字符串是：Sun Mar 19 01:34:17 2023

② 时间的格式化

asctime() 函数：用于将时间元组转换为可读的时间字符串，时间格式为 "Mon Sep 30 07:06:05 2023"。参数是一个表示时间的元组，如由 localtime() 或者 gmtime() 函数返回的对象。

示例代码如下。

```
import time
local_time = time.localtime()
time_string = time.asctime(local_time)
print(f"当前时间字符串是：{time_string}")
```

运行结果如下。

当前时间字符串是：Sun Mar 19 01:32:05 2023

③ 程序计时

sleep() 函数：用于让程序暂停指定的时间，单位为秒。

示例代码如下。

```
import time
print("开始休眠")
time.sleep(5)            #休眠5秒
print("休眠结束")
```

运行结果如下。

开始休眠

休眠结束

（2）datetime 库

Python 中的 datetime 库是处理日期和时间的标准库，它包含多个类，用于完成对日期和时间的操作。其中，datetime 类具有较全面的功能，可以创建指定日期和时间的 datetime 对象，也可以获取当前的日期和时间。

获取当前日期和时间：使用 datetime 类的 today()方法或 now()方法。其中，today()方法返回当前的日期，不包括时间部分（时、分、秒），now()方法返回当前的日期和时间。

时间加减：datetime 库中的 timedelta 类可以用于时间的加减。通过给 timedelta 类传入要进行加减的时间参数，如天数、秒数等，就可以实现时间的加减操作。

示例代码如下。

```
from datetime import datetime
current_datetime = datetime.now().time()
print("当前时间:" current_datetime)
```

运行结果如下。

当前时间: 12:34:56.789012

4. jieba 库

中文句子是由字组成的，但构成整体含义的是词语，词语通常由两个及两个以上的字组成，词语之间一般是没有空格或标点符号的，因此对中文进行分析时，需要通过中文分词提取出词语。jieba 库是中文分词第三方库。

（1）jieba 库的分词原理

jieba 库是依据一个中文词库，将待分词的内容与词库进行比对，通过图结构和动态规划方法找到最大概率的词语。jieba 库的中文词库可以添加自定义词语。

jieba 库有 3 种分词模式：精确模式、全模式、搜索引擎模式。其中精确模式能对语句做精确的切分，不存在冗余词组，适用于文本分析；全模式会将语句中所有可能是词的组合都切分出来，存在冗余词组；搜索引擎模式是在精确模式的基础上，对长词再次切分，有冗余词组。下面简单介绍精确模式分词。

精确模式分词函数的格式如下。

格式 1：cut(sentence,cut_all=Fa1se)。

格式 2：lcut(sentence,cut_all=False)。

若 cut_all 参数取默认值 False 时，对 sentence 进行精确模式分词，分解出的词语能够完整且不多余地组成原始文本。cut()函数返回一个可迭代的数据类型，lcut()函数返回一个列表。

例如：
```
ciyu1=jieba.cut('教育部大学计算机课程教学指导委员会')
for  cy  in  ciyu1:
    print(cy,end=' ')
```
输出：教育部 大学 计算机 课程 教学 指导 委员会

例如：`print(jieba.lcut('教育部大学计算机课程教学指导委员会'))`

输出：['教育部','大学','计算机','课程','教学','指导',委员会]

（2）使用 jieba 库进行分词的步骤

① 通过 pip 命令安装 jieba 库

在命令行中输入 pip install jieba。

② 导入 jieba 库

代码中加入 import jieba 语句。

③ 进行分词

jieba 库提供了多种分词模式，选择一种分词模式的分词函数进行分词。

5. wordcloud 库

wordcloud 库是在 Python 中广泛使用的第三方库，主要用于根据文本数据生成词云。词云是通过字体大小、颜色等方式表示每个词在文本中出现的次数，形成类似云彩的图形，从而比较直观地领略文本数据的主要表达意思。

（1）wordcloud 库的实现原理

wordcloud 库主要用于完成 3 项工作：文本预处理、词频统计、将高频词以图片形式进行彩色渲染。

中、英文词云的处理区别：wordcloud 库默认按照空格或者某个标点符号为分隔符对目标文本进行分词处理，因此若是英文文本则无须分词，可直接调用 wordcloud 库函数；而对于中文文本，用 wordcloud 库是不能直接生成中文词云的，需要先用 jieba 库对文本进行分词处理，然后用空格将其拼接成字符串，再调用 wordcloud 库函数。需要注意的是，处理中文文本时需要指定中文字体，例如将微软雅黑字体（msyh.ttc）作为显示效果，否则无法显示中文。

（2）wordcloud 库词云生成步骤

① 安装 wordcloud 库：在命令行中输入 pip install wordcloud，如果对中文文本进行处理，需要同时安装 jieba 库。如遇网络问题，可使用国内镜像源进行安装。

② 导入相关库：使用 import 命令导入 wordcloud 库以及其他可能需要的库，如 jieba 库（用于中文分词）。

③ 准备文本数据：定义需要生成词云的文本文件。

④ 设置 WordCloud 参数：创建词云实例，并根据需求设置 WordCloud 对象的参数，如字体文件路径、背景颜色、最大词数等。

⑤ 生成词云：使用 WordCloud 对象的 generate()方法或 generate_from_text()方法加载文本数据，生成词云。

⑥ 导出词云：将生成的词云导出为图片文件。

（3）WordCloud 类的使用方法

wordcloud 库的核心就是 WordCloud 类，所有功能都封装 WordCloud 类中。

① 创建词云实例

其语法格式如下。

```
wc=WordCloud(font_path=None, width=400, height=200, margin =2, ranks_only = None,
             prefer_horizontal=0.9,mask=None,scale=1,color_func=None,max_words=200,
             min_font_size=4,stopwords=None,random_state=None,background_color='black',
             max_font_size=None, font_step=1,mode='RGB', relative_scaling=0.5,regexp=None,
             collocations=True,colormap =None,normalize_plurals =True)
```

其中，wc 是词云对象。WordCloud 类的参数涵盖了从字体设置、画布尺寸、词云生成方式、词云的可视化效果等多个方面。其参数说明如表 6.11 所示。

表 6.11　WordCloud 类的参数

参数	说明
font_path	指定字体路径，用于确定词云中文字的显示样式。例如，font_path='simhei.ttf'用于设置字体为黑体
width 和 height	分别设置画布的宽度和高度，默认为 400 像素和 200 像素
prefer_horizontal	词语水平方向排版出现的频率，默认为 0.9，即词语垂直方向排版默认出现的频率为 0.1
mask	如果参数为空，则使用二维遮罩绘制词云。如果参数非空，设置的宽高将被忽略，遮罩形状被 mask 取代。除全白的部分将不会绘制，其余部分会绘制词云
scale	按照比例放大画布，如设置为 1.5，则长度和宽度都是原来画布的 1.5 倍
min_font_size	词云中最小字的字体大小
font_step	字体步长，如果步长大于 1，会加快运算，但是可能导致结果出现较大的误差
max_words	要显示的词的最大个数
stopwords	设置需要屏蔽的词
background_color	词云的背景颜色，默认为黑色，若 background_color='white'，则背景颜色为白色
max_font_size	词云中最大字的字体大小
mode	模式，默认为 RGB，当为 RGBA 时，若背景颜色为 None，则会得到透明的背景
relative_scaling	相对缩放因子，默认为 0.5，用于调整词频和字体大小之间的关系
color_func	生成新颜色的函数
color_map	给每个单词随机分配颜色，若指定 color_func，则忽略该方法
regexp	使用正则表达式分隔输入的文本
collocations	是否包括二元词组，布尔类型，默认为 True
normalize_plurals	是否移除英文单词末尾的's'，布尔类型，默认为 True

② generate()方法

generate()方法的作用是根据文本生成词云。其一般语法格式如下。

```
wc.generate(text)
```

其中，wc 是词云对象，text 是字符串对象。

③ to_file()方法

to_file()方法的作用是保存词云。其一般语法格式如下。

```
wc.to_file(filename)
```

wc.to_file(filename)的功能是将词云对象 wc 生成的词云保存为名为 filename 的文件。filename 是一个字符串，表示要保存的文件名，其通常带有.png 或.jpg 等图像文件的扩展名。

示例代码如下。

```
from wordcloud import WordCloud
txt=" I like python , i am learning python."
wc=WordCloud( )
wc.generate(txt)
wc.to_file("ciyu.png")
```

运行结果如下。

习题 6

6.1　什么是计算机程序？什么是程序设计？

6.2　计算机语言分为哪几类？

6.3　程序的 3 种流程控制结构是什么？分别说明它们的作用。

6.4　Python 有哪些特点？

6.5　列举你所了解的 Python 应用。

6.6　编程实现：

输入一个实数，用分段函数 $y = \begin{cases} x^2+1 \\ 0 \\ x^2-1 \end{cases}$ 求解函数值。

6.7　编程计算：2+4+6+⋯+100 的和。

6.8　编程计算下式的值。

$$1+\frac{1}{4}+\frac{1}{7}+\frac{1}{10}+\frac{1}{13}+\cdots+\frac{1}{100}$$

6.9　自定义函数，判断一个数是否是水仙花数。

6.10　使用 turtle 库绘制图案。

07 第7章　数据库与大数据

　　人类社会随着计算机技术、通信技术、网络技术的飞速发展，已进入信息化时代。为了有效管理和使用信息化时代的海量信息，产生了数据管理技术。随着数据管理规模的不断扩大，产生了数据库技术。数据库技术是计算机科学的重要分支，也是现代计算机信息管理系统与应用系统的重要基础和核心技术。数据库技术是计算机技术中发展最快，应用最广的技术之一。近年来，随着移动互联网、物联网和 5G 等新兴技术的迅猛发展，数据规模增长迅速，数据类型多种多样，于是产生了大数据技术。大数据是运用计算机技术，在一定的条件下、合理的时间内对数据进行整合、处理、分析，再加以合理运用的技术。大数据技术推动了人工智能的发展，为人工智能开启了新的篇章，而人工智能进一步推动了大数据技术的不断进步。

7.1　数据概述

　　随着社会信息化水平的不断提高，使用计算机管理数据已经成为人们首选的数据管理方式。在系统地介绍数据库技术和大数据技术之前，先介绍数据库存储和处理的对象——数据。

7.1.1　数据

1. 数据概念

　　数据（Data）是数据库存储和处理的基本对象。早期的计算机系统主要用于科学计算领域，处理的数据基本都是数值型数据，其实数字只是数据的一种最简单形式。随着计算机的应用范围不断扩大，数据的种类也更加丰富。文本（Text）、图形（Graph）、图像（Image）、音频（Audio）、视频（Video）等都属于数据的范畴。

　　比较常见的数据定义是：数据是描述事物的符号。当然，描述事物的符号可以是数字，也可以是文本、图形、图像、音频、视频等表现形式。

　　数据的表现形式不一定能完全表达其内容，有些需要经过解释人们才能明确其具体含义。比如数字 18，当其表示某个人的年龄时，代表的含义就是18 岁；而当其表示某个楼层时，代表的含义就是 18 层。因此数据和数据的解释密不可分。

2. 数据处理

数据处理（Data Processing）指的是对各种表现形式的数据进行收集、组织、存储、加工和传播等一系列工作。数据处理的实质是从已有数据出发，经过一系列适当的加工，转换成所需的信息的过程。可用下式简单表示信息、数据与数据处理的关系。

$$信息=数据+数据处理$$

数据处理工作主要分为 3 类。

（1）数据管理

数据管理（Data Management）的主要任务是收集数据，并按照一定的组织结构来保存数据，为后期的处理快速、准确地提供所需的数据。

（2）数据加工

数据加工的主要任务是对数据进行变换、整理抽取和运算。借助数据加工可以得到更有效的数据，用以辅助人们获取知识。

（3）数据传播

数据传播的主要任务是使得信息在空间或者时间上以各种形式进行传递，以便更多的人能够获取信息。

7.1.2 数据管理

在数据处理过程中，基础的工作是数据管理，具体工作包含 3 个部分。第一，数据管理要将收集到的数据按照合理的结构进行分类、组织和编码，并且存储在物理设备上，使得数据可以持久性地保存。第二，数据管理能够根据需要进行数据的新增、修改和删除等操作。第三，数据管理要提供数据查询和基本的统计功能，以便使用者能够快速得到所需要的正确数据，进行各种后期处理。

在应用需求的推动和计算机硬件、软件不断发展的基础上，数据管理技术的发展经历了人工管理阶段、文件系统阶段、数据库系统阶段和大数据管理阶段。

1. 人工管理阶段

20 世纪 50 年代中期以前，计算机主要用于科学计算。在硬件方面，计算机的外存只有纸带、卡片、磁带等，没有磁盘等可以直接存取的存储设备；在软件方面，不仅没有操作系统，更没有专门用于管理数据的软件；数据处理方式是批处理。

由于主要应用是科学计算，涉及的数据规模较小，软硬件条件较差，数据管理中涉及的数据基本不需要，也不允许长期保存，一般是需要时输入，用完就撤走。这个阶段，由于没有专门的数据管理软件，程序员需要在应用程序中自己设计、定义和管理数据。应用程序中不仅需要规定数据的逻辑结构，还需要设计数据的存储结构、存取方法、输入方式等物理结构，这给应用程序的设计和维护带来很大负担。而一旦数据的逻辑结构或者物理结构发生变化，必须对相应的应用程序进行修改，数据完全依赖于应用程序，即数据和应用程序之间不具有独立性。此外，由于数据是面向应用程序的，即一组数据只能对应一个应用程序，即使多个应用程序涉及某些相同的数据，也只能各自设计和定义，无法互相使用，使得应用程序之间存在大量的冗余数据。在人工管理阶段，应用程序与数据之间的一一对应关系如图 7.1 所示。

2. 文件系统阶段

从 20 世纪 50 年代后期到 20 世纪 60 年代中期，计算机的应用领域不断拓宽，不仅用于科学计算，还大量用于数据管理。计算机的外存储器有了磁盘、磁鼓等直接存取设备；操作系统中有了专门的数据管理软件，即文件系统；数据处理方式不仅有批处理，还有联机实时处理。

此阶段数据管理的规模和技术比人工管理阶段都有了较大幅度的提升，数据可以长期保存在外存上，反复进行查询、修改、插入和删除等操作。操作系统中的文件系统把数据组织成相互独立的数据文件，利用"按文件名访问，按记录存取"的管理技术，提供对数据的存取、查询和修改等管理功能。由于文件系统可为应用程序和数据提供统一存取方法，即数据的逻辑结构与存储结构之间的转换方法，因此程序员可以把更多的精力集中到应用程序的算法上，而不必过多考虑物理实现的细节。但是文件系统仍然存在一些缺点，如文件仍然是面向应用程序的，即一个（或一组）文件基本对应一个应用程序。这种数据与应用程序的对应方式带来了数据共享性差、冗余度高、浪费存储空间等缺点，并且容易造成数据不一致，给数据的修改和维护带来困难。此外，文件系统中的文件仍然是为某一特定应用服务的，因此增加新的应用或者改变数据逻辑结构，必然要求应用程序对数据文件结构的定义进行新增或者修改，即数据依赖于应用程序，缺乏独立性。可见，文件系统中的数据文件之间是相互孤立的，整体没有结构性，不能反映现实世界中的事物之间的内在联系。文件系统阶段应用程序和数据文件之间的关系如图7.2所示。

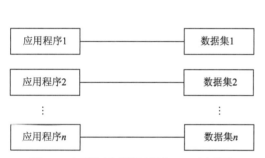

图 7.1　应用程序与数据之间的一一对应关系

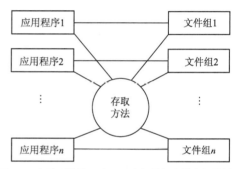

图 7.2　文件系统阶段应用程序与数据文件之间的关系

3. 数据库系统阶段

20世纪60年代以后，计算机应用范围越来越广泛，管理的数据规模越来越大，数据共享的要求越来越多。计算机硬件已有大容量的磁盘，其他设备也飞速发展，而且硬件的价格持续下降；而计算机软件的价格上升，编制、维护系统软件和应用软件的成本相对增加；数据处理方式中联机实时处理不断增多，并开始出现分布式处理的需求。

以文件系统为主的数据管理方式已经不能满足应用的需求，为了解决多用户、多应用共享数据的需求，更加高效地管理和使用数据，数据库技术应运而生，并且出现了统一管理数据的软件系统——数据库管理系统。

数据库系统中应用程序与数据的关系如图 7.3所示。用数据库系统管理数据的特点如下。

（1）数据结构化

数据结构化就是让数据之间产生联系。在数据库中，数据是按一定的方式存储的（数据模型）。

数据库系统的整体结构化是指数据库中的数据不再仅针对某一应用，而是面向整个组织或企业；不仅数据内部是结构化的，而且整体也是结构化的，数据之间是具有联系的。例如，一个学校的信息管

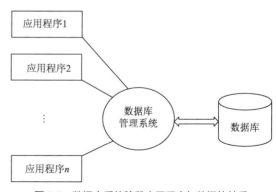

图 7.3　数据库系统阶段应用程序与数据的关系

理系统不仅要考虑教务处的课程管理、学生选课管理、成绩管理，还要考虑学生处的学生学籍管理，同时要考虑研究生院的研究生管理、人事处的教师管理、科研处的科研管理等。

如图 7.4 所示，数据库系统中的数据整体呈现结构化，数据库中不仅描述数据本身，还描述数据之间的联系。记录的结构和记录之间的联系由数据库管理系统维护，从而减轻程序员的工作量。另外，数据库系统中存取数据的方式很灵活，可以存取数据库中的某一个或一组数据项、一个或一组记录。

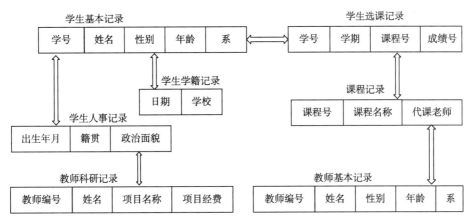

图 7.4　某学校信息管理系统部分数据记录

（2）数据的共享性高、冗余度低

在数据库系统阶段，数据被存储在数据库中。数据不再面向某个应用程序，而是面向整个系统，因此数据可以被多个用户、多个应用程序共享，数据共享性高。

数据冗余是指同一个数据在数据库中多次重复出现，也就是相同数据存储在不同数据文件中的现象。数据共享可以大大减少数据冗余，节约存储空间，还能够避免数据的不正确性。数据冗余是避免不了的，但数据库能够最大限度减少数据冗余，确保较低的冗余度。

（3）数据独立性高

数据独立性是使用数据库管理数据的显著优点，包括数据的物理独立性和逻辑独立性。

数据与程序独立的目的是把数据的定义和描述从程序中分离出来，数据的存取和使用数据的程序彼此独立，数据库管理系统负责管理数据，数据存储结构的变化尽量不影响用户使用程序，使得应用程序保持不变。

（4）数据安全性高

用户不一定有权限使用数据库中的全部数据，通过给访问数据库的用户设置访问权限来防止数据被非法使用，进一步保证数据安全。

4. 大数据管理阶段

传统的数据来源单一，且存储、管理和分析数据量相对较小，采用关系数据库即可处理。而大数据为数据来源、处理方式、数据思维等带来了革命性的变化，颠覆了传统的数据管理方式，继续采用数据库管理数据已经不合适了。

微课视频

有一个形象的类比，可将"池塘捕鱼"比作传统数据库的数据管理方式，将"大海捕鱼"比作大数据时代的数据管理方式。环境条件的变化导致了"捕鱼"方式的根本性差异，其主要表现在以下几个方面。

（1）数据规模。"池塘"和"大海"最明显的区别就是规模。"池塘"的处理对象通常以 MB 为基本单位，而"大海"常以 GB、TB 或者 PB 为基本单位。

（2）数据类型。在"池塘"中，数据种类较少，通常只有一种或几种，而且以结构化数据为主。而在"大海"中数据种类繁多，且包含各种结构化、半结构化、非结构化的数据，给数据的管理带来许多新的挑战。

（3）处理对象。在"池塘"中捕鱼，"鱼"仅是其捕捞对象。而在"大海"中捕鱼，还可以对"鱼"进行更多的管理，如通过某些"鱼"的存在来判断其他种类的"鱼"是否存在。也就是说在传统数据库中数据仅作为处理对象，而在大数据中数据可作为一种资源来辅助解决其他问题。

（4）处理工具。捕捞"池塘"中的鱼，一种渔网或少数几种基本工具就可以完成，也就是"one size fits all"。但是在"大海"中捕鱼，需要各种各样的工具以应对不同的应用环境、满足不同的需求，不可能存在一种渔网能够捕获所有的鱼类，也就是"no size fits all"。

大数据时代的数据管理模式完全不同于传统的数据管理模式，需要新的数据思维来应对。图灵奖获得者、著名数据库专家吉姆·格雷博士提出一种新的数据探索型研究方式，被他称为科学研究的第四范式。这种新的研究方式不同于基于数学模型的传统研究方式，海量的数据"丢进"巨大的计算机集群中，只要数据有相互关系，采用统计分析和数据挖掘等分析方法就可以发现传统分析方法发现不了的新模式、新知识甚至新规律。另外，大数据时代的数据管理的实质是从以计算为中心转变到以数据处理为中心，也就是我们所说的数据思维。这种研究方式需要我们从根本上转变思维，在大数据时代，数据不再仅是"捕捞"的对象，而应当转变成一种基础资源，可用数据这种资源来协同解决其他诸多领域的问题。

7.2　数据库

数据库技术是数据管理的重要手段，也是人们存储数据、管理信息、共享资源的常用技术，还是各种信息管理系统的基础和核心。掌握数据库技术，需要理解数据库、数据模型、数据库管理系统等概念。

7.2.1　数据库概述

1．数据库

数据库（Database）可简单理解为存放数据的仓库，是指长期存储在计算机内、有组织、可共享的大量数据的集合。数据库本身可被看作电子文件柜，它是基于计算机存储设备、按照一定的格式存放持久性数据的"容器"。数据库中的数据都是按照一定的格式进行组织和存储的，具有较低的冗余度、较高的数据独立性和易扩展性，可被多个不同的用户同时使用，并可通过相应的管理系统进行统一管理。

2．数据库管理系统

当数据库中的数据达到一定规模且结构复杂时，需要专门的软件系统进行科学的组织管理。数据库管理系统就是位于用户和操作系统之间的数据管理软件，它可以高效地组织、存储、管理和维护数据，为用户或应用程序提供访问数据库的方法。数据库的一切操作都是通过数据库管理系统进行的。

常用的数据库管理系统有 Access、SQL Server、Oracle 等。一般来说，数据库管理系统的主要功能包括以下几个方面。

（1）数据定义功能

数据库管理系统提供数据定义语言（Data Definition Language，DDL），可以进行数据的模式定义和物理存取描述，即用户可通过 DDL 对数据库中数据对象的组成与结构进行定义。

（2）数据组织、存储和管理

数据库管理系统要分类组织、存储和管理各种数据。从物理意义来看，数据库中的数据实际分为两类：一类是原始数据，可以看作构成物理存在的数据，它们构成用户数据库；另一类是元数据，可以看作数据库中数据的描述，它们构成系统数据库。

（3）数据操作

数据库管理系统还提供数据操作语言（Data Manipulation Language，DML）以对数据进行基本的操作，如查询、插入、删除和修改等。

（4）数据控制

由于数据库的基本优点之一是支持多用户并发访问数据库，因此数据库管理系统需要及时发现和处理由于共享引发的各种问题，并提供并发控制机制、访问控制机制、安全性保护机制、数据完整性约束机制和发生故障后的系统恢复功能等。

（5）其他功能

数据库包括一些通过管理工具实现对数据库的转储、恢复、重组织、性能监视、分析等的功能，还有与其他数据库之间的互访和互操作功能，以及数据库管理系统与其他软件系统的通信功能。

3. 数据库系统

数据库系统（Database System，DBS）是存储、管理、处理和维护数据的计算机系统，包含计算机硬件、数据库、数据库管理系统、应用开发工具及应用系统、所有用户数据。数据库系统如图 7.5 所示，其中计算机硬件是保证整个系统正常运行的基本物理设备，数据库提供数据的结构化存储，数据库管理系统提供数据的组织、存取、管理和维护等基础功能，应用系统根据应用需求使用数据库。

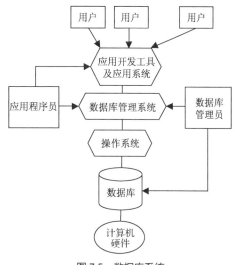

图 7.5 数据库系统

4. 数据库系统相关人员

数据库系统相关人员包含 3 类：第一类是数据库管理员（Database Administrator，DBA），负责全面管理数据库系统，如数据库的规划、设计、协调、维护等工作，保证数据库正确和高效地运行；第二类是应用程序开发人员，负责在某种环境下使用某种程序设计语言编写数据库应用程序，这些程序通过向数据库管理系统发送数据库操作语句来访问数据库，并将数据库管理系统返回的结果通过应用程序返回给用户；第三类是用户，他们可以通过应用程序使用数据库，也可以直接使用 SQL 操作数据库。

5. 云数据库

云数据库是指被优化或部署到云端的数据库，具备按需付费、按需扩展、高可用性以及存储整合等优势。云数据库的安装、部署等工作都是在云端完成的，非常便捷。

153

云数据库的特性有：实例创建快速、支持只读实例、读写分离、故障自动切换、数据备份、Binlog备份、SQL审计、访问白名单、监控与消息通知等。

7.2.2　数据模型

模型是对现实世界中客观存在的事物特征的抽象，如一张地图、一个建筑设计沙盘、一架航模飞机都是具体的模型，这些模型都模拟了现实世界中某个对象的特征。现实世界中的具体事物不可能被计算机直接处理，因此人们必须先把具体事物转换成计算机能够处理的数据，即把现实世界中具体的人、物、活动、概念用数学模型来抽象、表示和处理。所以在数据库技术中，同样是在对现实世界进行抽象后用数据模型（Data Model）来描述数据库的结构和定义。

数据模型是数据库系统的核心和基础，还是数据库中数据的存储方式。在数据库领域中，出现了3种重要的数据模型，分别是层次模型、网状模型、关系模型。

关系模型（Relational Model）是最重要的数据模型，它是目前流行的关系数据库的组织方式。1970年，IBM公司San Jose研究室的研究员埃德加·弗兰克·科德首次提出了数据库系统的关系模型，进行了数据库关系方法和关系数据理论的研究。由于他在数据库技术和理论方面的卓越贡献，于1981年获得图灵奖。自20世纪80年代以来，计算机厂商新推出的数据库管理系统几乎都支持关系模型。

每一种数据库管理系统都是基于某种数据模型的，例如Access、SQL Server和Oracle是基于关系模型的数据库管理系统。

在关系模型里，用二维表表示数据之间的关系，如图7.6所示。本节和下一节中所用例子都是基于一个学生选课的数据库系统，其中包含学生信息表和学生选课表，其涉及的数据有学生的学号、姓名、年龄、性别、所在学院，选修课程的课程号以及所选课程的成绩。

学号	课程号	成绩
20150001	00003101	92
20150001	00003102	78
20150001	00003103	85
20150001	00003105	88
20150002	00003101	75
20150002	00003102	50
20150003	00003105	48

学号	姓名	性别	年龄	所在学院
20150001	张三	男	20	计算机
20150002	王倩	女	19	外语
20150003	张飞	男	19	体育
20150004	高军军	男	18	计算机
20150005	赵雪	女	18	软件

（a）student（学生信息表）　　　　　　　　　　　　　（b）SC（学生选课表）

图7.6　关系模型

关系模型的常用概念如下。

（1）关系。一个关系对应一张二维表。如图7.6中两个表对应两个关系，分别是Student（学生信息表）和SC（学生选课表）。

（2）记录。也称为元组。在二维表中，一行内容称为一条记录。例如表Student中有5行，所以它有5条记录。

（3）属性。表中的一列为一个属性，也称字段。每个属性都要有一个属性名，如表Student有5个属性，它们的名称分别是学号、姓名、性别、年龄和所在学院。

（4）关键字。表中的一个属性或若干个属性的组合，它可以唯一确定一条记录。如表Student中的学号可以唯一确定一个学生，因为学号不会重复，但姓名会重名，因此学号是一个关键字。

（5）域。域是一个或多个属性允许的取值范围。例如，所在学院的域是学校所有学院的集合，可规定学生的年龄为 15～40 的整数。

关系模型要求关系必须规范化，即要求关系必须满足一定的规范条件，基本的一个条件就是，关系的每一个分量必须是一个不可分割的数据项，即不允许表中还有表。

7.2.3　数据库的基本操作

SQL Server 是一种关系数据库管理系统，它完整地支持结构查询语言（Structure Query Language，SQL）的功能。SQL 可靠性高、功能全面、效率高、界面友好、易学易用，在操作性和交互性方面独树一帜，是目前关系数据库的标准语言，在大中型企业或单位的数据库平台中得到广泛应用。

一个关系数据库系统可以创建多个数据库，每个数据库通常包含多个表、查询、视图、索引等数据库对象。表是数据库基本的对象，用于存放数据库中的全部数据信息。

1．建立数据库

数据库的建立可以用菜单命令，也可以用 SQL。

* 建立数据库语句的一般格式为：

```
CREATE DATABASE <数据库名> ;
```

* 删除数据库语句的一般格式为：

```
DROP DATABASE <数据库名>;
```

【例 7-1】　为学生选课管理系统建立名称为 School 的数据库。

```
CREATE DATABASE School;
```

2．建立数据表

* 建立数据表语句的一般格式为：

```
CREATE TABLE <表名> (<列名><数据类型>[列级完整性约束条件]
[,<列名><数据类型>[列级完整性约束条件]]
...
[,<表级完整性约束条件>]);
```

【例 7-2】　在 School 数据库中创建学生信息表 Student，包含学号（Sno）、姓名（Sname）、性别（Ssex）、年龄（Sage）和所在学院（Sdept）属性。

```
CREATE TABLE Student
( Sno CHAR(10) PRIMARY KEY,
Sname CHAR(20) UNIQUE,
Ssex CHAR(2),
Sage SMALLINT,
Sdept CHAR(30)
);
```

同样可以创建课程信息表 Course，包含课程号（Cno）、课程名（Cname）和学分（Ccredit）属性，其中课程号为该数据表的关键字，如图 7.7 所示。

【例 7-3】　建立学生选课表 SC，包含学号（Sno）、课程号（Cno）和成绩（Grade）属性。

	课程号	课程名	学分
☐	00003101	数据库系统	4
☐	00003102	高等数学	8
☐	00003103	大学英语	6
☐	00003104	军事理论	3
☐	00003105	高等数学	5

图 7.7　课程信息表

```
CREATE TABLE SC
(Sno CHAR(10),
Cno CHAR(8),
Grade SMALLINTCHECK (Grade BETWEEN 0 AND 100),
/*用户自定义列级完整性约束条件，Grade 取值范围为 0 至 100*/
PRIMARY KEY (Sno,Cno),
/*主码由两个属性构成，必须作为表级完整性约束条件进行定义*/
```

```
FOREIGN KEY(Sno) REFERENCES Student(Sno),
/*表级完整性约束条件，Sno 是外码，被参照表是 Student*/
FOREIGN KEY(Cno) REFERENCES Course(Cno)
/*表级完整性约束条件，Cno 是外码，被参照表是 Course*/
);
```

建立数据表的同时可以定义与该表有关的完整性约束条件，当该表建立后，这些约束条件会被存入数据字典中，当用户操作表中的数据时，数据库管理系统会自动检查该操作是否违背定义的完整性约束条件。如果完整性约束条件仅涉及单个属性，则可以定义在列级或者表级，否则必须定义在表级。

● 删除数据表语句的一般格式为：

```
DROP TABLE <表名>;
```

说明：一个数据表一旦被删除，这个表的所有数据以及在此表基础上建立的索引、视图都会被删除。因此，执行删除数据表操作时，一定要格外小心。

3. 数据更新

数据库的管理和维护主要是数据表的管理与维护。选定数据表，可以对表中的数据进行增加、修改、删除操作，对应的 SQL 中的命令分别是 INSERT、UPDATE 和 DELETE。

（1）插入数据

插入数据语句的一般格式为：

```
INSERT INTO <表名>[(列名1)[,(列名2)...]]
VALUES (常量1[,常量2...]);
```

说明：上述语句的功能是将新记录插入指定表中。其中，新记录的属性 1 的取值为常量 1，属性 2 的取值为常量 2，依次类推。INTO 子句没有出现的属性，新记录在这些列上将取空值。但是需要注意，若该列在定义时说明了 NOT NULL，则会出错。INTO 子句若不指定列名，则会给所有列都插入值，且必须一一对应。

【例 7-4】 向 Student 表中插入如图 7.6（a）所示的学生信息。

```
INSERT INTO Student VALUES ('20150001','张三','男',20,'计算机');
INSERT INTO Student VALUES ('20150002', '王倩', '女', 19, '外语');
INSERT INTO Student VALUES ('20150003', '张飞', '男', 19, '体育');
INSERT INTO Student VALUES ('20150004', '高军军', '男', 18, '计算机');
INSERT INTO Student VALUES ('20150005', '赵雪', '女', 18,'计算机');
```

（2）修改数据

修改数据语句的一般格式为：

```
UPDATE <表名>
SET <列名1>=<表达式1>[,<列名1>=<表达式1>]...
[WHERE <条件>];
```

说明：该语句的功能是修改指定表中满足 WHERE 子句中的条件的记录，其中 SET 子句中表达式的值用于取代相应的属性值。如果省略 WHERE 子句，则表示要修改表中所有记录。

【例 7-5】 将学号为 20150005 的学生的所在学院改为"软件"。

```
UPDATE Student SET Sdept='软件'
WHERE Sno='20150005';
```

（3）删除数据

删除数据语句的一般格式为：

```
DELETE FROM <表名>
[WHERE <条件>];
```

说明：该语句的功能是删除指定表中满足 WHERE 子句中的条件的记录，若省略 WHERE 子句，则表示删除表中全部记录。

【例 7-6】 从 Course 表中删除编号为 00003104 的课程。

```
DELETE FROM Course WHERE Cno='00003104';
```

【例 7-7】 删除 SC 表中的全部选课记录。

```
DELETE FROM SC;
```

4. 数据查询

数据查询是数据库常用的操作，是指按照用户的需求从数据库中提取其需要的数据。SQL 提供了方式灵活、功能丰富的查询语句。

数据查询语句的一般格式为：

```
SELECT [ALL|DISTINCT] <目标列表达式>[,<目标列表达式>]...
FROM <表名或视图名>[,<表名或视图名>...]
[WHERE <条件表达式>]
[GROUP BY <列名> [HAVING<条件表达式>]]
[ORDER BY <列名>[ASC|DESC]];
```

说明：该语句的功能是先根据 WHERE 子句的条件表达式从 FROM 子句指定的数据表中找出满足条件的记录，再按照 SELECT 子句的目标列表达式筛选出记录中所需要的属性，形成结果集。DISTINCT 表示消除相同的行，默认为 ALL 时表示保留结果表中取值重复的行。如果有 GROUP BY 子句，则按照指定的列名进行分组，值相同的记录为同一个组。如果 GROUP BY 子句带有 HAVING 短语，则只输出满足指定条件的分组。如果有 ORDER BY 子句，则结果集要按照指定列的值进行升序或者降序排列。

条件表达式中常用的操作符如表 7.1 所示。

表 7.1　常用的操作符

功能	操作符
比较运算	=,>,<,>=,<=,!=,<>,!>,!<
确定范围	BETWEEN AND, NOT BETWEEN AND
逻辑运算	AND, OR, NOT
集合运算	UNION, INTERSECT, EXCEPT
确定集合	IN, NOT IN
字符匹配	LIKE, NOT LIKE
空值	IS NULL, IS NOT NULL
谓词	EXISTS ALL ANY UNIQUE

（1）单表查询

【例 7-8】 查询所有学生的姓名、学号和所在学院。

```
SELECT Sname, Sno, Sdept FROM Student;
```

查询结果如图 7.8 所示。

注：各列的输出顺序可以与表中的顺序不同，可根据用户需求进行更改。

【例 7-9】 查询全体学生的姓名及出生年份，出生年份的列名用 BIRTHDAY 表示，并在出生年份前加入一个新列，新列的每行数据均为"出生年份"。

```
SELECT Sname, '出生年份', 2015-Sage As BIRTHDAY FROM Student;
```

查询结果如图 7.9 所示。

	Sname	Sno	Sdept
1	张三	20150001	计算机
2	王倩	20150002	外语
3	张飞	20150003	体育
4	高军军	20150004	计算机
5	赵雪	20150005	软件

图 7.8　例 7-8 查询结果

	Sname	[无列名]	BIRTHDAY
1	张三	出生年份	1995
2	王倩	出生年份	1996
3	张飞	出生年份	1996
4	高军军	出生年份	1997
5	赵雪	出生年份	1997

图 7.9　例 7-9 查询结果

注：查询结果中目标列表达式可以是常量，也可以是表达式或函数。用户还可以通过指定别名来改变查询结果的列名，格式为：列名|表达式 [As]列别名。

【例 7-10】 查询考试成绩不及格学生的学号、课程号和成绩。

```
SELECT * FROM SC WHERE Grade<60;
```

查询结果如图 7.10 所示。

【例 7-11】 查询学生选课表中每门课程的课程号及选修人数。

```
SELECT Cno, COUNT(Sno)  FROM SC  GROUP BY Cno
```

查询结果如图 7.11 所示。

注：利用 GROUP BY 将表中的记录按照 Cno 进行分组，然后利用聚集函数 COUNT 分别统计每个分组中的记录个数，即每门课程的选修人数。

	Sno	Cno	Grade
1	20150002	00003102	50
2	20150003	00003105	48

图 7.10　例 7-10 查询结果

	Cno	[无列名]
1	00003101	2
2	00003102	2
3	00003103	1
4	00003105	2

图 7.11　例 7-11 查询结果

（2）连接查询

FROM 子句后面的查询对象不只限于一个表，可以在一条查询语句中同时涉及两个或两个以上的表，称为连接查询。连接查询中的 WHERE 子句可用来表示两个表的连接条件，若有多个条件，可用逻辑运算符进行连接。

【例 7-12】 查询所有学生的学号、姓名、选修课程号、选修课程名、成绩，并且按照成绩降序排列。

```
SELECT Student.Sno, Sname,SC.Cno,Cname, Grade
FROM Student, SC
WHERE Student.Sno=SC.Sno AND SC.Cno=Course.Cno
ORDER BY Grade DESC;
```

查询结果如图 7.12 所示。

【例 7-13】 查询学号为 20150001 的学生的成绩大于 80 分的选修课程名、成绩及该学生的学号。

```
SELECT Cname, Grade,Sno
FROM Course,SC
WHERE Course.Cno=SC.Cno AND Sno='20150001' AND Grade>80;
```

查询结果如图 7.13 所示。

	Sno	Sname	Cno	Cname	Grade
1	20150001	张三	00003101	数据库系统	92
2	20150001	张三	00003105	程序设计技术	88
3	20150001	张三	00003103	大学英语	85
4	20150001	张三	00003102	高等数学	78
5	20150002	王倩	00003101	数据库系统	75
6	20150002	王倩	00003102	高等数学	50
7	20150003	张飞	00003105	程序设计技术	48

图 7.12　例 7-12 查询结果

	Cname	Grade	Sno
1	数据库系统	92	20150001
2	大学英语	85	20150001
3	程序设计技术	88	20150001

图 7.13　例 7-13 查询结果

7.3　大数据

21 世纪以来，移动互联网、云计算、物联网等新兴技术和服务大量涌现，使得人类社会的数据规模和种类正以前所未有的速度增长。数据从传统的简单处理对象正转变为一种基础性资源，在此资源的基础上进行的政府决策、商业策略和知识发现等逐步受到社会各界的关注和重视。如何在大数据的规模效应下存储数据、管理数据和分析数据将成为新的挑战。本节主要介绍大数据的起源和发展、基本概念、处理过程和典型应用。

7.3.1　大数据概述

1. 大数据的起源和发展

大数据早在 1980 年就出现了。著名未来学家托夫勒在其所著的《第三次浪潮》中就提出了“大数据”这个词，并把它称为“第三次浪潮的华彩乐章”。人们通常认为，大数据起源于谷歌的“三驾马车”：GFS、MapReduce 和 BigTable。2006 年 1 月，“大数据之父”道格・卡廷开始了一个项目，即 Hadoop。2011 年 2 月，IBM 公司的沃森超级计算机每秒可扫描、分析 4TB 的数据量，并在美国电视节目上击败两名人类选手而夺冠。这一时刻被认为是“大数据计算的胜利”。

我国政府高度重视大数据产业发展。早在 2011 年 12 月工信部发布的《物联网“十二五”发展规划》中，就提出了海量数据存储、数据挖掘、图像视频智能分析，这都是大数据的重要组成部分。

2014 年，“大数据”出现在当年的《政府工作报告》中。

2015 年，国际电信联盟（ITU）公布了首个大数据标准——《基于云计算的大数据需求与能力标准》（ITU-T Y.3600）。该标准是由中国电信牵头，法国电信、韩国电子技术研究院等机构参与制定的。

《中国互联网发展状况统计报告》显示，截至 2023 年 12 月，我国网民已达 10.92 亿人，互联网普及率达 77.5%，大量网民享受着互联网提供的各种优质资源，从而产生了大量的网络数据。

2. 大数据的概念和特征

大数据是一个抽象的概念，它的“大”不仅反映在数据规模上，还反映在数据的模态类型、传递速度、潜在价值等方面。对大数据的定义，目前尚无公认的定义，但是所有的定义基本都从大数据的特征出发，通过对这些特征阐述和归纳给出的。

互联网的快速发展催生了图像、视频、社交信息等大量数据，而数据规模不断扩大，带来了存储、分析、搜索、共享、传输、可视化、查询、更新、信息隐私等诸多问题。与以往的数据相比，大数据的特征可总结为以下 8 个 V。

（1）规模性（Volume）。各种仪器和通信工具的使用，使得大量的数据被人们所获取和交流。大数据通常指达到 10TB 以上规模的数据。

（2）高速性（Velocity）。数据是快速动态变化的，数据流动的速度快到难以用传统的系统进行处理，因此形成流式数据也是大数据的重要特征。

（3）多样性（Variety）。随着各种传感器、智能设备、社交网络的广泛应用，数据类型变得更加丰富，不仅包括传统的数据类型，也包括以网页、视频、音频、E-mail、文档等形式存在的半结构化的和非结构化的数据。

（4）真实性（Veracity）。随着各种新的数据源的加入，数据的数量、速度和种类飞速增长，必须确保数据库中数据的质量，即数据真实有效，没有或极少有误。

（5）价值性（Value）。大数据的数据量呈指数增长的同时，隐藏在海量数据中的有用信息却没有相应增长，反而极大提升了提取有用信息的难度。例如，连续的若干个视频中，有用的信息可能仅一两秒。所以准确来说，大数据还具有价值密度低的特性。

（6）动态性（Vitality）。数据是动态的，每天都在变化。

（7）可视性（Visualization）。对大数据进行处理分析的时候，将其以更易于理解的图像方式呈现。

（8）合法性（Validity）。强调数据采集与应用的合法性，特别是对个人隐私数据的合理使用。

根据以上特征，我们可以认为大数据是一个极其庞大且复杂的数据集，以至于无法在一定时间内用传统的数据处理方式对其进行获取、管理、分析和传递等操作，需要新的处理方式才能具有更强的洞察力和决策力。

7.3.2 大数据的处理过程

大数据的处理过程其实就是利用合适的工具采集数据，按照一定的标准将其存储，再利用相关的数据分析技术进行分析，从而提取出有价值的数据展示给客户的过程。通常，大数据的处理过程主要包括数据采集、数据管理、数据预处理、数据分析和数据可视化。

1. 数据采集

在数据采集过程中，数据源主要包括商业、互联网和传感器（见图 7.14）。根据数据源的不同，数据采集方法也不同，常用的数据采集方法如下。

（1）传感器

传感器是一种能把物理量或化学量转变成便于利用的电信号的器件，通常由敏感元件和转换元件组成，如可穿戴设备、摄像头等。如今的可穿戴设备并不会限制于满足消费的生活需求，而且可为社交媒体提供内容，它们还应用于提高牲畜饲养的资产跟踪管理。例如，高价赛马可以穿戴上传感器垫片和配置具有传感器的马蹄铁，帮助驯马师监控马匹的健康状

图 7.14 传感器

况，记录它们的步态，上传数据，让各种算法监控马匹的行为，诊断疾病，有助于提升马匹的整体健康状况。

（2）系统日志

大型企业积累了大量的软硬件资源，包括交换机、路由器、防火墙、服务器、各类业务应用系统、中间件、数据库等。这些设备持续地记录大量的日志文件。通过分析这些文件，可以获得很多信息。

在大型企业的网络中，日志源众多、格式不一、体量庞大，长期存储的数据量可达 TB 或 PB 级

别。因此，很多企业都有自己的海量数据采集工具，多用于收集系统日志，如 Hadoop 的 Chukwa、Cloudera 的 Apache Flume 等，这些工具均采用分布式架构，能满足每秒数百 MB 的日志数据采集和传输需求。

（3）网络数据

对于 Web 数据，多采用网络爬虫进行采集，如图 7.15 所示。

网络爬虫（Web Crawler）是一种按照一定的规则，自动地抓取 Web 数据的程序或者脚本，它被广泛用于互联网搜索引擎或其他类似网站，可以自动采集所有其能够访问到的页面的内容，以获取这些网站的内容。

网络爬虫从一个或若干个初始网页的 URL 开始，获得初始网页的 URL，在抓取网页的过程中，不断地从当前页面上抽取新的 URL 放入队列，直到满足一定条件才停止。

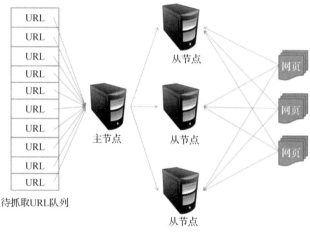

图 7.15　网络爬虫

2. 数据管理

数据管理主要是对数据进行分类、编码、存储、索引和查询。在大数据时代，由于需要处理的数据量激增，且数据种类繁多，因此在进行大数据处理时，出现了很多新技术，如 Hadoop。

Hadoop 是一个分布式计算平台，用户可以在它上面轻松地开发和运行处理海量数据的程序。Hadoop 由很多部分组成，核心部分就是 HDFS 和 MapReduce。Hadoop 的底层是 HDFS，它是 GFS 的开源实现，它可以存储大规模的数据集，具有高容错性，并且支持 Hadoop 的所有服务。

3. 数据预处理

在大数据采集过程中通常有一个或多个数据源，这些数据源易受到噪声、数据缺失、数据冲突等影响，通常是不完整的、有噪声的、不一致的，因此需对采集到的数据进行预处理。

数据预处理主要包括数据清洗、数据集成、数据变换和数据规约等环节。

数据清洗的主要功能是补充部分数据缺失的属性值，统一数据格式、编码和度量，以及检测和删除异常数据、无关数据。

数据集成是指将多个数据源中的数据结合起来存储。

数据变换是指把原始数据转换成适合进行数据挖掘的形式。

数据规约是指在尽量保持数据原貌的基础上，精简数据量。这样，在规约后的数据集上进行数据分析和数据挖掘时效率更高。

4. 数据分析

数据分析的主要功能是进行一般的统计查询，从数据中挖掘特定的模式，以及进行预测性分析。针对大数据处理的主要计算模型有分布式计算系统、分布式内存计算系统、分布式流计算系统等。

MapReduce 是一个批处理的分布式计算系统，最早是由谷歌公司研究提出的，可对海量数据进行并行分析与处理。MapReduce 来源于函数式语言中的内置函数 map()和 reduce()，它利用函数式编程的思想，将对数据的处理过程分为 Map 和 Reduce 两个阶段。通俗来说，MapReduce 处理过程就是把一堆杂乱无章的数据按照某种特征归纳起来，然后处理并得到最后的结果。

5. 数据可视化

数据可视化是指将大数据分析与预测结果以计算机图形或图像等直观方式显示给用户，并与用户进行交互式处理。数据可视化有利于发现大量业务数据中隐含的规律性信息，可大大提高大数据分析结果的直观性，便于用户理解与使用。故数据可视化是影响大数据可用性、易于理解性和质量的关键因素。

数据可视化除了可以使用 Python 的 Matplotlib 绘图库绘图（见图 7.16）外，还可以使用高维数据可视化工具 Tableau、文本可视化工具 Wordle、网络可视化工具 Gephi 和可编程可视化工具 D3。

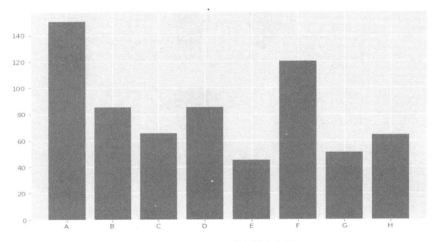

图 7.16　Matplotlib 绘制的直方图

7.3.3　大数据的典型应用

大数据的应用已经进入蓬勃发展阶段，我们在日常生活的方方面面都能看到大数据的影子。目前较为典型的大数据应用主要包括以下领域。

1. 商业智能

商业智能指用现代数据仓库、线上分析、数据挖掘等技术进行数据分析来实现商业价值。商业智能是较早的大数据应用，可以在多个方面提升企业的生产效率和竞争力。

微课视频

例如，在市场方面，利用大数据关联分析，可以准确地了解消费者的消费行为，挖掘新的商业模式；在销售规划方面，利用大数据对比分析，可以优化商品定价；在运营方面，利用大数据分析优化人员配置，可以提高运营效率等。以阿里巴巴为例，每天数以万计的交易在淘宝平台上进行，与此同时相应的交易时间、商品价格、购买数量与卖家和买家的年龄、性别、地址、兴趣爱好等个人特征信息都会被匹配记录。消费者能够得到与自身需求接近的推荐，也能以更优惠的价格买到心仪的产品。商家可以了解自己品牌的市场状况、消费者行为等，制定合理的生产、销售决策。

利用数据挖掘技术，滑雪场可以追踪和锁定客户。如果你是一名狂热的滑雪爱好者，你会收到喜欢的度假胜地的邀请、定制化服务的短信提醒，或者你最适合的滑行线路的通知。滑雪场同时提供互动平台（如网站、手机 App）记录每天的数据——多少次滑坡、翻越等。你可以在社交媒体上分享这些信息，与家人和朋友相互评比和竞争。

2. 智慧城市

物联网不仅是大数据的重要来源，也是大数据应用的重要市场。例如，智慧城市就是一个典型的基于物联网技术的大数据应用领域。

智慧城市运用信息技术和通信技术来感测、分析、整合城市运行核心系统的各项关键信息，从而对包括民生、环保、公共安全、城市服务、工商业活动在内的各种需求做出智能响应。其实质是利用先进的信息技术，实现城市智慧式管理和运行，进而为城市中的人们创造更美好的生活环境，促进城市和谐、可持续发展，如图 7.17 所示。

图 7.17　智慧城市

智慧城市包含智慧经济、智慧环境、智慧治理、精准营销、智慧居住、犯罪预警等方面。目前，我们较为熟悉并广泛使用的是智慧交通。出门之前，通过智能手机里安装的地图软件查看目的地距离自己有多远，多条路线规划，同时可以查看不同出行方式所花费的时间、费用，还可以实时查看路面交通的拥堵状况，用户可以根据自己的实际情况进行选择；到达目的地后，利用手机软件可以查看目的地周边的餐饮、住宿、景点等情况。而这些功能的实现都依赖于智慧城市的建设，通过在城市各个角落安装的摄像头、雷达等传感器传递各种数据，在后台进行数据处理，最后根据用户的需求将结果反馈给用户。

3. 在线社交网络

在线社交网络是一种在信息网络上由社会个体集合及个体之间的连接关系构成的社会性结构，其数据主要来源于即时消息、在线社交、微博和共享空间四大类应用。在线社交网络分析是从网络结构、群体互动和信息传播 3 个维度，通过基于数学、信息学、社会学、管理学等多个学科的融合理论和方法，为理解人类社会中存在的各种关系提供的可计算的分析方法。目前，在线社交网络的应用包括网络舆情分析、网络情报搜集与分析、社会营销、政府决策支持、在线教育等。

在移动互联网时代，用户生成内容（User Generated Content，UGC）不断发展，社交网络（Social Network）已经不断普及并深入人心，用户可以随时随地在网络上分享内容，由此产生了海量的用户数据。随着大数据时代的来临，复杂多变的社交网络其实有很多实用价值。

先看一组数据：微信每分钟有 395833 人在线，有 19444 人在进行视频或语音聊天；新浪微博每分钟发出（或转发）64814 篇微博；X 每天处理的数据量超 3.4 亿；博客作者每分钟发布 2.7 万个新帖；Instagram 用户每天共享 3600 张新照片。这些虽然都是网络社交平台，但是交流的侧重点不一样，因此产生了大量的社会学、传播学、行为学、心理学、人类学、舆论学等众多学科的社交数据。各行业的企业对这些数据进行挖掘分析都倾注了大量的心血，从而更加精确地把握各种事态的动向，明确营销对象。

4. 健康医疗

健康医疗是指所有与医疗卫生和生命健康活动相关的数据集合，既包含个人从出生到死亡的全生命周期过程中，因体检、治疗、运动、饮食等健康相关活动所产生的大数据，又包含医疗服务、疾病防控服务、健康保障服务、养生保健服务等多方面的第三方服务数据。

微课视频

图 7.18　运动手环

健康医疗可以在几分钟内解码整个 DNA 序列，有助于我们找到新的治疗方法，更好地理解和预测疾病模式。试想一下，当来自所有智能手表、运动手环（见图 7.18）等可穿戴设备的数据，都可以应用于数百万人及各种疾病时，未来的临床试验将不再局限于小样本，而是包括所有人类！

某公司的一款健康 App ResearchKit 有效地将手机变成了医学研究设备，通过收集用户的相关数据，可以追踪你一天走了多少步，或者询问你化疗后感觉如何、帕金森病进展如何等问题。研究人员希望这一过程变得更容易、更自动化，吸引更多的参与者，并提高数据的准确度。

大数据技术也开始用于监测早产儿和患病婴儿的身体状况。通过记录和分析每个婴儿的每一次心跳和呼吸模式，提前 24 h 预测出身体感染的症状，从而及早干预，拯救那些脆弱的随时可能遇到生命危险的婴儿。

更重要的是，数据分析有助于我们监测和预测流行性或传染性疾病的暴发时期，可以将医疗记录的数据与有些社交媒体的数据结合起来分析。比如，谷歌基于搜索流量预测流感暴发，尽管该预测模型在当年并未奏效——因为你搜索"流感症状"并不意味着真正生病了，但是这种数据分析的影响力越来越为人所知。

5. 人工智能

人工智能是计算机科学的一个分支，自诞生起到今天已有 70 多年的历史。人工智能包含 3 个要素，即计算能力、算法和数据。

在移动互联网时代，各种移动终端设备的出现使得数据呈指数级增长。现阶段的"数据"包含的信息量越来越大，维度越来越多，从图像、声音等富媒体数据到动作、姿态、轨迹等人类数据，再到地理位置、天气环境数据……以往数据处理的思路已经难以适应"数据"的发展。

得益于互联网、移动互联网和无处不在的传感器，我们获得了海量的数据——大数据，它是人工智能的助推剂，为人工智能提供了丰富的数据源。

不断提高的计算能力使人工智能的大规模运算成为可能。

算法是人工智能取得突破的关键。新算法的发展极大地提高了机器学习能力，尤其是深度学习。

面对海量数据，深度学习算法可以完成传统人工智能算法无法做到的事情，输出结果会随着数据处理量的增大而更加准确。

人工智能依赖大数据来帮助其建立智能，特别是机器学习和深度学习，需要大量的数据来训练模型。充足的数据可以提高模型的精确度和泛化能力，使得 AI 系统能够在不同环境中表现出色。对于人工智能来说，收集到的数据越多，输出结果就越精确。

例如，图像识别系统需要成千上万张标注的图像来训练模型，以便它能够准确地识别和分类新图像。

现在比较热门的自动驾驶技术中，自动驾驶汽车需要大量的驾驶数据做训练，包括图像、视频、激光雷达数据等。通过大数据，人工智能系统可以学习如何识别道路、行人、交通信号等，实现自动驾驶。某品牌的自动驾驶系统通过收集全球车辆的数据，不断改进其自动驾驶算法，提高驾驶安全性和可靠性。

除了以上应用之外，在个性化服务、提升科学研究准确性、提升机械设备性能、改善安全和执法、体育运动技能、金融服务等方方面面都可以看到大数据的身影。

7.3.4 大数据 Python 分析实例

如果我们手中有一篇文章，我们需要快速了解文章的主要内容是什么，那么我们该如何做呢？我们可以借助 Python 绘制词云图，将文章中出现次数较多的词在图中突出显示，如图 7.19 所示。下面介绍如何制作词云图。

![词云图示例]

图 7.19 词云图示例

微课视频

【例 7-14】 利用 Python 根据下面一段文章制作词云图。原文如下。

鲁肃见了诸葛亮。诸葛亮说："三天之内要造十万支箭，得请你帮帮我的忙。"鲁肃说："都是你自找的，我怎么帮得了你的忙？"诸葛亮说："你借给我二十条船，每条船上要三十多名军士。船用青布幔子遮起来，还要一千多个草把子，排在船的两边。我自有妙用。第三天管保有十万支箭。不过不能让都督知道。他要是知道了，我的计划就完了。"鲁肃答应了。他不知道诸葛亮借船有什么用，回来报告周瑜，果然不提借船的事，只说诸葛亮不用竹子、翎毛、胶漆这些材料。周瑜疑惑起来，说："到了第三天，看他怎么办！"

微课视频

制作步骤如下。

1. 搭建环境

本例首先需要下载并安装 Anaconda 软件，该软件是一个开源的 Python 环境，可一键安装，简单好用，其包含 conda、Python 等所需的 180 多个库及其依赖项，其次需要安装生成词云工具库和分词工具库，然后需要下载所需的中文字体库。

2. 编写代码

启动 Anaconda 软件，进入 Jupyter Notebook 界面，如图 7.20 所示。

图 7.20　Jupyter Notebook 界面

在图 7.21 所示的界面中，单击相应菜单，新建一个 Python 文件，在窗口中输入下面的 Python 代码。

```
filename="test.txt"                              #读取文件
mytext=open(filename).read()                     #把文件放在变量中
import jieba                                      #导入 jieba 库
mytext=' '.join(jieba.cut(mytext))               #对中文进行分词
from wordcloud import WordCloud                   #导入 wordcloud 库
mycloud=WordCloud(font_path="stxinwei.ttf,background_color="white").generate(mytext)
                                                  #生成词云
import matplotlib.pyplot as plt                   #导入 Python 默认的绘图工具
plt.imshow(mycloud,interpolation='bilinear')
plt.axis("off")                                   #显示词云图，并且去掉图中的坐标轴
mycloud.to_file("mycloud.jpg")                    #保存图片
```

代码输入结束后，单击工具栏中的"运行"按钮，就会出现词云图，如图 7.21 所示。

图 7.21　词云图

　　Python 功能强大，可以用于众多领域，如数据分析、组件集成、图像处理、数值计算等。大家可以思考一下，如何把图 7.21 转化成一个不规则图形呢？

习题 7

7.1　简述文件系统和数据库系统的区别与联系。

7.2　什么是数据库？数据库系统由哪些部分组成？

7.3　简述大数据的特征。

7.4　简述大数据的处理过程。

7.5　简述目前大数据的主要应用领域。

08 第8章 人工智能概述

你知道在 2022 年北京冬奥会上，人工智能已经广泛应用了吗？从可识别多国语言的智能客服机器人到安防巡检机器人、从 L4 自动驾驶接驳车队到能精准识别运动员动作的 AI 机器裁判，人工智能在本届奥运会中的各种应用随处可见。你体验过在购物时，无须掏钱包付款，只需要刷脸便可在数秒内完成交易吗？这就是基于人工智能等技术实现的新型支付方式——刷脸支付。未来，人工智能应用场景将会渗透人类生活的各个角落，传统领域也将与人工智能深度融合。人工智能正在迅速改变着我们的工作和生活方式。

本章简单介绍人工智能的概念、发展历程、研究学派、产业框架，以及其基本研究内容和面临的挑战。

8.1 人工智能简介

人工智能是 20 世纪 50 年代中期出现的一门边缘学科，是计算机科学中涉及研究、设计和应用智能机器的一个分支，是在计算机科学、自动化、控制论、信息论、仿生学、神经心理学、生物学、哲学、语言学等多学科的基础上发展起来的交叉学科（见图 8.1）。

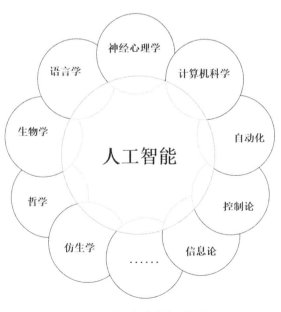

图 8.1 人工智能的交叉学科

尽管目前人工智能在发展过程中存在诸多困难和挑战，但人工智能依然不断向前发展，并获得了惊人成就。有人认为人工智能是继第 3 次工业革命后的又一次革命，其中前 3 次工业革命主要扩展了人手的功能，将人类从繁重且重复的体力劳动中解放出来，而人工智能扩展了人脑的功能，实现了脑力劳动的自动化。

8.1.1　人工智能的概念

1. 智能

什么是智能？这是一个自古以来哲学家一直努力探寻的问题，与物质的本质、宇宙的起源和生命的本质并列为四大自然奥秘。目前，学术界已经提出了几种主要理论来解释智能的本质，包括思维理论、知识阈值理论和进化理论等。其中：思维理论认为，智能的核心是思维，人的一切智慧或智能都来自大脑的思维活动，人类的一切知识都是人们思维的产物，因而通过对思维规律与方法的研究有望揭示智能的本质；知识阈值理论强调，智能体现在能够在大量信息中迅速找到满意答案的能力，这依赖于知识的积累和应用；进化理论则认为，智能源自人类在动态环境中生存、感知和维持生命等能力，是这些能力的复杂组合推动了智能的发展。综合上述理论，智能是知识和智力的总和。其中，知识是一切智能行为的基础，而智力是获取知识并运用知识求解问题的能力。

智能具有如下特征。

（1）感知能力

感知能力是指人类通过视觉、听觉、触觉、味觉、嗅觉等感官来感知外部世界的能力。感知是人类基本的生理和心理行为，也是获取外部信息的基本途径。一般认为，感知能力主要由视觉和听觉构成，其中约 80% 的信息通过视觉获得，10% 的信息通过听觉获得，剩下的 10% 的信息则通过触觉、嗅觉等感官获取（见图 8.2）。

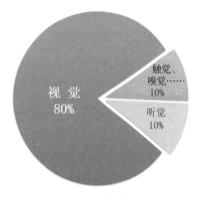

图 8.2　感知能力

（2）记忆和思维能力

记忆和思维是人脑十分重要的功能，也是人类智能的核心表现。记忆指的是将从外界感知的信息或通过思维获得的内部知识进行存储的过程；而思维指的是对这些存储的信息或知识进行深入理解、分析其本质属性和内部规律的过程。人类的思维方式主要包括形象思维、抽象思维和灵感思维。

形象思维又称直感思维，是一种基于感性形象来理解和处理客观现象的方式，例如视觉信息的加工、图像的识别，这主要由右半脑负责。形象思维具有以下特点。

① 形象思维主要是基于直觉或感觉形象的思维。

② 形象思维过程是并行、非线性的过程。

③ 形象思维较难形式化，因对象、场合不同，形象的联系规则也不同，故没有统一的形象联系规则。

④ 信息变形或缺少时，仍然有可能得到较为满意的结果。

抽象思维，又称逻辑思维，是一种基于抽象概念并通过逻辑规则处理信息的理性思维方式，包括推理、证明和思考等活动，这些活动主要由左半脑实现（左右半脑的功能见图 8.3）。抽象思维具有以下特征。

① 抽象思维是基于逻辑的思维。

② 抽象思维过程是串行、线性的过程。

③ 抽象思维容易形式化，可以用符号串表示思维的过程。

④ 抽象思维过程严密、可靠，可从逻辑上合理预测事物的发展，以加深人们对事物的认识。

灵感思维是显意识与潜意识相互作用的结果，典型例子如"茅塞顿开"或"恍然大悟"，在这些思维过程中，即使潜意识不如显意识那样能明显感觉到，其也发挥着重要作用。灵感思维具有以下特征。

① 灵感思维具有不定期的突发性。

② 灵感思维具有非线性的独创性及模糊性。

③ 灵感思维穿插于形象思维与抽象思维中，具有创新、突破、升华的作用。

④ 灵感思维过程复杂，至今仍无法描述其产生及实现的原理。

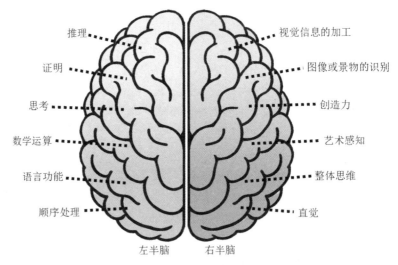

图 8.3　左右半脑的功能

（3）学习与自适应能力

学习是人类的本能，可以是自觉且有意识的，也可以是不自觉且无意识的。学习的方式可能是在教师指导下进行的，也可能是通过自身实践来实现的。通过学习，人类能不断适应环境并积累知识，从而提高生存和发展的能力。

（4）行为能力

行为能力是指人们通过语言、表情或动作对外界刺激做出反应的能力，也被称为表达能力。外界的刺激既可以是通过感知直接获得的信息，也可以是通过思维活动得到的信息。如果将人们的感知能力视为信息的输入，那么行为能力可视为信息的输出，二者都受神经系统的控制，体现了人类在信息处理过程中的复杂性和协调性。

2. 人工智能的概念

目前还未形成人工智能的公认、统一的定义，所以不同领域的学者从不同的角度给出了关于人工智能的不同定义。其中，爱德华·费根鲍姆认为，人工智能是一个知识信息处理系统；尼尔斯·约翰·尼尔森认为，人工智能是关于知识的科学，即怎样表示知识、怎样获取知识和怎样使用知识，并且是致力于让机器变得智能的科学。

尽管人们对人工智能的定义有所不同，但就人工智能的本质而言，它是用人工的方法在机器（计算机）上实现的智能，也称为机器智能（Machine Intelligence），其主要是研究如何使机器能听、会说、能看、会写、能思维、会学习，并能在诸多变化情况下去解决各种实际问题的一门学科。要实现人工智能，计算机需要具备以下几项核心能力。

（1）自然语言处理，目的是使用自然语言进行交流。

（2）知识表示，用于存储和管理已知或获取的信息。

（3）自动推理，以回答问题并推导出新的结论。

（4）机器学习，以适应新的环境并检测和推断模式。

（5）计算机视觉和语音识别功能，以感知周围环境。

（6）机器人学，操控物体并进行运动。

3. 人工智能的目标

人工智能的目标可以分为远期目标和近期目标两类。远期目标旨在制造智能机器，具体而言，是使计算机具备视觉、听觉、语言表达和书写等感知与交互功能，并具有联想、推理、理解和学习的高级思维能力，进而具备分析、解决问题及发明创造的能力。简单来说，远期目标是让计算机能够像人类一样自动发现和应用规律，或自动获取并利用知识，从而扩展和延伸人类智能。

人工智能的近期目标是提高机器智能，探索如何让现有计算机更加高效地运用知识解决问题，并能够模仿人类的智能行为，例如分析、思考、推理、规划、预测、决策、设计和学习等。为实现这些目标，研究者依据现代计算机的特性，深入探讨智能化的理论、方法和技术，并构建相应的智能系统。

实际上，人工智能的远期目标和近期目标是相互依存的。远期目标为近期目标提供了方向指引，而近期目标为远期目标的实现奠定了理论和技术基础。此外，远期目标与近期目标之间并没有严格的界线，近期目标会随着人工智能的发展而不断调整，最终实现远期目标。

8.1.2　人工智能的发展历程

自从在 1956 年的达特茅斯会议上正式提出了"人工智能"这一术语后，研究者发展了众多理论和原理，同时拓展了人工智能的概念。虽然人工智能的发展速度比预想的要慢，但它一直在前进，并且带动了其他技术的发展。人工智能的发展历程大致可归纳为形成及第一个高峰、第一个低谷、第二个高峰、第二个低谷、稳步发展期和蓬勃发展期等阶段（见图 8.4）。

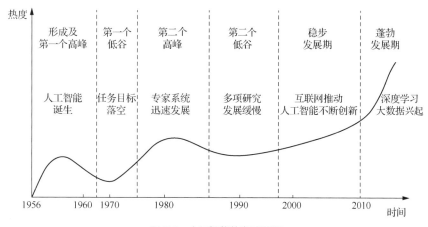

图 8.4　人工智能的发展历程

1. 人工智能的形成及第一个高峰

这一阶段是指 1956 年至 20 世纪 60 年代中期。1956 年夏季，在美国达特茅斯学院召开了一次关于机器智能的学术研讨会，会上麦卡锡等人正式提出了"人工智能"这一术语，这次会议标志着人工智能作为一门新兴学科正式诞生。在之后的十余年里，计算机被广泛应用于数学和自然语言领域，让众多研究者看到了机器向人工智能发展的希望。人工智能的研究在诸多方面取得了引人瞩目的成就（见图 8.5），例如在机器学习方面，罗森布拉特于 1957 年成功研制了感知器，推动了连接机制的研究；在模式识别方面，罗伯茨于 1965 年编制出了可分辨积木构造的程序；在人工智能语言方面，麦卡锡于 1960 年研制出 LISP，成为构建专家系统的重要工具。于 1969 年成立的国际人工智能联合会议（International Joint Conference on Artificial Intelligence，IJCAI）则是人工智能发展史上的重要里程碑，标志着人工智能已经得到了世界的认可，达到了人工智能发展的第一个高峰。

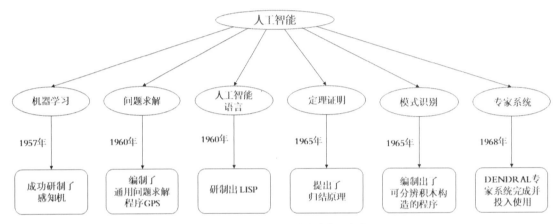

图 8.5　人工智能在第一个高峰的研究成果

2. 人工智能的第一个低谷

这一阶段是指 20 世纪 60 年代中期至 20 世纪 70 年代中期。人工智能与其他新兴学科一样，其发展历程并非一路平坦。在形成及第一个高峰和第二个高峰之间，存在着人工智能的第一个低谷。当时一些研究者对人工智能的未来做出过于乐观的预言，而这些预言的失败给人工智能的声誉造成了重大损害。比如对机器翻译的研究就比原先想象的要困难，若缺乏足够的专业知识，就无法正确处理语言，以致产生错误的翻译。因此，当时多个国家中断了对大部分机器翻译项目的资助。同样，在人工智能研究方面颇有影响力的 IBM 也被迫取消了所有人工智能研究项目。接二连三的失败和预期目标的落空，使人工智能的发展走入第一个低谷。

3. 人工智能的第二个高峰

这一阶段是指 20 世纪 70 年代中期至 20 世纪 80 年代中期。在此期间许多国家相继开展了人工智能的研究，并获得大量的研究成果。费根鲍姆研究小组从 1965 年起开始研究专家系统，并于 1968 年成功研究出第一个专家系统 DENDRAL（用于帮助化学家判断某待定物质的分子结构）。随后斯坦福大学的肖特利夫又开发出 MYCIN 医疗专家系统。费根鲍姆于 1977 年在第五届国际人工智能联合会议上提出了"知识工程"的概念，人工智能的研究迎来了以知识为中心的发展新时期。在此期间，建立了多种不同类型、不同功能的专家系统，同时产生了巨大的社会效益和经济效益，并使人们更加清晰地认识到对人工智能的研究必须以知识为中心。而对知识的表示、利用及获取等的研究也取得了进展，尤其是对不确定性知识的表示与推理取得了突破，解决了许多理论与技术上的问题。专家系统在全世界得到广泛应用，为企业和用户带来了巨大的经济效益。专家系统在化学、医疗等领域取得成功，推动人工智能进入第二个高峰。

4. 人工智能的第二个低谷

这一阶段是指 20 世纪 80 年代中期至 20 世纪 90 年代中期。随着人工智能的应用规模不断扩大，专家系统存在的应用领域狭窄、缺乏常识、知识获取困难、推理方法单一等问题逐渐显露出来。人工智能进入第二个低谷。

5. 稳步发展期

这一阶段是指 20 世纪 90 年代中期至 2010 年。随着神经网络技术的逐步发展，人工智能技术开始进入稳步发展期。这一阶段的标志性事件是 IBM 公司的计算机系统"深蓝"与国际象棋世界冠军卡斯帕罗夫之间的对决。美国 IBM 公司于 1996 年 2 月邀请国际象棋世界冠军卡斯帕罗夫与一台运算速度达每秒 1 亿次的超级计算机——深蓝计算机（见图 8.6）进行了 6 局的"人机大战"。这场比赛的双方分别代表着人脑和计算机的世界顶尖水平。最终，卡斯帕罗夫以总比分 4∶2 获胜。1997 年 5 月，已拥有 32 个处理器、运算速度达每秒 2 亿次的深蓝再次挑战卡斯帕罗夫，此时计算机里已存储了百余年里顶尖世界棋手的棋局，最终深蓝以 3.5∶2.5 的总比分赢得"人机大战"的胜利，成为世界瞩目的焦点（见图 8.7）。之后几年内，计算机与人类在国际象棋比赛中各有胜负，直至世界冠军克拉姆尼克在 2006 年被国际象棋软件深弗里茨（Deep Fritz）击败后，人类再没有战胜过计算机。

图 8.6　IBM 深蓝计算机

图 8.7　深蓝与克斯帕罗夫对战棋盘

6. 蓬勃发展期

这一阶段是指 2011 年至今。随着大数据、云计算等信息技术的发展，以深度神经网络为代表的人工智能技术取得了巨大成就。由谷歌 DeepMind 开发的人工智能围棋程序 AlphaGo 具有自我学习能力，可搜集大量名人棋谱及围棋对弈数据，并可自主学习并模仿人类下棋，于 2016—2017 年战胜围棋冠军李世石（见图 8.8）。之后，AlphaGo Zero（第四代 AlphaGo）在无任何数据输入的情况下，自学围棋 3 天后，便以 100∶0 的成绩横扫了第二代 AlphaGo "旧狗"（旧版 AlphaGo），自学 40 天后，便战胜了第三代 AlphaGo "大师"（Master）。人工智能技术不断突破并进入了蓬勃发展期。

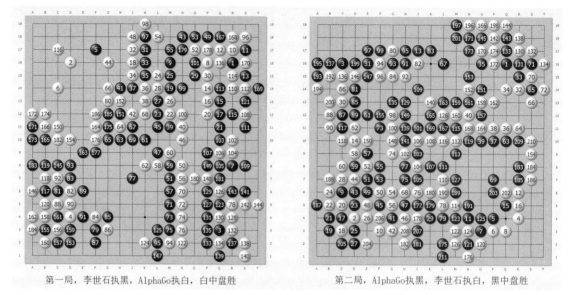

第一局，李世石执黑，AlphaGo执白，白中盘胜　　　第二局，AlphaGo执黑，李世石执白，黑中盘胜

图 8.8　AlphaGo 与围棋世界冠军李世石对战棋谱

8.1.3　人工智能的基本研究内容

拓展阅读：人工智能
的主流研究学派

从人工智能的目标来看，人工智能的研究范围非常广泛。总体来说，人工智能的基本研究内容包括智能感知、智能推理、智能学习、智能行动、计算智能、分布智能与人工情感等。下面将选取前 4 个主要研究内容进行详细介绍。

1. 智能感知

智能感知旨在赋予计算机类似于人类的感知能力，其中以视觉和听觉为主。具体来说，计算机视觉是使计算机能够识别并理解文字、图像等视觉信息；计算机听觉则是让计算机能够理解语音、声音等听觉信息。智能感知是计算机获取外部信息的基本途径，也是计算机智能研究的关键方向之一。为此，人工智能已经发展出几个成熟的研究领域，包括模式识别、计算机视觉和自然语言处理。这些领域共同推动了智能感知技术的发展，使得计算机能够更好地理解和处理复杂的感知信息。

模式识别是对用于表征事物、各种形式的（文字的、数字的和逻辑关系的）信息进行处理和分析，对事物和现象进行描述、辨认、分类和解释的过程。典型的模式识别系统通常由计算机及其辅助设备等组成，包含数据采集、预处理、特征提取、分类器设计和分类决策等模块，各模块分工协作。模式识别系统工作原理如图 8.9 所示。首先，数据采集模块通过光学设备等获取外部世界的数字、声音、图像等信息，并将其送入计算机作为原始数据。接着，预处理模块对原始数据进行去噪处理，去除干扰等信息，使数据更加具有代表性。随后，特征提取模块实现数据特征的变换、选择，减少数据维度、为数据的后续利用做进一步处理。在此基础上，分类器设计模块通过对数据进行训练，形成合乎数据或模式识别需要的处理规则。最后，分类决策模块对待识别数据按照分类器加以分类，并输出结果。若结果不理想，模式识别系统还可通过反馈机制返回前面的模块，进行更深入的处理和优化。

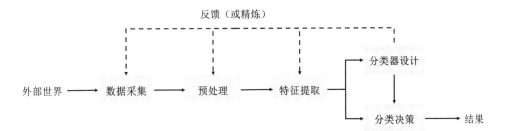

图 8.9 模式识别系统工作原理

以识别不同种类的鸟类为例。首先需要收集大量鸟类样本，其中一部分作为训练样本，另一部分作为测试样本。接下来，使用摄像机拍摄所有鸟类样本的图像，并对图像进行处理，去除背景和不必要的遮挡或缺损部分。然后，选择鸟类的特征，如喙的形状大小、羽毛的颜色条纹、爪的形状等及其组合作为识别的特征。接着，运用一定的算法对这些特征进行学习和训练，形成相应的分类规则，构建分类器，再对测试样本的图像进行相同的处理，并通过分类器进行分类，最后将分类结果与实际结果进行比对，获得识别的正确率，并以此作为未来评判的指标。通过这样的流程，就基本完成一个鸟类识别的模式识别系统。

微课视频

模式识别系统中所有模块的功能应无须人工干预，由计算机自动完成。分类规则通常由学习算法通过样本训练自动获取，分类结果应以适合人类的阅读方式进行输出。

2. 智能推理

智能推理是指计算机对获取的信息进行有目的的加工处理，如同人类的智能来源于大脑的思维活动一样，计算机的智能来自智能推理。因此，智能推理是人工智能研究中重要且关键的部分。它负责对感知的外部信息以及计算机内部的各种工作信息进行处理，使得计算机能够模拟人类的思维活动，具备抽象思维和形象思维的能力。通过智能推理，计算机可以根据不同的情况得出适当的结论。智能推理大致分为演绎推理和归纳推理：在演绎推理中，前提的真理性确保了结论的真理性；而在归纳推理中，前提的真理性只能支持结论，但不完全保证结论的真理性。

专家系统是一种模仿人类专家思维活动的计算机程序，以知识库中的专业领域知识为推理基础，运用推理和判断解决某一特定领域的问题。专家系统由知识库、推理机、综合数据库、解释器、知识获取模块和人机交互界面 6 个部分组成（见图 8.10）。知识库和推理机是专家系统的核心，其工作流程是根据知识库中的知识和用户提供的事实进行推理，进而不断地由已知的事实推出未知的结论，即中间结果，并将中间结果放到数据库中，作为已知的新事实进行推理，最终把求解的问题由未知状态转

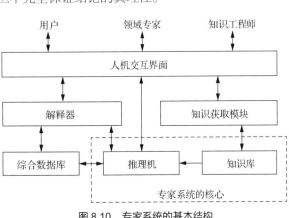

图 8.10 专家系统的基本结构

换为已知状态。在专家系统的运行过程中，会不断地通过人机交互界面与用户进行交互，向用户提问，并向用户做出解释。斯坦福大学研制的 MYCIN 系统是用于细菌感染性疾病的诊断和治疗的专家系统，可对细菌感染性疾病给出专家水平的诊断和治疗方案。MYCIN 系统第一次使用了知识库的概

念，引入了可信度的方法进行不精确推理，能够给出推理过程的解释，可用英语与用户进行交互，是第一个功能较全面、结构较完整的专家系统。

3. 智能学习

人类具备获取新知识、总结经验并不断改进的能力，而智能学习研究的是如何使计算机具备类似于人类的学习能力，使其通过学习自动获取知识，并在实践中实现自我完善。智能学习研究的是计算机程序如何更有效地随着经验积累自动提高系统性能且自我改进的过程。大多数专家系统会受到问题求解策略的僵化和频繁修改代码的限制，而突破这些限制的有效方法就是让程序进行自我学习。机器学习作为智能学习的重要组成部分，是赋予计算机智能的根本途径。AlphaGo 是人工智能通过智能学习达到超越人类智能的典型例子。它首先对大量人类棋谱进行监督学习，掌握围棋的基本策略；然后，通过自我对弈进行强化学习，不断优化和提升决策能力。AlphaGo 不仅模仿了人类的下棋方式，还创新出许多策略，展示了人工智能在处理复杂任务中的强大潜力。

4. 智能行动

智能行动既是智能机器与外界环境交互的主要途径，也是机器智能的重要组成部分。智能行动主要涉及机器人行为规划，这被认为是智能机器人的核心技术。由于解决问题需要依靠规划功能来制定行动步骤和动作序列，因此规划功能的强弱直接反映了机器人的智能水平。智能行动的研究主要集中在两个方面：智能控制和智能制造。智能控制是指无须或尽可能少的人工干预智能机器就能独立地运行，进而实现目标的控制过程，是一种把人工智能技术与传统自动控制技术相结合的方法和技术。智能制造是指以计算机为核心，集成多种技术（如大数据、物联网、人工智能等），以增强、拓展、替代专业技术人员在制造过程中的智能活动，进而实现制造过程的智能行动。

智能体又称为主体或智能代理，是计算机科学和人工智能领域中的重要概念，其可理解为一种能够自主执行任务的实体，该实体可以是智能软件、智能设备、智能机器人，甚至是人类。本质上，智能体通过传感器获取周围环境中的信息，并通过效应器作用于环境（见图 8.11）。一般认为，智能体是人工智能与对象实体相结合的产物，能自主、连续地在可动态变化、存在其他智能体的环境中运行，且可与环境进行交互的实体。从广义上讲，智能体是具有自主性、社会能力（交互性）和反应特征的计算机软件或硬件系统。

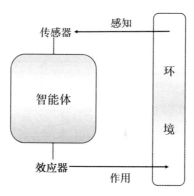

图 8.11　智能体与环境的交互作用

智能体由两个核心部分构成：智能体的体系结构和在该体系结构中运行的智能体程序。智能体的体系结构是指其内部工作结构，它定义了从感知环境信息到做出行为决策，再到执行外部动作的整个过程所涉及的具体步骤和功能组件，以及这些组件之间的交互方式。智能体程序则是指在其体系结构下执行实际运算的函数。根据人类思维的不同层次，智能体可分为反应型智能体、慎思型智能体和混合型智能体。

智能体具备以下特点。

① 反应性：智能体存在于特定的环境中，能够感知周围环境的变化，并迅速做出反应，以实现其设定的目标。

② 主动性：智能体不仅能够对环境做出相应反应，还能主动采取行动，执行特定操作，以实现其设计目标。

③ 自治性：智能体拥有独立的内部状态，并且能够在这些状态的基础上自主决策和行动，而不需要外部干预。

④ 社会性：智能体具备与其他智能体或人类进行协作的能力。

⑤ 进化性：智能体能积累或学习经验和知识，并根据新环境适时调整自己的行为。

微课视频

8.2 人工智能的组成要素与产业框架体系

8.2.1 人工智能的 4 个要素

1. 算法

在人工智能领域中，"算法"一般是指一种有限的、确定的并且适合用计算机程序来实现的规范化方法。主流算法分为传统机器学习算法和神经网络算法，其中神经网络算法包括回归算法、决策树算法、博弈算法、遗传算法、深度学习算法等。近年来，神经网络算法因深度学习的兴起而迅速发展。

2. 算力

算力（Computing Power）也称哈希率，即计算机（或 CPU）计算哈希函数时的输出的速度。在人工智能领域，算力指的是对数据进行计算的时间单位。随着人工智能的发展，人工智能对算力的要求也越来越高。

3. 大数据

大数据是人工智能发展的基础保障，缺少了大数据，人工智能将无法发展。算力则是人工智能的技术支撑，提供了动力和引擎。算力与大数据共同构成了人工智能发展的关键要素。同时，人工智能的发展和应用反过来推动大数据和算力技术的不断革新。

4. 场景

人工智能在许多领域都有广泛的应用，不仅能解放劳动力、提高工作效率，还能够完成某些人类无法精确处理的工作，同时在多个方面为人类带来了巨大的经济效益。常见的人工智能应用场景包括智能机器人（如智能外呼机器人和智能客服机器人）、智能音箱、医学影像分析、人脸识别和无人驾驶等。

算法、算力、大数据和场景这 4 个关键要素共同构成一个完整的系统（见图 8.12）。其中，大数据为算法提供基础，算法通过学习和推理从数据中提取出有价值的信息，算力则确保算法能够在大规模数据和复杂任务中高效运行，而场景为技术的应用和优化提供实际测试和反馈。这 4 个要素相互促进，共同推动人工智能技术的进步和应用。

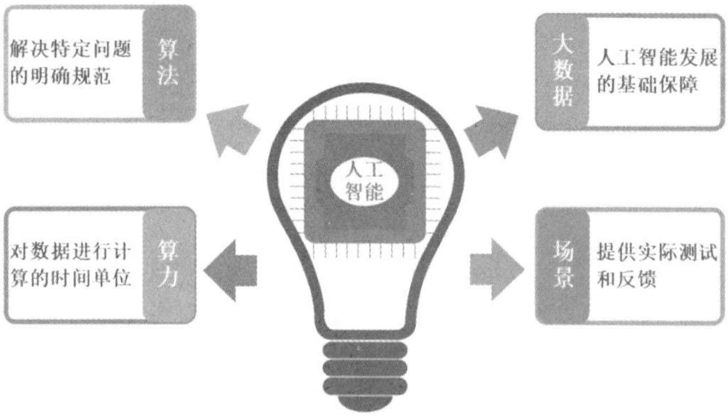
解决特定问题的明确规范
算法
大数据
人工智能发展的基础保障
人工智能
对数据进行计算的时间单位
算力
场景
提供实际测试和反馈

图 8.12　人工智能的 4 个要素

8.2.2　人工智能产业体系与产业链框架

人工智能产业体系主要包括硬件、软件和应用三大部分。硬件为人工智能技术提供计算能力和数据支持；软件包括开放平台和工具，为机器学习提供核心算法应用技术的通用平台和服务接口等。目前，软件开发主要由大家熟知的互联网公司和垂直领域的技术公司主导，如百度、谷歌等。应用则主要涉及行业应用，利用人工智能技术推动传统行业向智能化转型。

人工智能产业链框架可以分为基础层、技术层、应用层和保障层 4 个层次（见图 8.13）。每层通过结合应用场景和产业上下游的关系，可划分为既相互依存又相对独立的若干中间产品及服务。其中，基础层侧重于计算能力和数据资源平台的搭建，技术层专注于核心技术的研发。基础层和技术层主要包括计算能力等相关基础设施的搭建。计算机视觉、语音识别等感知技术，类脑智能/推理智能、学习判断/逻辑思考等认知技术，以及人工智能开源软硬件平台、自主无人系统支撑平台等，为人工智能向产业转化提供了坚实基础，降低了应用门槛。应用层关注应用的发展，其主要涵盖了人工智能在各类场景中的应用，包括智能机器人、智能无人机、智能硬件等智能终端产品。重点应用场景包括智能医疗、智能金融、智能教育、智能交通和智慧制造等，这些场景通过利用人工智能软硬件及集成服务，对传统产业进行升级、改造，提高智能化程度。此外，保障层涉及人工智能产业发展过程中需要遵守的法律法规、伦理规范和安全标准，以保障人工智能产业生态有序和可持续地发展。接下来将重点分析人工智能产业框架体系的基础层、技术层和应用层。

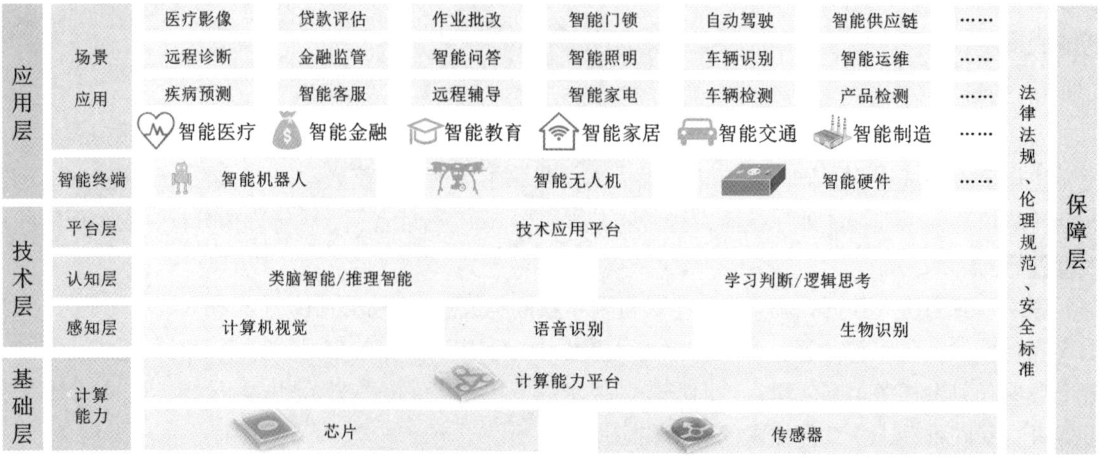
应用层
场景
应用
医疗影像
贷款评估
作业批改
智能门锁
自动驾驶
智能供应链
……
远程诊断
金融监管
智能问答
智能照明
车辆识别
智能运维
……
疾病预测
智能客服
远程辅导
智能家电
车辆检测
产品检测
……
智能医疗
智能金融
智能教育
智能家居
智能交通
智能制造
……
智能终端
智能机器人
智能无人机
智能硬件
……
技术层
平台层
技术应用平台
认知层
类脑智能/推理智能
学习判断/逻辑思考
感知层
计算机视觉
语音识别
生物识别
基础层
计算能力
计算能力平台
芯片
传感器
法律法规、伦理规范、安全标准
保障层

图 8.13　人工智能产业框架体系

1. 基础层

基础层主要包括智能传感器、智能芯片和算法模型，其中智能传感器和智能芯片是基础硬件，而算法模型是核心软件。随着应用场景的迅速扩展，现有的人工智能产业在规模和技术水平上仍无法完全满足持续增长的市场需求，这推动了相关企业和科研机构加大对智能传感器、智能芯片及算法模型的研发和产业化力度。

（1）智能传感器

智能传感器属于人工智能的"神经末梢"，是实现人工智能的核心组件，用于全面感知外界环境。作为带有微处理器的传感器，智能传感器不仅具备信息检测功能，还能够进行信息处理。由于智能传感器具有感应精度高、稳定性好、可靠性高、自适应能力强等特点，其已成为传感器发展的主要方向之一。智能传感器能够根据给定的传统传感器知识，通过软件计算、自动补偿失真信号，并快速恢复被测信号，从而提升应用灵活性。

与传统传感器不同，智能传感器集成了微控制器或微处理器，使其能够在现场对采集的原始传感信息进行必要的处理，如信号放大、调理、A/D 转换等，最终将处理后的信息转换为某种标准的数字格式，并通过现有的标准通信协议发送给用户。智能传感器的构成如图 8.14 所示。

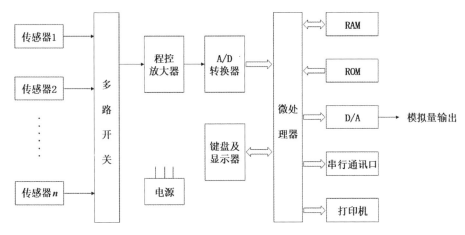

图 8.14　智能传感器的构成

（2）智能芯片

芯片是半导体元件的统称，也被称为微电路、微芯片或集成电路，指的是内含集成电路的硅片。它体积小，通常作为计算机或其他电子设备的一部分。智能芯片是专门针对人工智能算法进行特殊加速设计的芯片，也被称为人工智能加速器或计算卡，其专门用于处理人工智能应用中的大量计算任务，提升计算效率和处理能力。

智能芯片按照技术架构可以分为通用芯片（例如 GPU）、半定制化芯片（例如 FPGA）和全定制化芯片（例如 ASIC）等。传统的 CPU 主要用于单指令、单数据流的处理，但在面对大量统一数据时表现不佳，此时需要用更合适的芯片替代。GPU 是一种单指令、多数据处理的芯片，拥有众多计算单元，擅长图像领域的运算加速，但需要在 CPU 的控制下工作，无法独立运行。与 GPU 相反，FPGA 适用于多指令、单数据流的分析，它通过硬件实现软件算法，因此在实现复杂算法时具有一定难度，同时成本较高。ASIC 是一种为特定场景定制的专用智能芯片，虽然它不能扩展，但在功耗、可靠性和体积方面具有显著优势，特别适用于高性能、低功耗的移动设备。定制化设计提高了 ASIC 的性能和功耗比，但它的开发周期较长、功能扩展难度较大。

（3）算法模型

在人工智能领域，算法通常与具体的程序设计语言无关，主要关注解决问题的步骤。而模型是指对于某个实际问题或客观事物、规律进行抽象后的形式化表达方式。在人工智能领域，模型是基于数据、算法所构造出来的。因此在人工智能领域，算法模型可以简单理解为一种基于规范化的方法和有限的数据所构建的执行方式。根据学习方式的不同，主流的算法模型可以分为机器学习算法模型和深度学习算法模型。机器学习是一种重要的人工智能技术，机器学习算法模型能够从样本数据中发现规律，并利用这些规律对未来的数据进行预测。而深度学习算法模型擅长处理复杂的高维度数据，如文本、声音和图像等，展现出更强大的处理能力。

2. 技术层

技术层专注于人工智能核心技术的研发，是人工智能技术的心脏，为应用层提供技术支持，也是技术创新的主要原因。技术层主要包括语音识别、图像和视频识别、文本识别等技术。其中，语音识别已经延展到语义识别层面；图像和视频识别用于人脸识别、手势识别、指纹识别等场景；文本识别则主要针对印刷、手写及图像拍摄等各种字符的辨识。

此外，实现人工智能离不开软件开发框架。人工智能算法在从理论研究转向产品开发的过程中，通常涉及多个不同的步骤和工具，这些算法的开发依赖于环境的安装、部署、测试以及不断迭代来提高准确性和优化性能。为简化、加速和优化这一过程，学术界和产业界都投入了大量精力，开发并完善了多个基础平台和通用工具，这些平台和工具通常被称为机器学习框架或深度学习框架。有了这些基础平台和通用工具，开发者可以专注于技术研究和产品创新。软件通常有闭源和开源两种形式，目前主流的软件大多采用开源模式运营。早期的 Caffe、Torch 和 Theano，以及由谷歌创建的 TensorFlow，Amazon 创建的深度学习框架 MXNet，Facebook（现 Meta 公司）倾力打造的 PyTorch 等，都是广泛应用的深度学习框架。

3. 应用层

应用层是指人工智能技术在传统产业和社会建设中的具体应用，包括通过人工智能相关技术开发的各种软硬件产品。人工智能终端产品形式多样，涉及听觉、视觉、触觉和认知等多个领域，能够处理语音、文字、图像、感知等多种输入或输出形式。人工智能终端产品是人工智能技术的载体，主要包括机器人、无人车、智能摄像头、可穿戴设备和特征识别设备等终端产品及其配套软件。这些产品通过应用人工智能技术，为各行业和日常生活带来了智能化的升级和创新。

微课视频

8.2.3 人工智能的三层核心技术

通过对当前人工智能发展进行分析，可将其核心技术分为基础技术层、通用技术层、应用技术层 3 层（见图 8.15），其中基础技术层和通用技术层的进步共同决定了应用技术层的发展速度。

应用技术层	人机交互	人脸闸机	自动驾驶	机器翻译	图片搜索	······
通用技术层	语音识别	计算机视觉	自然语言处理	决策、规划	运动、控制	······
基础技术层	深度学习平台		大数据		大规模计算能力	

图 8.15　人工智能的三层核心技术

基础技术层包括深度学习平台、大数据和大规模计算能力等要素，这些要素共同构成了人工智能发展的核心，并为通用技术层的发展提供了必要的硬件和数据支持。

在基础设施和算法的支撑下形成的通用技术层。通过利用基础技术层提供的资源和计算能力，可应用于诸多领域的通用算法和模型被开发出来，为各种场景提供技术支撑。其中主要包括赋予计算机感知能力的计算机视觉技术和语音识别技术，提供理解和思考能力的自然语言处理技术，以及提供决策和交互能力的决策与规划、运动与控制等技术。每个技术还包括多个具体的子技术，如机器翻译、语音识别、语音合成、图像识别、图像理解、视频识别等。其中，语音识别、计算机视觉和自然语言处理是发展较为成熟、应用广泛的通用技术，而决策与规划、运动与控制等技术则是自动驾驶技术的重要组成部分。人工智能应用深刻改变着人类的生产、生活方式。从手机语音助手到自动驾驶汽车，人工智能应用技术正与各个垂直领域不断结合，持续拓展"AI+"应用场景的边界，探索智慧未来的无限可能。人工智能应用技术丰富多样，在人机交互、自动驾驶和机器翻译等领域得到了广泛应用和普及。

8.3　人工智能的发展趋势与伦理问题

8.3.1　人工智能的发展趋势

1. 人工智能的 3 个级别

根据能力水平高低，特别是可否真正进行推理、思考和解决问题，人工智能可以分为 3 个级别：弱人工智能、强人工智能和超人工智能（见图 8.16）。

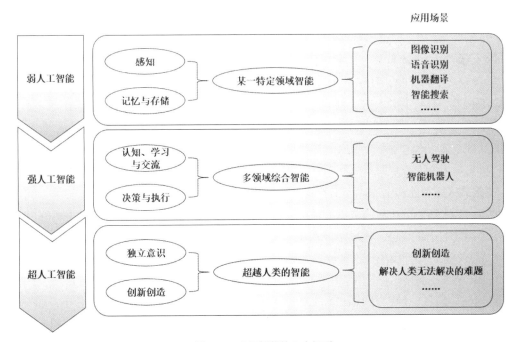

图 8.16　人工智能的 3 个级别

（1）弱人工智能

弱人工智能指的是无法进行真正的推理和解决问题的人工智能系统。弱人工智能能够在特定领域内表现出智能行为，但并不具备广泛的理解或认知能力，如图像识别、语音识别、自然语言处理等系统，这些系统通常是为执行特定任务而设计的，用于解决特定类别的问题，并从中归纳相应的模型，但其操作仅限于预设的范围内。在人工智能的发展趋势中，弱人工智能是目前常见的人工智能，广泛应用于日常生活中。2016 年，在"人机大战"中击败韩国棋手李世石的 AlphaGo 是弱人工智能的一个典型例子。尽管它在围棋领域展现了超凡的实力，能够战胜顶尖选手，但其设计初衷就是下围棋。因此，当面对其他任务，例如简单的图像识别（如区分狗和猫），它无法完成。这种专注于特定任务的能力限制了它在更广泛领域的适应性和灵活性。目前，大多数人工智能系统仍然是专门用于特定任务的，如语音识别、图像处理和机器翻译等。这些系统被称为弱人工智能，是因为它们无法像人类一样灵活应对复杂多变的环境，且无法自主学习和培养新的能力。

（2）强人工智能

强人工智能是指具备与人类相似的智能水平的人工智能。这个概念最早由约翰·罗杰斯·瑟尔提出，其目标是构建一种系统架构，使机器能够具备自适应能力，处理一些弱人工智能无法解决的问题，能够进行思考并做出相应反应，从而真正实现人工智能的本质。强人工智能，也被称为通用人工智能，是指能够执行所有任务的智能系统。强人工智能必须具备 4 个关键能力：首先，其需要在面对不确定性时进行推理，包括制定策略、解决问题和做出决策的能力；其次，其需要知识表示能力，这包括常识性知识的表示能力、学习能力和规划能力；再次，其需要能够使用自然语言进行交流的能力；最后，其需要将这些能力整合以实现特定目标的能力。相比弱人工智能，强人工智能的应用目前相对较少，但其潜力正在被越来越多的领域探索。

（3）超人工智能

超人工智能是指超出人类智能水平的人工智能。英国牛津大学知名人工智能思想家尼克·波斯特洛姆把超人工智能描述为"在几乎所有领域都比最聪明的人类聪明很多，包括科学创新、通识和社交技能。"超人工智能的计算和思维能力已经远超越了人类大脑，这种人工智能达到了人类难以理解和想象的程度，其将突破人脑受到的维度限制，所观察和思考的内容可能已经超出了人类大脑能理解的范围。

总的来说，从弱人工智能到超人工智能是一个不断演进的过程。随着技术的进步和理论的完善，未来我们将见证更多人工智能系统的涌现，这些系统将在更广泛和深入的领域为人类提供帮助。

2. 决策式人工智能和生成式人工智能

从决策式人工智能到生成式人工智能的过程，是人工智能在不同层次和应用场景中的发展。这种从决策到创造的进化路径，代表了技术从"分析与优化"到"创造与革新"的跃升。这一发展趋势反映了人工智能在不同应用层次的逐渐成熟和扩展。

（1）决策式人工智能

决策式人工智能（也称为判别式人工智能）是指通过学习数据中的条件概率分布，即一个样本属于特定类别的概率，然后对新的场景进行判断、分析和预测。其主要应用领域包括推荐系统、人脸识别、机器人、自动驾驶和智能决策系统等。如在人脸识别领域，决策式人工智能能够实时提取人脸图像的特征数据，并将其与人脸库中的特征数据进行匹配，以实现准确的人脸识别。此外，决策式人工智能可分析电商平台上大量用户的消费数据，从而制定更合适的推荐方案，有效提升平台的交易量。

（2）生成式人工智能

生成式人工智能通过学习数据中的联合概率分布，即由多个变量组成的向量的概率分布，对已有数据进行归纳和总结，并在此基础上利用深度学习等技术创作模仿式和缝合式内容，进而自动生成全新的内容。生成式人工智能可生成形式多样的内容，包括文本、图片、音频、视频等。如用户输入一小段的故事情节描述，生成式人工智能便可生成一篇完整的故事内容；再如，生成式人工智能可生成人物照片，而照片中的人物在现实世界中是不存在的。

（3）决策式人工智能与生成式人工智能的区别

决策式人工智能和生成式人工智能在许多方面存在显著差异（见表8.1）。决策式人工智能是一种用于决策的技术，其利用机器学习、深度学习和计算机视觉等技术，旨在解决特定领域的问题，从而帮助企业和组织优化决策过程。而生成式人工智能专注于自动生成新内容，其运用语言模型、图像模型和深度学习等技术，能创作文本、图像、音频和视频等多种形式的全新内容。因此，决策式人工智能可被视为对人类决策过程的模拟，而生成式人工智能更侧重于创造新内容。接下来，从技术路径、成熟程度和应用方向3个方面来进一步探讨二者的差异。

表8.1 决策式人工智能与生成式人工智能的对比

层面	决策式人工智能	生成式人工智能
技术路径	对已有数据进行"打标签"，以区分不同类别的数据	在分析和归纳已有数据后，能"创作"出全新的内容
成熟程度	在零售、金融、制造、互联网等领域有广泛的应用	2014年以来迅速发展，呈指数级暴发
应用方向	在机器人、推荐系统、人脸识别、自动驾驶等领域已有成熟的应用，并与日常生活紧密联系	在内容创作、人机交互和产品设计等领域展现出巨大的潜力

从技术路径方面来看，决策式人工智能的主要任务是对已有数据进行"打标签"，以区分不同类别的数据。例如，区分大象和狮子、葡萄和苹果等简单的任务，主要涉及"判断是不是"和"区分这个还是那个"的工作。而生成式人工智能在分析和归纳已有数据后，能"创作"出全新的内容。例如，在学习了大量人脸图片后，生成式人工智能可创作出一张全新的人脸图片，具有"举一反三"的能力。

从成熟程度方面来看，决策式人工智能的应用已相对成熟，目前广泛应用于零售、金融、制造、互联网等领域，显著提升了企业的工作效率。相比之下，生成式人工智能的发展时间较短，自2014年以来迅速发展，呈指数级暴发，已在文本生成和图片生成等领域中广泛应用。

从应用方向方面来看，决策式人工智能在机器人、推荐系统、人脸识别、自动驾驶等领域已有成熟的应用，并与日常生活紧密联系。相对而言，生成式人工智能在内容创作、人机交互和产品设计等领域展现出巨大的潜力，正在逐步改变这些领域的工作方式。

在日常生活中，决策式人工智能和生成式人工智能的应用非常广泛。例如，当你购买某一商品后，电商平台会自动推荐许多同类或相关商品，这背后是电商平台利用决策式人工智能技术，根据用户的浏览历史和购买行为，分析用户与商品之间的关联，从而有针对性地推荐内容。同时，在自动驾驶领域，自动驾驶汽车利用决策式人工智能技术，分析和判断各种路况，识别和跟踪多种物体，从而提升行车安全。这些例子展示了决策式人工智能在日常生活中的实际应用，帮助用户做出更好的选择并提高安全性。

随着生成式人工智能的崛起，特别是ChatGPT的问世，人们对其功能和应用有了前所未有的关注。由于生成式人工智能具备强大的能力和广泛的应用场景，因此涉及文字、图片、音视频等内容的工作者在面对这一"智能助手"时，常常备感焦虑，担心自己的工作被取代。然而，生成式人工智能实际上能够执行多种功能，如文字纠错、文字生成语音、视频智能剪辑等，这些功能不仅能减轻人们的机械劳动负担，还能让他们将更多时间投入创意性工作，从而为作者、翻译人员、插画师和视频剪辑师等提供重要支持。此外，生成式人工智能能够承担部分设计师、程序员甚至专业工程师的设计与编程任务，使这些专业人员能够更专注于自身的核心技能，减少在基础工作上的时间投入，进而提升工作效率。总体而言，用户合理利用决策式人工智能和生成式人工智能不仅能提升体验，还能帮助企业降低成本、提高效率。

8.3.2　人工智能伦理问题

1. 人工智能对思维方式与传统观念的影响

人工智能的进步和广泛应用正在改变人类的思维方式和传统观念。例如，传统知识通常以图书、杂志等书面形式存在，因此其内容相对固定；而人工智能系统的知识库能够不断地进行更新、修改和扩展。又如，当用户开始依赖专家系统的判断和决策时，他们可能会减少思考，变得懒惰，从而失去对问题及解决任务的主动性和责任性。再如，用户在没有分析的情况下盲目接受人工智能系统的建议，可能会导致用户认知能力的下降和误解的增加。因此，在设计和研发人工智能系统时，应重视以上问题，鼓励用户积极参与问题的求解，确保他们的认知能力不受影响且得到充分发挥。

2. 人工智能对劳动伦理的影响

人工智能的崛起将替代人类进行多种脑力劳动，这可能导致部分人群需要转变职业，甚至面临失业风险。尽管人们希望人工智能和智能机器能够承担人类各种体力和脑力劳动，但同时对其可能引发的社会问题而感到担忧。实际上，近年来，社会结构已悄然发生变化，正在从"人–机器"的结构逐渐转向"人–智能机器–机器"的新结构。智能机器人作为一种智能机器，未来将承担许多原本由人类完成的工作。因此，人们必须学会与智能机器共存，并适应这一变化带来的新社会格局。

3. 人工智能对安全的影响

人工智能的发展不可避免地伴随着一系列安全隐患，这些隐患包括交通安全和网络空间安全等多个方面。在交通安全方面，自动驾驶汽车的安全问题尤为重要，如何有效防止自动驾驶汽车发生意外事故是当下急需解决的问题。

人工智能网络空间安全包括网络安全、数据安全、算法安全和信息安全等方面。

（1）网络安全

随着人工智能技术在网络安全领域的应用，网络攻击也呈现出智能化的特点。网络攻击的智能化使得攻击成本降低、效率提升，且手段更加多样化，这为网络安全带来了严峻的挑战。当前，网络安全不仅涉及网络设施和学习框架的漏洞，还包括后门安全问题以及恶意利用人工智能技术提升网络攻击能力等问题。

（2）数据安全

数据是人工智能的基础。近年来，大数据的蓬勃发展为机器学习等人工智能算法提供了丰富的学习样本，推动了人工智能技术的快速进步。因此，数据安全成为人工智能安全的核心组成部分，保障数据的完整性和隐私性对于确保人工智能系统的安全性至关重要。

（3）算法安全

算法是人工智能系统的核心。目前，人工智能在算法方面面临多种安全风险，包括算法设计或实施有误、算法歧视或隐藏偏见，以及算法黑箱等。这些风险可能导致不公平的决策结果，影响系统的透明度和可解释性。因此，确保算法的准确性、公正性和可解释性是提升人工智能系统安全性的重要任务。

（4）信息安全

人工智能技术已广泛应用于信息内容的生成、传播和处理等领域。然而，不当使用人工智能技术可能引发信息安全风险。例如，人工智能技术可以生成虚假信息内容，这不仅会误导公众，还可能导致社会信任度下降和信息传播混乱。因此，确保人工智能技术被负责任地使用和有效监管是至关重要的，以降低信息安全风险。

8.3.3　针对人工智能的安全举措

人工智能的安全取决于技术发展及其安全可控的程度。短期风险是可预见的，而长期风险因现有认知能力的限制而难以预测和判断。因此，一方面，人类社会应积极推动人工智能技术的研发和应用；另一方面，需要为人工智能的发展和应用规划一条安全边界，以防止其被恶意运用或滥用，从而给人类社会造成不可逆转的损失。

1. 加强对人工智能安全的监管

树立正确的安全观，科学对待人工智能安全，强化安全治理理念，制定人工智能发展原则。在人工智能的治理问题上，应坚持安全与发展并重，将人工智能安全贯穿于人工智能发展的始终；应研究并掌握在人工智能技术研发和应用过程中可能出现的风险，并从政策、技术和监管等方面进行有效的防控和管控。

2. 明确人工智能的发展边界

目前，人工智能技术的快速发展引起了国际社会对其安全问题的关注和担心，因此需制定一系列防备措施，明确人工智能的发展边界。若能对其应用范围进行限定，划出"红线"，设置禁区，禁止研究和开发危害人类安全的人工智能技术和产品，防止人工智能技术的滥用，就可使人工智能设备与人类和平相处。

3. 加强人工智能伦理道德研究

人工智能的安全隐患必须考虑伦理道德方面的问题，应开展人工智能行为科学和伦理等问题的研究，探讨人工智能的人格、法律主体地位和数据安全问题，分析其对现有社会伦理规范和行为准则的影响与冲击，研究人工智能对人类心理的影响，并制定相应的心理辅导方案。同时，制定人工智能技术的负面清单，对于可能涉及重大伦理问题的人工智能技术和产品的研发，研发时需提交人工智能伦理委员会审议，并报请政府相关部门备案或批准。此外，可通过广泛宣传，将人工智能伦理原则的社会影响力不断扩散，从而真正形成社会普遍认可的共识，使之成为人工智能在设计、研发、使用和治理过程中的潜在道德观念，降低甚至消除人工智能对人类产生的危害。

4. 加强人工智能安全评估

为了有效解决人工智能安全问题，深入评估和管理人工智能产品是非常必要的。安全评估是评估人工智能产品对人类产生的危害，计算其发生概率，从而判定危害程度并划分等级，以便人类采取相应的应对措施。根据不同的安全等级，运用不同层次的智能安防技术，确保人工智能技术应用的有序性和安全性。此外，针对人工智能技术的应用，需进行风险预测，以防人工智能技术在应用场景中存在潜在风险，防止其在实际运用中出现失效、故障等问题。故可利用"技术制约技术"的理念，通过对抗学习算法研究设计一种检测机制，对整个过程进行有效管控，优化人工智能技术开发架构，从而降低人工智能带来的隐患。

5. 加快法律法规的制定和修订速度

随着人工智能技术的快速发展，现有法律法规往往无法及时跟上人工智能发展的步伐，导致法律法规的适用性和有效性受到挑战。比如，其中一个核心问题是责任归属的模糊性，人工智能决策往往涉及多个参与者，如开发者、系统和用户，难以明确界定责任主体。又如，隐私保护是一个重要的考虑因素，人工智能系统需要大量数据来进行训练和决策，如何在数据使用和个人隐私之间找到平衡点是当前亟待解决的问题。再如，由于人工智能的全球性特征，需要通过国际合作与协调来制定一致的标准和规范进行跨国监管。解决上述问题需要各方的共同努力，通过政府、学术界、行业和公众的合作，制定健全的法律法规，以规范人们的行为，确保人工智能的可持续和安全发展。

6. 社会主义核心价值观引领人工智能伦理建构

人工智能伦理建构在伦理层面是探寻智能的存在方式，在道德层面是实现应然与实然的统一，在实践层面是探寻多方和谐共处的模式。社会主义核心价值观是当代中国精神的集中体现，凝结着全体人民共同的价值追求，只有在社会主义核心价值观的引领下，才能形成人工智能在伦理、道德和实践上的统一。

社会主义核心价值观中的"诚信"是德性伦理与规范伦理的统一，也是人机协同的起点。人工智能算法的不透明性和不可解释性意味着在研发阶段无法对其进行实质性的监管，因此研发人员应恪守行业规范、尊重公德，不擅自创建有违伦理、反社会、反人类的程序。此外，在将人工智能用于医疗、教育、司法等领域时，受众在技术严重不对称的情形下，无法获悉人工智能可能存在的侵权行为，这就需要提供人工智能产品和服务的企业、社会组织等机构，要诚实守信地提示人工智能可能存在的风险，同时最大限度地完善容错机制和补救措施。

社会主义核心价值观中的"自由"被放在了社会框架下，进一步明确了"自由"不是从抽象人格出发的"绝对自由"，而是指在社会关系范畴中个人在不伤害、不妨碍他人的情况下所拥有的自由，并且社会为个人全面发展的自由提供保障。为了确保安全性，人工智能的研发、销售和使用不能"绝对自由"，对非单一功能的机器人和超人工智能的开发要有严格的许可标准和市场准入条件，并进行项目的登记、注册，且建立项目跟踪记录机制，确保其在批准的范围内研发和使用。

社会主义核心价值观中的"公正"是基于自由和平等而形成的价值取向，具有"元价值"的意义，是社会认同的基础，可以保障平等和自由的实现。社会主义核心价值观引领的人工智能伦理建构所遵循的公正在于：避免人工智能成为少数技术垄断企业赚取超额利润的工具；避免对特定群体或个人的偏见、歧视；避免将弱势人群置于更为不利的地位。

社会主义核心价值观中的"法治"与人工智能伦理建构相互促进、相得益彰。一方面，社会主义核心价值观引领重要伦理入法，对人工智能的研发、销售和使用起到硬约束作用；另一方面，加强人工智能在司法中的应用，让"智慧司法"辅助司法公正，让公正得以更好地守住最后一道防线。

综上所述，人工智能的安全不仅依赖于技术进步，还需运用多种防御措施确保其安全可控。只有建立了完善的安全体系和伦理框架，人工智能才能为人类社会带来积极的影响和进行可持续地发展。

习题 8

8.1　什么是智能？什么是人工智能？

8.2　人工智能的近期目标和远期目标分别是什么？

8.3　人工智能的发展经历了哪几个阶段？

8.4　人工智能研究有哪几个主要学派？其特点分别是什么？

8.5　人工智能的基本研究内容有哪些？

8.6　什么是模式识别？

8.7　什么是专家系统？

8.8　什么是智能体？

8.9　什么是人工智能的 4 个要素？

8.10　人工智能产业链框架可以分为哪几层？

8.11　人工智能可以分为哪 3 个级别？

8.12　什么是决策式人工智能？什么是生成式人工智能？它们的区别是什么？

09 第9章 人工智能基础

近年来，人工智能技术的发展正在改变着各行各业的现状。2023 年，由 OpenAI 开发的大语言模型 ChatGPT 在自然语言处理和生成方面展示了强大的能力，能够帮助人们理解和生成文本，已经在多个领域被广泛应用。然而，人工智能技术不是一蹴而就的。最初的人工智能系统依赖于简单的规则和逻辑推理，经历了数十年的研究和技术积累，才有了如今的突破，逐渐发展到可以处理海量数据和复杂任务的深度学习模型。

本章将聚焦于具体的人工智能技术，介绍人工智能的核心——知识和知识表示，并探讨现代人工智能技术如何通过机器学习和深度学习算法，实现更加灵活和强大的知识表示，处理大量数据并成功完成多种复杂任务。此外，本章还将探讨大模型的作用和发展。随着对大模型研究的不断深入与优化，人工智能技术将在更广阔的领域内绽放异彩，推动各行各业的创新和发展。

9.1 知识和知识表示

你更相信自动驾驶技术，还是依赖传统的人为驾驶？在自动驾驶技术的发展中，一个关键挑战是如何让机器在复杂的道路环境中做出准确的决策，这主要依赖于知识表示的准确性和灵活性。人类驾驶员之所以能够智能地操控车辆，是因为他们具有丰富的知识和直观的判断能力。

因此，知识不仅是人工智能的基石，也是实现人工智能系统的关键要素。为了让机器具备类似的智能，我们必须将人类的知识转化为计算机可以理解的格式。这涉及知识表示方法。计算机无法直接处理自然语言或复杂的知识结构，因此我们需要使用适当的知识表示方法来将这些信息转换成机器可识别的格式。

9.1.1 知识的概念和分类

1. 知识的概念

人们对知识的定义可以追溯到古希腊时期，古希腊哲学家如柏拉图和亚里士多德在他们的著作中探讨了知识的不同层面，将其视为对真理的认知和系统性理解。知识是指人类在认识与改造客观世界、解决实际问题的过程中形成的认识与经验的抽象体。也就是说，知识不仅是直接的经验和观察结果，还是这些经验和观察经过思考、分析和总结后的抽象结果。

从形式上来看，知识由符号组成，这些符号不仅是文字和符号本身，还包括所承载的语义。因此，知识是一种带有语义的符号体系。知识的表达方式和结构使得它能够传递复杂的信息和概念。例如，在道路上的交通标志包含符号，这些符号不仅是视觉上的标识，还包含特定的语义（见图 9.1）。司机和行人通过识别这些交通标志，并理解它们所传达的交通规则，做出相应的行为调整。

符号：　　　　　　语义：

这个符号表示"禁止调头"

图 9.1　符号和语义

人们常说"知识就是力量"，知识不仅可以帮助个人做出明智的决策，也可以推动社会的发展和进步。在科学、技术、教育等各个领域，知识都发挥着至关重要的作用，影响着人类的生活和工作方式。在人工智能领域，知识是基础，关于人工智能的讨论和研究，基本上都是围绕知识的获取、表示、处理和应用展开的。

2. 知识的分类

人工智能中的知识可以根据不同的维度进行分类，以下是几种常见的分类方式。

（1）按知识的作用，其可以分为以下几类。

事实性知识：是指描述事物或概念的基本属性和状态的知识。它通常回答"是什么"的问题。例如苹果是一种水果，它的颜色是红色。

过程性知识：是关于如何执行特定任务或解决问题的知识，包括算法、步骤和流程。它关注"怎么做"的问题。例如煮面条的步骤包括将水煮沸、放入面条、捞出加酱汁等。

控制性知识：是关于如何选择相应的操作、演算和行动的比较、判断、管理和决策的知识。例如在工作或学习中，合理安排时间，以增加效率和平衡生活。

（2）按知识的来源，其可以分为以下几类。

先验知识：是指在系统构建之前就已经存在并被明确编码进系统的知识，例如专家系统中由领域专家提供的规则。

学习获得的知识：是指通过机器学习算法从数据中自动提取和构建的知识，例如线性回归中的权重和偏差，以及决策树中的分支规则。

（3）按知识的确定性，其可以分为以下几类。

确定性知识：是指明确的、可清晰表述的知识，通常通过明确的规则、定义或事实来表示。例如法律条文或科学公式。

不确定性知识：是指隐含的或难以直接表述的，通常基于经验和直觉的知识。例如经验丰富的医生通过经验判断病情。

（4）按知识的结构，其可以分为以下几类。

结构化知识：是指有组织的、易于分类和检索的知识，通常以数据库、知识图谱等形式存在。例如知识图谱中的实体和关系。

非结构化知识：是指没有明确结构的知识，通常以文本、图像、视频等形式存在。例如电子邮件或文档中的自然语言文本。非结构化知识需要通过自然语言处理技术来提取和分析其中的有用信息。

综上，人工智能中的知识是一个复杂而多维的概念，其分类有助于我们更好地理解和设计人工智能系统，以实现更高级别的智能行为和决策能力。

9.1.2 产生式表示法

知识表示是人工智能学科中一个非常重要的研究领域。由于知识是人工智能的基础，若要使计算机具备智能，则需要让其具备知识。在有了符号化的概念表示后，知识表示解决的主要问题是如何使用适当形式表示知识以及如何在计算机系统中存储和应用知识。

产生式表示法常用于表示事实性知识和规则性知识以及它们之间的不确定性度量，是已有专家系统中知识表示的主要手段之一。

1. 事实性知识的产生式表示法

（1）确定性事实性知识的产生式表示法

确定性事实性知识一般用三元组表示：

$$(对象, 属性, 属性值)$$

或者

$$(关系, 对象 1, 对象 2)$$

如事实"小华的年龄是 20 岁"可表示为：

$$(Hua, Age, 20)$$

其中，Hua 为确定性事实性知识的对象，Age 为属性，20 为属性值。

如事实"小明与小刚是同学"可表示为：

$$(Classmate, Ming, Gang)$$

其中，Ming 和 Gang 为确定性事实性知识的对象，Classmate 为两个对象间的关系。

（2）不确定性事实性知识的产生式表示法

不确定性事实性知识一般用四元组表示：

$$(对象, 属性, 属性值, 可信度值)$$

或者

$$(关系, 对象 1, 对象 2, 可信度值)$$

如"小华的年龄有 80%的概率是 20 岁"可表示为：

$$(Hua, Age, 20, 0.8)$$

如"小明和小鹏是同学的可能性只有 10%"可表示为：

$$(Classmate, Ming, Peng, 0.1)$$

2. 确定性规则性知识的产生式表示法

（1）确定性规则性知识的产生式表示法

确定性规则性知识的产生式表示法的基本形式是：

$$IF \quad P \quad THEN \quad Q$$

或者

$$P \rightarrow Q$$

其中，P 是产生式的前提，用于指出该产生式是否可用的条件；Q 是一组结论或操作，用于指出当前提 P 所指示的条件被满足时应该得出的结论或应该执行的操作。整个产生式的含义是：如果前提 P 被满足，则结论是 Q 或执行 Q 所规定的操作。

例如：有一条动物分类的规则，即"如果一种动物会飞且会下蛋，那么这种动物是鸟"。这条规则可以用产生式表示法表示为：

IF　动物会飞　AND　动物会下蛋　THEN　该动物是鸟

或者

动物会飞　AND　动物会下蛋　→　该动物是鸟

（2）不确定性规则性知识的产生式表示法

不确定性规则性知识的产生式表示法的基本形式是：

IF　　　P　　　THEN　　　Q（置信度）

或者

P→Q（置信度）

例如一条关于天气预测的不确定性规则性知识："如果天空中出现乌云，那么有 80% 的概率会下雨。"这条知识可以用产生式表示为：

IF　天空中出现乌云　THEN　会下雨 (0.8)

或者

天空中出现乌云　→　会下雨 (0.8)

9.1.3　框架表示法

框架（Frame）表示法是一种结构化的知识表示方法，它通过将复杂对象（如事物、事件或概念）分解为若干个简单的组成部分（称为"槽"或"属性"），并对这些组成部分进行详细的描述和组织，从而实现对知识的有效表示和推理。

1. 框架的基本组成

框架通常由以下几个部分组成。

框架名（Frame Name）：框架的名称。

槽（Slot）：描述对象属性的结构单元。每个槽都有一个槽名（Slot Name），用于标识该槽所描述的属性；槽值（Slot Value）是该属性的具体取值。

侧面（Facet）：用于进一步描述槽的某个方面或细节。一个槽可以包含多个侧面，每个侧面都有其对应的侧面名和侧面值。

约束条件（Constraints）：用于限制槽值和侧面值的取值范围或条件，确保知识的准确性和一致性。

2. 框架表示法的例子

框架是一种描述对象（事物、事件或概念）属性的数据结构。下面用例子来介绍建立框架的基本方法。

例如，可用框架表示学生如下。

框架名：<学生>

姓名：单位（姓、名）

年龄：单位（岁）

性别：范围（男、女）（默认为男）

专业：单位（系）

入学时间：单位（年、月）

该框架共有 5 个槽，描述了"学生"5 个方面的状况或者 5 个属性。每个槽里都有说明性的信息，这为槽的填值给出了限制；"范围"指槽值只能在指定的范围内选择，如"性别"槽值只能是"男"

"女"中的一个；"默认"表示当该槽不填入槽值时，以默认值作为槽值。例如，"性别"槽在不填入"男"或"女"时，默认为"男"。对于上述框架，若把具体信息填入槽或侧面，可得到相应的事例框架。

```
框架名：<学生-1>
姓名：李芳
年龄：19
性别：女
专业：英语系
入学时间：2020.9.1
```

3. 框架表示法的特点

框架表示法的主要特点包括结构性、继承性和自然性。

框架表示法最突出的特点是结构性。框架表示法使用框架和槽的层次结构来表示知识，这种结构能够清晰地展示知识内容之间的关系以及知识间的联系。每个框架代表一个概念或对象，而槽用于描述该对象或概念的属性或特征。与产生式表示法相比，框架表示法更擅长表示结构性知识。产生式表示法中的知识单位是产生式规则，这种知识单位由于太小而难以处理复杂问题，也不能把知识间的结构关系显式地表示出来。

继承性体现了框架间的联系，框架表示法通过将槽值定义为另一个框架名来实现框架间的联系，从而建立表示复杂知识的框架网络。这种联系机制使得框架表示法能够处理庞杂的知识体系。在框架网络中，下层框架可以继承上层框架的槽值，并进行必要的补充和修改。这种继承机制不仅减少了知识的冗余，还较好地保证了知识的一致性。通过继承机制，框架表示法能够有效地利用已有的知识，提高知识表示的效率和质量。

另外，框架表示法具有自然性，这体现了人们在观察事物时的思维活动。当遇到新事物时，人们会尝试从记忆中调用类似事物的框架，并根据新事物的特点对框架中的某些细节进行修改、补充，从而形成对新事物的认知。这种认知过程与框架表示法的操作方式是一致的，使得框架表示法更加符合人类的思维方式。由于框架表示法采用了类似于人类认知的层级结构，因此它表示的知识更加易于理解和解释。这种特点使得框架表示法在智能决策支持系统、专家系统等需要高度解释性的领域中得到广泛应用。

9.1.4　知识图谱

知识图谱（Knowledge Graph）是一种结构化的知识表示方式，它通过将现实世界中的实体、概念及其关系以图的形式进行组织，从而构建庞大的语义网络。知识图谱中的节点代表实体或概念，而边代表这些实体或概念之间的关系。这种知识表示方式不仅能够清晰地展示知识内容，还能够揭示知识之间的内在联系和规律。

1. 知识图谱的提出

知识图谱的概念可以追溯到语义网（Semantic Web）的研究。随着大数据和人工智能技术的不断发展，知识图谱逐渐成为人工智能领域的一个重要研究方向。2012 年 5 月 17 日，谷歌正式提出了知识图谱的概念，其初衷是优化搜索引擎返回的结果，提高用户搜索质量及体验。随着互联网的普及和大数据技术的发展，知识图谱的构建变得更加可行和高效。

知识图谱的核心概念如下。

（1）实体

实体是知识图谱中的基本组成单元，它表示实际存在的对象。实体可以是人、地点、组织、事件、物品等。例如，在知识图谱中，"巴黎""莎士比亚""苹果公司"等都是实体。

（2）关系

关系是实体之间的边，它描述了实体之间的联系。关系可以是一元的（针对单个实体）、二元的（针对两个实体）或多元的（针对 3 个或更多实体）。例如，"北京是中国的首都"描述了一个二元关系，而"山西的一些景点包括应县木塔、云冈石窟等"描述了一个多元关系。

（3）属性

属性是实体的特征，用于描述实体的特点和性质。属性可以是一元的、二元的或多元的。例如，"北京的人口数量"是一个一元属性。

2. **知识图谱的表示**

三元组是知识图谱的一种通用表示方式。三元组的基本形式主要有两种。

(实体 1,关系,实体 2)。例如，(贾宝玉, 父亲, 贾政)就是一个典型的三元组，表示贾宝玉的父亲是贾政。这种表示方式简单直观，易于理解和处理。

(实体,属性,属性值)。例如，(《红楼梦》,作者,曹雪芹)这个三元组说明了《红楼梦》的作者是曹雪芹。《红楼梦》是一个实体，作者是一种属性，曹雪芹是属性值。

以电商领域的应用为例，知识图谱的表示方法主要通过三元组来展现。这种表示方法能够清晰地描述电商生态中各类实体之间的复杂关系，为数据分析、个性化推荐、智能搜索等应用提供强大的支撑。

例如在手机售卖中，用三元组可以表示为：

(华为 Pura70,品牌,HUAWEI)

(华为 Pura70,类别,智能手机)

(华为 Pura70,颜色,冰晶蓝)

若以"华为 Pura70"为中心来构建电商领域的知识图谱，可以按照类似的逻辑来表示节点和关系（见图 9.2）。

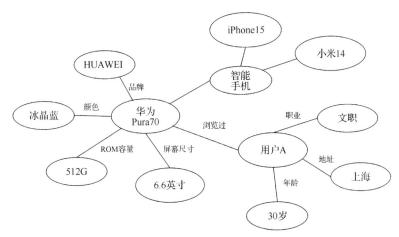

图 9.2　知识图谱示例

电商领域的知识图谱通过构建商品、用户、品牌、类别等实体之间的复杂关系网络，实现商品信息的有效组织与管理，为用户提供更加个性化、精准的购物体验。同时，它为电商平台的市场分析、库存管理、智能问答等应用提供强有力的数据支持。例如，通过分析用户的购买历史、浏览记录等信息，结合商品之间的相似性和关联性，为用户推荐可能感兴趣的商品；用户输入关键词后，系统能够快速在知识图谱中检索相关信息，并返回准确的搜索结果；通过对品牌、商品、用户等实体之间的关系进行分析，了解市场趋势、用户偏好等信息，为电商平台的运营和决策提供数据支持。

拓展阅读：知识图谱的应用展望

9.2 机器学习

随着智能家居的普及，你是否好奇过为何智能门锁能够准确识别你的指纹？扫地机器人为何能灵活避开障碍物？智能音箱如何理解并精准执行你的语音指令？这些"智能"功能的背后，正是机器学习在发挥作用。机器学习的核心在于通过数据驱动的方式，让机器自动识别模式并不断优化自身性能。本节将深入探讨机器学习的基本概念和方法，并介绍当下备受瞩目的深度学习技术。

9.2.1 机器学习概述

学习是人类获取知识的重要途径，也是人类智能的重要标志，而机器学习是计算机获取知识的重要途径，也是人工智能的重要标志。在人工智能研究中，知识获取一直是"瓶颈"，解决这个问题的关键在于如何提高计算机的学习能力。因此，机器学习是人工智能的核心研究课题之一。

1. 机器学习的概念

机器学习是一门基于模拟人类学习过程的学科，旨在通过计算机系统自动地获取知识和技能。与人类通过观察和实践来学习新事物的过程类似，机器学习通过分析大量数据，从中归纳出一般性知识和规律。这种学习方式依赖于归纳思维，能够帮助机器不断提高性能，实现自我完善。

学习是一个有目的的知识获取过程，其内在行为是获取知识、发现规律；外部表现是提高性能、自我完善。机器学习使计算机能模拟人类的学习行为，通过自动学习来获取知识和技能，不断自我完善。作为人工智能的一个研究领域，机器学习主要研究的内容如下。

（1）学习机制：这是对人类学习机制的研究，即人类获取知识、技能和抽象概念的能力。研究它将从根本上解决机器学习中存在的各种问题。

（2）学习方法：研究人类的学习过程，探索各种可能的学习方法，构建独立于具体应用领域的学习算法。

（3）学习系统：根据特定任务的要求，建立相应的学习系统（见图9.3）。

图9.3 学习系统的基本模型

2. 机器学习的分类

根据学习模式、学习方法以及算法的不同，机器学习存在不同的分类方法。其中按学习模式可将机器学习分为以下3类。

（1）监督学习（Supervised Learning）：提供输入数据和其对应的标签数据，然后搭建模型，模型经过训练后可以准确地找到输入数据和标签数据之间的最优映射关系，从而对新的未标注数据进行预测或分类。监督学习通过分类和回归两种方法来构建机器学习模型。

① 分类：分类方法用于预测离散的输出，即将数据分配到特定的类别中。例如，它可以预测一封邮件是正常邮件还是垃圾邮件或者判断一个肿瘤是良性的还是恶性的。分类模型通过分析输入数据，帮助区分并归类到预定的类别中。分类方法常见的应用场景包括医学影像分析、语音识别、信用评分等。

② 回归：回归方法用于预测连续的输出，适合处理变化范围连续的数据，如电池的充电状态、电网的电力负荷或金融资产的价格。回归模型通过分析输入数据，可以生成连续的预测值。回归方法在虚拟传感、电力负荷预测和算法交易等领域具有广泛应用。

（2）无监督学习（Unsupervised Learning）：这种方法通过分析由未标注数据组成的数据集，来做出推断和发现数据中的规律。聚类分析是无监督学习中最常用的方法之一。它可以帮助进行探索性数据分析，识别数据中的隐藏模式或自然分组。聚类分析在基因序列分析、市场调查和目标识别等领域有着广泛应用。

（3）弱监督学习（Weakly Supervised Learning）：这种方法允许数据标签是不完整的，是以统计和动态规划技术为指导的学习方法。常见的弱监督学习方法有强化学习、迁移学习等。

3. 机器学习的关键步骤

机器学习主要包括数据准备、模型选择、模型训练和模型评估这 4 个步骤。数据准备涉及数据清洗和数据预处理，以确保数据的质量和适用性；模型选择则是选择合适的算法；模型训练是指通过调整参数和优化算法来提高预测能力；模型评估用于验证模型的性能，确保其在实际应用中能够有效地解决问题。

（1）数据准备：机器学习是建立在数据建模的基础上的，因此数据是机器学习的基础。数据在机器学习中也被称为样本（Sample）。在训练模型时，样本可以分为两种类型：不带标号样本和带标号样本。不带标号样本用于描述样本特征的属性，这些样本没有与之对应的输出数据。相对地，带标号样本包含对应的输出数据。带标号样本在监督学习中用于训练模型，使其能够学习从输入数据到输出数据的映射关系。因此，带标号样本在监督学习任务中尤为重要，而不带标号样本多用于无监督学习任务。

（2）模型选择：模型选择是机器学习中的关键步骤。首先，明确问题的类型（分类、回归、监督学习或无监督学习），以选择合适的算法。其次，考虑数据集的特点，如规模、特征数量和噪声，选择与数据特性匹配的模型。常见的模型如下。

① 线性回归（Linear Regression）：这是一个回归模型，假设因变量与自变量之间存在线性关系，通过找到一条最佳拟合直线来最小化误差平方和（见图 9.4）。它的优点是简单、易懂，缺点是无法处理非线性数据和高维数据。

② 支持向量机（Support Vector Machine，SVM）：这是一个分类或回归模型，通过将数据映射到高维空间中，寻找一个超平面来最大化数据点与超平面之间的距离（见图 9.5）。SVM 强大且灵活，能够处理非线性数据和高维数据，但其复杂，参数调节难度较高。

微课视频

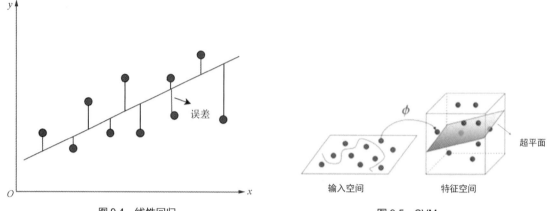

图 9.4 线性回归　　　　　　　　　　　图 9.5 SVM

③ 决策树（Decision Tree）：这是一个分类或回归模型，可以将特征空间划分为不同区域，并在每个区域内给出简单的预测规则（见图 9.6）。决策树直观、易解释，但容易过拟合且不稳定。

④ 聚类（Clustering）：这是无监督学习常用的一种重要模型，在该方法中样本没有标号。聚类是将相似对象归为一类的过程。聚类将对象分成几个群体，每个群体内部的对象之间具有较高的相似性，而不同群体的对象之间具有较高相异性或较低相似性（见图 9.7）。一般来说，一个群体称为一类对象的集合。如果事先不知道对象所属的类，这就需要定义一个衡量对象之间相似性的标准，并通过一定的算法来决定对象所属的类。

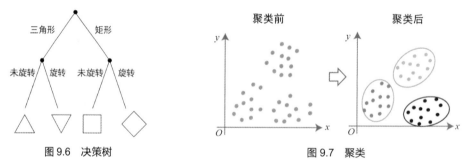

图 9.6 决策树　　　　　　　　　　　图 9.7 聚类

（3）模型训练：模型训练是机器学习中的关键步骤，用于优化模型参数以实现最佳性能。在这一过程中，可以选择多种工具来高效完成任务。Python 是一门通用程序设计语言，因丰富的机器学习库和易用性广受欢迎，适用于构建和训练各种机器学习模型；MATLAB 以强大的数学计算能力和可视化功能著称，非常适用于复杂算法的设计和实验，尤其在工程和科学研究领域；R 语言则因强大的统计分析功能和数据可视化能力，广泛应用于数据分析和统计建模任务。

（4）模型评估：模型评估在机器学习中至关重要，因为它提供了客观、可量化的方式来衡量模型的性能，帮助我们选择最合适的模型和优化参数。模型评估指标是优化模型、改进算法以及指导业务决策的关键依据。常用的指标如下。

① 准确率（Accuracy，Acc）：衡量模型总体正确预测的比例（见图 9.8）。

② 精确率（Precision，Prec）：准确预测正类样本的比例（见图 9.8）。

③ 曲线下面积（Area Under the Curve，AUC）：衡量模型在不同阈值下的性能，AUC 的值越大，模型性能越好。

④ 均方误差（Mean Square Error，MSE）：衡量预测值与实际值之间的平方差的平均值，用于回归问题。

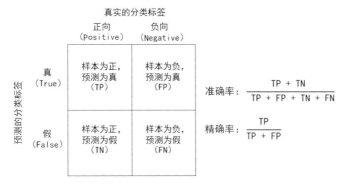

图 9.8　常用模型评估指标

9.2.2　线性回归实例

如果你有房子的销售数据，其中包括房子的面积、卧室数量、位置，以及最终的房价，那么这些数据可以帮助你预测未来房子的价格。这时，机器学习中的线性回归方法就能发挥作用。下面通过线性回归模型预测新房子的销售价格。

（1）数据准备

创建一个包含面积、卧室数量、位置评分，以及房价作为目标变量的数据集。

面积/平方米	卧室数量/个	位置评分	房价/万元
70	2	10	300
80	2	8	250
120	3	7	330
125	3	7	350
130	4	9	450

我们将在 Python 中创建该数据集。

示例程序：

```
# 导入需要的库
import numpy as np
import pandas as pd
from sklearn.model_selection import train_test_split
from sklearn.linear_model import LinearRegression
from sklearn.metrics import mean_squared_error, r2_score

# 创建数据集
data = {
    '面积': [70, 80, 120, 125, 130],
    '卧室数量': [2, 2, 3, 3, 4],
    '位置评分': [10, 8, 7, 7, 9],
    '房价': [300, 250, 330, 350, 450]
}
df = pd.DataFrame(data)
# 输入特征
X = df[['面积', '卧室数量', '位置评分']]
# 目标变量（房价）
y = df['房价']
# 将数据集拆分为训练集和测试集
X_train, X_test, y_train, y_test = train_test_split(X, y, test_size=0.2, random_state=1)
```

（2）创建并训练线性回归模型

线性回归是一种常见的监督学习算法，可以用来预测连续的输出。其基本思想是找到输入特征与目标变量（房价）之间的线性关系。

假设目标变量 y 是输入特征的线性组合：

$$y = w_1 \cdot X_1 + w_2 \cdot X_2 + \cdots + w_n \cdot X_n + b$$

其中，$X_1, X_2, \cdots, X_n$ 是输入特征，如面积、卧室数量和位置评分；$w_1, w_2, \cdots, w_3$ 是这些特征的权重，表示每个特征对房价的影响程度；b 是偏置量，表示当所有特征为 0 时的基础房价。

我们在 Python 中创建一个线性回归模型 model，并使用 fit() 方法进行训练。模型会学习每个输入特征的权重和偏置量。

示例程序：

```
# 创建并训练线性回归模型
model = LinearRegression()
model.fit(X_train, y_train)
```

（3）评估模型

模型生成的预测值代表了它对未知数据（测试集）的房价预测。通过观察这些预测值与真实值之间的差距，我们可以了解模型在实际应用中的表现。若差距较小，说明模型能够准确地捕捉这些特征与房价之间的关系。

这里我们用均方误差来评价模型的表现，它反映了预测值与实际值之间的平均平方误差，其值越小越好。

示例程序：

```
# 预测测试集的房价
y_pred = model.predict(X_test)
# 输出结果
print("测试集预测值: ", y_pred)
print("真实值: ", y_test.values)
print("均方误差: ", mean_squared_error(y_test, y_pred))
```

（4）模型应用

训练好的线性回归模型可以用来预测新房子的价格，比如输入新房子的特征（面积为 150 平方米，4 个卧室，位置评分为 7），可以预测这个房子的价格。

示例程序：

```
# 预测一个新房子的价格
new_house = np.array([[150, 4, 7]])  # 面积为150平方米，4个卧室，位置评分为7
predicted_price = model.predict(new_house)
print(f"新房子预测价格: {predicted_price[0]} 元")
```

9.2.3 k 最近邻分类

1. k 最近邻算法概述

k 最近邻（k-Nearest Neighbor，KNN）算法是一种成熟的机器学习算法，该算法于 1968 年由科弗和哈特提出，被广泛应用于图像分类、文本分类以及推荐系统等分类与回归任务。

该算法的思路是：如果一个样本在特征空间中的 k 个最相似（即特征空间中最邻近）的样本的大多数属于某一个类别，则该样本也属于这个类别。在 KNN 算法中，所选择的"邻居"都是已经正确分类的对象。该算法在定类决策上只依据最邻近的一个或者几个样本的类别来决定待分类样本所属的类别。

为了更好地帮助大家理解 KNN 算法的原理，这里用一个简单的例子来介绍，如图 9.9 所示。图 9.9 中的红色三角形、蓝色正方形是两个不同的类，绿色圆代表测试数据，现在要决定该测试数据属于哪个类。当 k=3 时，由于红色三角形所占比例为 2/3，绿色圆将被归为红色三角形类；当 k=5 时，由于蓝色正方形所占比例为 3/5，因此绿色圆被归为蓝色正方形类。

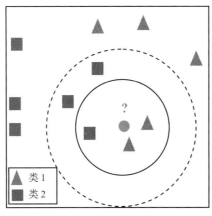

类 1
类 2

图 9.9　KNN 算法说明

2. KNN 算法描述

KNN 算法的思想就是在训练集中的数据和标签已知的情况下，输入测试数据，将测试数据的特征与训练集中对应的特征进行相互比较，找到训练集中与之最为相似的前 k 个数据，则该测试数据对应的类别就是 k 个数据中出现次数最多的类别，其算法描述如表 9.1 所示。

表 9.1　KNN 算法描述

KNN 算法

Input: X 为 N 个训练样本的分类特征；
　　k 为指定的近邻个数；
　　x 为测试样本；
Initialize：
　　选择 X[1]至 X[N]作为 x 的初始近邻；
　　计算初始近邻与测试样本 x 间的距离 dist(x, X[i]), i=1,2,…,N；
　　D←sort(dist)从小到大排序；
　　D[:k]取前 k 个距离值对应的 X',X' ⊆ X；
for(i= 1; i<k+1; i++)
　　计算前 k 个样本 X'[i]所属类别的概率，i=1,2,…,k；
end for
Output：具有最大概率的类别为样本 x 的所属的类别。

在算法中距离 dist 可以用如下距离度量。

（1）欧氏距离：　$\mathrm{dist}\left(x,y\right)=\sqrt{\sum_{i=1}^{n}\left(x_i-y_i\right)^2}$

（2）曼哈顿距离：　$\mathrm{dist}\left(x,y\right)=\sum_{i=1}^{n}\left|x_i-y_i\right|$

（3）闵可夫斯基距离： $\text{dist}(x,y) = \left(\sum_{i=1}^{n}\left|x_i - y_i\right|^p\right)^{\frac{1}{p}}$

（4）余弦相似度： $\cos\theta = \dfrac{x \cdot y}{\|x\| \cdot \|y\|}$

其中，欧氏距离是 KNN 算法常用的距离度量。

此外，k 值的选择对算法的影响很大。k 值过小容易受到噪声影响；k 值过大容易受到其他类别的干扰。正因为如此 k 值的大小可采用经验公式 $k \approx \sqrt{n}$ 确定，其中 n 为训练样本数。若 k 值为奇数，则可以避免投票产生平局的情况。此外，通常 k 是不大于 20 的整数。

3. KNN 算法的优缺点

（1）优点

简单易用：KNN 算法易于理解和实现，不需要复杂的数学模型或参数估计，适用于初学者和快速开发模型。

精度高：在适当选择 k 值和距离度量的情况下，KNN 算法通常能够提供较高的分类精度。

理论成熟：KNN 算法作为一种经典的机器学习算法，具有坚实的理论基础和广泛的应用背景。

适应性强：KNN 算法既可以用于分类任务，也可以用于回归任务，并且对多分类问题和噪声数据具有一定的鲁棒性。

无须训练过程：KNN 算法不需要对数据进行训练，只需要存储训练数据即可，这使得它在处理新数据时具有较快的响应速度。

增量学习能力：KNN 算法可以在线更新模型，同时保留历史数据，适用于需要实时更新的场景。

（2）缺点

计算复杂度高：KNN 算法需要计算待分类样本与训练集中每个样本的距离，当训练集很大时，计算量巨大，导致算法运行缓慢。

空间复杂度高：KNN 算法需要存储全部训练数据，以便在分类时进行比较，这使得它在处理大规模数据集时面临存储空间不足的挑战。

受 k 值影响大：k 值的选择对分类结果有显著影响，不同的 k 值可能导致完全不同的分类结果。因此，如何选择合适的 k 值是 KNN 算法中的一个重要问题。

样本不平衡：当样本类别分布不平衡时，KNN 算法可能倾向于将待分类样本归类为样本数量较多的类别，导致分类结果偏差。

对特征变量的尺度和分布敏感：KNN 算法对特征变量的尺度和分布比较敏感，如果特征变量之间存在较大差异，可能会对分类结果产生影响。因此，在使用 KNN 算法之前，通常需要对数据进行标准化或归一化处理。

在实际应用中，需要根据具体的数据集和任务需求选择合适的算法参数和预处理方法，以充分发挥 KNN 算法的优点并克服其缺点。

9.3 深度学习

9.3.1 人工神经网络

人体神经系统是一个由神经元（见图 9.10）等组成的高度复杂的网络，是一个并行的非线性信息处理系统。自图灵提出"机器与智能"开始，有学者认为如果能够模拟人类大脑中的神经网络制造出一台机器，这台机器就有智能了。

人工神经网络是为了模拟人脑神经网络而设计的一种计算模型。人工神经网络与神经元类似，由多个节点（即人工神经元）相互连接而成，可用于对数据之间的复杂关系进行建模。不同节点之间的连接被赋予不同权重，每个权重代表一个节点对另一个节点的影响程度。

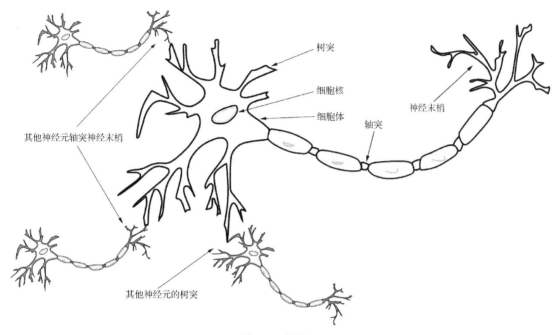

图 9.10　神经元

早期的人工神经网络模型不具备学习能力，赫布网络（Hebbian Network）是第一个可学习的人工神经网络。感知器是最早的具有机器学习思想的人工神经网络，但其学习方法无法扩展到多层神经网络。直至 1980 年左右，反向传播（Back-Propagation，BP）算法有效地解决了多层神经网络的学习问题，并成为最流行的神经网络学习算法之一。采用 BP 算法的前馈神经网络称为 BP 网络。BP 网络是一个多层感知器，因此具有类似多层感知器的体系结构。图 9.11 所示为具有一个输入层、两个隐藏层和一个输出层的 BP 网络，此网络是全连接的，即在任意层上的一个神经元与它上一层中的所有节点都是连接起来的。

BP 算法的主要步骤如下。

（1）初始化网络权重。随机初始化人工神经网络中的权重和偏置。

（2）前向传播。输入数据经过每一层时，计算激活值。激活值可以使用激活函数（如 Sigmoid、ReLU、Tanh 等）进行计算。

（3）计算输出层的误差。使用损失函数计算输出层的误差。

（4）反向传播误差。计算输出层对最后一层输入（激活值）的梯度。对于前面的每一层，使用链式法则计算各层的误差和相应的梯度，直到输入层。

（5）更新权重。使用计算得到的梯度更新权重，例如使用梯度下降法。

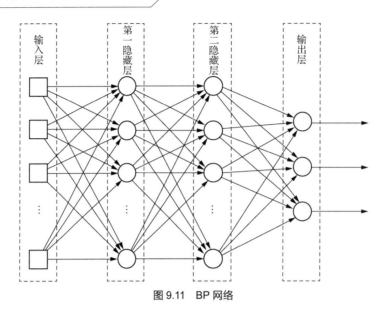

图 9.11 BP 网络

9.3.2 从浅层学习到深度学习

浅层学习通常指的是网络结构相对简单，仅包含一层或少数几层（通常不超过 3 层）的隐藏层的人工神经网络。这种网络结构在处理相对简单的问题时表现良好，如线性可分问题或简单的非线性问题。浅层学习模型的代表有线性回归、SVM 和一些传统的神经网络（如仅含有一层隐藏层的神经网络）。此外，虽然 BP 算法作为传统多层感知器（Multilayer Perceptron，MLP）的训练方法，理论上可以对 MLP 进行有效训练，但实际上 BP 算法很容易在训练多层网络时出现问题，因此，一般网络的层数在 5 层以内。这种情况极大地限制了人工神经网络解决高级问题的能力。直到新的深度学习算法出现之后，人工神经网络才再次发展起来。

深度学习是机器学习算法中的一种。深度神经网络是由多层的神经元构成的，如图 9.12 所示。用多层神经元构成神经网络来实现机器学习的功能就是深度学习。理论上，一层神经网络对应一个函数，多层神经网络实质上就是多个函数的嵌套，网络层次越深，函数的表达能力就越强，可以近似地认为深度神经网络能够表示现实世界中所有问题的数学函数。

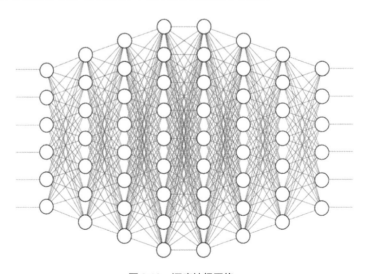

图 9.12 深度神经网络

深度神经网络（Deep Neural Network，DNN）采用全连接结构，输入是向量，并未考虑其他结构的信息，易导致参数数量膨胀。依据核心假设的不同，深度神经网络之后产生了卷积神经网络（Convolutional Neural Networks，CNN）和循环神经网络（Recurrent Neural Network，RNN）。CNN 特别适用于存在固有局部模式（如人类的眼、耳、口、鼻、眉等）的图像识别领域。考查数据在时间序列上的变化再建模，是 RNN 的实现方式。数据出现的时间顺序在自然语言处理、语音识别、手写体识别等应用中非常重要，因此这些也是 RNN 的主要应用领域，尤其是语音识别领域。

9.3.3　卷积神经网络原理与实例

受哺乳动物视觉过程的启发，1998 年杨立昆和尤舒亚·本吉奥等在前人的基础上进行了改进，研发了著名的神经网络 LeNet-5，一种 CNN。CNN 在架构上更接近生物学意义的神经网络，非常适合处理二维的图像数据，在人脸识别、医疗影像和无人驾驶等计算机视觉领域应用广泛，是推动深度学习迅速发展最主要的动力之一。相比传统的 MLP，CNN 使用局部连接替代了 MLP 的全连接，极大地提高了特征提取能力、降低了参数数量和计算复杂度，具有平移不变性和更广的适应性。

1. CNN 的基本结构

CNN 是第一个成功训练多层网络结构的深度学习算法。CNN 利用图像的空间关系来减少需要学习的参数数量，从而提高训练效率。它的结构包括输入层、卷积层、池化层、全连接层和输出层，如图 9.13 所示。

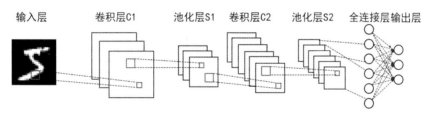

图 9.13　CNN 的结构

输入层是 CNN 接收原始数据的第一层。通常数据在送入网络时，需经过预处理。数据预处理包括数据增强，例如旋转、裁剪、去噪和规范化等。

卷积层（C 层）是 CNN 的核心层。在卷积层中，CNN 使用多个卷积核来扫描图像。每个卷积核相当于一个小矩阵，它逐像素地在图像上滑动。在扫描过程中，卷积核与图像的对应部分进行矩阵乘积操作（内积计算），生成一个新的值，如图 9.14 所示。其中，输入数据是 5×5 的图像，卷积核为 3×3。在这个扫描过程中会捕捉图像的局部特征，比如手写数字中的弯曲部分、笔画、交叉点等。

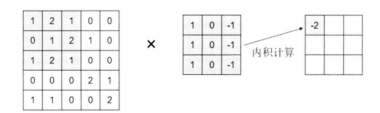

内积计算：
$(1 \times 1) + (2 \times 0) + (1 \times -1) + (0 \times 1) + (1 \times 0) + (2 \times -1) + (1 \times 1) + (2 \times 0) + (1 \times -1)$
$= 1 + 0 - 1 + 0 + 0 - 2 + 1 + 0 - 1 = -2$

图 9.14　内积计算

在 CNN 中，可以设置卷积核滑动时的步长以实现特征的下采样。其中，卷积核中的参数是通过学习得到的。

池化层（S 层）紧跟在每个卷积层后面，通过池化操作对特征图进行下采样来缩小数据规模，保留最显著的特征，从而减小计算复杂度并防止过拟合。按计算范围，池化操作可以分为局部池化和全局池化；按计算规则，池化操作分为最大池化和平均池化。一般而言，在提取特征的过程中通常使用局部池化。而在分类预测或者通道注意力计算中，通常采取全局池化来压缩特征，以便于进行概率或权重的计算。以最大池化为例，局部最大池化和全局最大池化的计算过程如图 9.15 所示。

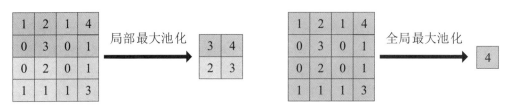

图 9.15　局部最大池化和全局最大池化的计算过程

多个卷积层和池化层的交替堆叠使得 CNN 能够逐层提取图像的高阶特征，如形状或复杂的模式。最终像素被光栅化，连接成一个长的输入向量并输入全连接层。

全连接层是 CNN 的重要组成部分，它能够有效地融合提取的特征，并增加网络的非线性变换能力。在实现分类等任务时，需要先使用全连接层将特征映射到样本标记空间中。

输出层通过计算每个类别的概率，实现对输入图像的分类或识别。其中，概率计算是使用一个 Softmax 函数将全连接层的输出转换为概率分布。

2. CNN 的训练

CNN 在本质上是一种输入到输出的映射，它能够学习大量的输入与输出之间的映射关系，而不需要任何输入和输出之间的精确的数学表达式，只要用已知的模式对 CNN 加以训练，其就具有对输入和输出进行映射的能力。CNN 执行的是监督学习，所以其样本集是由特征和标签两部分构成的。特征是从输入数据中提取出来的、用于描述数据特性的信息。而标签是数据的真实结果或目标输出，用于在训练过程中指导模型学习。特征的选择和提取对模型的性能有重要影响，良好的特征工程能够显著提高模型的准确率。标签必须是准确且可靠的，因为它是模型学习的目标。

在开始训练前，应该构建包括输入层、卷积层、池化层、全连接层和输出层的 CNN 模型。然后，所有的权重都应该用一些不同的小随机数进行初始化。"小随机数"用来保证网络不会因权重过大而进入饱和状态，从而导致训练失败；"不同"用来保证网络可以正常地学习。实际上，如果用相同的数去初始化权矩阵，则网络无能力学习。

CNN 的训练过程与传统神经网络的类似，也参照了 BP 算法。下面分两个阶段对 CNN 的训练过程做简单的介绍。

第一阶段，向前传播阶段。

（1）从样本集中取一个样本 (X, Y)，其中 X 代表特征，Y 代表标签。将 X 输入已构建好的 CNN 中。

（2）计算相应的实际输出 Output。

在此阶段，信息从输入层经过逐级变换，传送到输出层。这个过程是网络在完成训练后正常运行时执行的过程。在此过程中，网络执行的是计算（实际上是输入与每层的权矩阵进行点乘，得到最后的输出结果）。

第二阶段，向后传播阶段。

（1）计算实际输出 Output 与相应的标签 Y 的差。

（2）按极小化误差的方法反向传播调整权矩阵。

CNN 可以解决很多问题，假设你有一张手写的数字图片，比如"8"。如果你希望计算机能够自动识别这个数字，就可以使用 CNN 来实现这一目标。

3. CNN 手写数字识别实例

（1）使用的数据集

识别系统所使用的数据集是 MNIST，这是一个经典的手写数字识别数据集，数据量适中，非常适合用来快速搭建和训练 CNN。图 9.16 所示为 MNIST 图像示例，该数据集包含训练数据和标签，以及测试数据和标签。对于 CNN 的输入，图像通常是灰度图，即每个像素有一个 0～255 的值，表示从黑到白的灰度强度。对于 28×28 像素的图像，共有 784 个像素点。

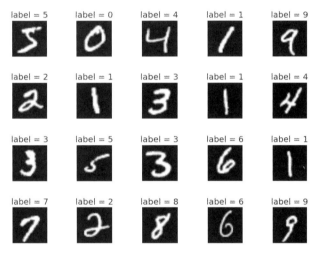

图 9.16　MNIST 图像示例

（2）MNIST 手写数字识别的 PyTorch 实现

```
#导入系统所需的包
import torch
import torch.nn as nn
import torch.optim as optim
import torchvision
import torchvision.transforms as transforms
# 定义参数
batch_size = 64
learning_rate = 0.001
num_epochs = 5

# 准备数据集
transform = transforms.Compose([transforms.ToTensor(), transforms.Normalize((0.5,),
(0.5,))])
    trainset = torchvision.datasets.MNIST(root='./data', train=True, download=True,
transform=transform)
    trainloader = torch.utils.data.DataLoader(trainset, batch_size=batch_size,
shuffle=True)
    testset = torchvision.datasets.MNIST(root='./data', train=False, download-True,
transform=transform)
```

```
testloader = torch.utils.data.DataLoader(testset, batch_size=batch_size, shuffle=False)

# 定义 CNN
class CNN(nn.Module):
    def __init__(self):
        super(CNN, self).__init__()
        self.conv1 = nn.Conv2d(1, 32, kernel_size=3, stride=1, padding=1)
        self.conv2 = nn.Conv2d(32, 64, kernel_size=3, stride=1, padding=1)
        self.pool = nn.MaxPool2d(kernel_size=2, stride=2, padding=0)
        self.fc1 = nn.Linear(64 * 7 * 7, 1000)  # 注意：这里假设输入图像的大小为 28×28，经过两
次 3×3 卷积和 2×2 池化后，特征图的大小为 7×7
        self.fc2 = nn.Linear(1000, 10)
        self.relu = nn.ReLU()
        self.dropout = nn.Dropout(0.5)
# 训练过程，首先进行前向传播
    def forward(self, x):
        x = self.pool(self.relu(self.conv1(x)))
        x = self.pool(self.relu(self.conv2(x)))
        x = x.view(-1, 64 * 7 * 7)  # 展平操作
        x = self.relu(self.fc1(x))
        x = self.dropout(x)
        x = self.fc2(x)
        return x

# 初始化网络、损失函数和优化器
net = CNN()
criterion = nn.CrossEntropyLoss()
optimizer = optim.Adam(net.parameters(), lr=learning_rate)

# 训练网络，后向传播过程
for epoch in range(num_epochs):
    running_loss = 0.0
    for i, data in enumerate(trainloader, 0):
        inputs, labels = data
        optimizer.zero_grad()
        outputs = net(inputs)
        loss = criterion(outputs, labels)
        loss.backward()
        optimizer.step()
        running_loss += loss.item()
        if i % 100 == 99:
            print(f'[Epoch {epoch + 1}, Batch {i + 1}] loss: {running_loss / 100:.3f}')
            running_loss = 0.0

print('Finished Training')

# 保存模型
torch.save(net.state_dict(), 'cnn_mnist.pth')

# 测试网络
correct = 0
total = 0
with torch.no_grad():
    for data in testloader:
        images, labels = data
        outputs = net(images)
```

```
        _, predicted = torch.max(outputs.data, 1)
        total += labels.size(0)
        correct += (predicted == labels).sum().item()
print(f'Accuracy of the network on the 10000 test images: {100 * correct / total:.2f}%')
```

程序的执行结果为：

```
[Epoch 1, Batch 100] loss: 0.547
[Epoch 1, Batch 200] loss: 0.158
[Epoch 1, Batch 300] loss: 0.125
[Epoch 1, Batch 400] loss: 0.093
[Epoch 1, Batch 500] loss: 0.078
[Epoch 1, Batch 600] loss: 0.075
[Epoch 1, Batch 700] loss: 0.082
[Epoch 1, Batch 800] loss: 0.070
[Epoch 1, Batch 900] loss: 0.074
[Epoch 2, Batch 100] loss: 0.047
[Epoch 2, Batch 200] loss: 0.053
[Epoch 2, Batch 300] loss: 0.052
[Epoch 2, Batch 400] loss: 0.053
[Epoch 2, Batch 500] loss: 0.042
[Epoch 2, Batch 600] loss: 0.053
[Epoch 2, Batch 700] loss: 0.044
[Epoch 2, Batch 800] loss: 0.051
[Epoch 2, Batch 900] loss: 0.044
[Epoch 3, Batch 100] loss: 0.028
[Epoch 3, Batch 200] loss: 0.035
[Epoch 3, Batch 300] loss: 0.037
[Epoch 3, Batch 400] loss: 0.036
[Epoch 3, Batch 500] loss: 0.041
[Epoch 3, Batch 600] loss: 0.045
[Epoch 3, Batch 700] loss: 0.038
[Epoch 3, Batch 800] loss: 0.039
[Epoch 3, Batch 900] loss: 0.035
[Epoch 4, Batch 100] loss: 0.020
[Epoch 4, Batch 200] loss: 0.027
[Epoch 4, Batch 300] loss: 0.029
[Epoch 4, Batch 400] loss: 0.026
[Epoch 4, Batch 500] loss: 0.027
[Epoch 4, Batch 600] loss: 0.029
[Epoch 4, Batch 700] loss: 0.027
[Epoch 4, Batch 800] loss: 0.032
[Epoch 4, Batch 900] loss: 0.027
[Epoch 5, Batch 100] loss: 0.022
[Epoch 5, Batch 200] loss: 0.020
[Epoch 5, Batch 300] loss: 0.021
[Epoch 5, Batch 400] loss: 0.024
[Epoch 5, Batch 500] loss: 0.024
[Epoch 5, Batch 600] loss: 0.020
[Epoch 5, Batch 700] loss: 0.027
[Epoch 5, Batch 800] loss: 0.022
[Epoch 5, Batch 900] loss: 0.027
Finished Training
Accuracy of the network on the 10000 test images: 98.88%
```

习题 9

9.1 什么是知识？表示知识的方法有哪些？

9.2 产生式表示法的基本形式是什么？

9.3 请用框架表示法描述"教室"。

9.4 什么是机器学习？按学习模式可将机器学习分为哪几类？

9.5 什么是人工神经网络？什么是深度学习？

9.6 简述 KNN 的算法步骤。

9.7 简述 BP 算法的基本步骤。

9.8 简述 CNN 的结构。

9.9 简述 CNN 的算法步骤。

9.10 CNN 的主要应用领域有哪些？

10 第10章 人工智能技术

近年来，人工智能技术的飞速发展正深刻改变着我们的生活和工作方式。无论是计算机视觉在自动驾驶领域的应用，还是自然语言处理在智能客服中的创新，都展示了人工智能强大的能力。而在更广泛的领域，大模型使得我们能够处理前所未有的大规模数据并完成复杂任务，推动了各行各业的数字化转型。随着生成式人工智能（AIGC）技术的发展，人工智能的创作已经不再局限于理解与分析，它还可以生成富有创意的文本、图像、音频等内容，给创意产业带来了新的机遇。

本章将重点介绍这些前沿的人工智能技术。首先，我们将讨论计算机视觉和自然语言处理如何通过智能化分析和理解处理现实世界中的复杂信息。接着，我们将深入探讨大模型的起源、特点及其如何对多个领域产生深远影响。最后，我们将了解 AIGC 的产生和发展，并展示其在实际应用中的广阔前景。通过这些内容，读者将全面了解人工智能如何从基础技术走向行业应用。

10.1　计算机视觉

在数字化时代，计算机视觉正以前所未有的速度推动着人工智能领域的革新。计算机视觉是指赋予计算机系统类似人类视觉的能力，使它能够从数字图像或视频中提取信息并进行处理和分析。

随着深度学习算法的发展，特别是 CNN 的出现，计算机视觉在图像识别方面的准确率得到了显著提升。深度学习模型能够自动学习图像中的特征表示，并基于这些特征表示来完成识别任务。无论是自动驾驶汽车中的障碍物检测，还是医疗影像诊断中的疾病识别，抑或是安全监控系统中的面部识别，计算机视觉都发挥着至关重要的作用。

此外，随着物联网设备的普及，计算机视觉的应用场景也在不断拓展。例如，在工业制造领域，通过实时监测生产线上的产品，可以实现质量控制自动化；在零售业，智能摄像头能够帮助商家更好地理解顾客的行为，从而优化库存管理和购物体验。未来，随着计算能力的提升以及算法的不断优化，我们可以期待计算机视觉在更多领域展现出无限潜力。

10.1.1　计算机视觉定义与发展

什么是（计算机）视觉

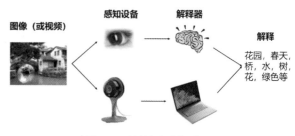

图 10.1　计算机视觉概念图

1. 计算机视觉的定义

计算机视觉（Computer Vision）有多种定义，本书采用的计算机视觉定义为：用摄像机和计算机模拟人类视觉，完成目标识别、跟踪、测量等基本视觉任务，并通过识别和分析做进一步的图形处理，使图像更适合人眼观察或传送给仪器检测。计算机视觉概念图如图 10.1 所示。

由上述定义可知，计算机视觉采用摄像机作为图像与视频数据的获取手段，而计算机用于对采集的数据进行分析与理解。总之，计算机视觉是一门综合性的工程学科，它包含计算机科学、信号处理、物理学、应用数学、统计学、生物学、认知科学等多种学科的知识。

2. 计算机视觉的发展

计算机视觉的发展历程经历了多个时期，从早期的基础研究到现代的深度学习，推动了该领域的巨大进步。以下是计算机视觉发展的关键时期。

（1）20 世纪 60 年代

这一时期是计算机视觉的起步时期。在这一时期计算机视觉开始萌芽。其研究主要集中在图像处理和基本特征提取方面，如边缘检测和形态学操作等。

（2）20 世纪 70 年代

这一时期，计算机视觉的相关基础理论开始成型，形成了如傅里叶变换和霍夫变换等图像处理和分析的基础理论。该时期的研究重点在于解决低层次视觉问题，如图像分割和基本形状识别。

（3）20 世纪 80 年代

随着计算能力以及社会发展的需求的提升，三维视觉开始发展起来。这一时期，科研人员开始关注三维视觉和立体视觉，尝试从二维图像中重建三维结构。运动分析、光流和立体匹配等技术在这一时期得到了发展。此外，基础的目标识别技术开始出现，研究包括模板匹配和简单的模式识别算法。

（4）20 世纪 90 年代

20 世纪 90 年代，机器学习方法开始应用于计算机视觉，特别是统计学习理论和 SVM 等技术。该时期的研究主要集中在图像分类、物体检测和人脸识别等方面。此外，先进的图像特征提取方法如尺度不变特征变换（SIFT）和加速稳健特征（SURF）等局部特征提取方法被提出，为图像匹配和识别提供了强大的工具。

（5）21 世纪 00 年代

随着互联网和数字图像库的迅速发展，图像搜索和检索技术成为研究热点。基于内容的图像检索（CBIR）和基于特征的图像检索方法得到了发展。此外，贝叶斯网络和概率图模型被用于解决图像分割、目标识别和跟踪等问题。

（6）21 世纪 10 年代

随着神经网络的崛起，深度学习方法特别是 CNN 的引入和成功，极大地推动了计算机视觉的发展。AlexNet 在 2012 年 ImageNet 竞赛中的成功标志着深度学习在计算机视觉中崛起。

此外，大量的数据使深度学习在更复杂的视觉任务中应用成为可能，如自动驾驶、实时视频分析、医学影像处理和增强现实。

（7）21 世纪 20 年代

这一时期，深度学习大模型开始向通用化的方向延伸。计算机视觉与自然语言处理、强化学习等领域的研究正逐步结合，推动了多模态学习、视觉问答和自主系统的发展。

此外，监督学习和少样本学习在减少对大量标注数据的依赖方面取得进展，监督学习和少样本学习技术开始受到广泛关注。

同时，随着计算能力的提升和硬件的改进，计算机视觉算法在边缘设备和移动设备上的应用越来越多，如智能手机中的实时增强现实和无人机视觉导航。

10.1.2　计算机视觉在人工智能应用中的案例

微课视频

案例目标：基于 PyTorch 进行图像分类。

案例介绍：使用 CIFAR-10 数据集训练 CNN 模型。CIFAR-10 数据集包含 6 万张彩色图像，每张图像都是 32×32 像素，图像分为 10 个不同的类别，每个类别有 6000 张图像。这些类别包括飞机、汽车、鸟类、猫、鹿、狗、青蛙、船、卡车以及马。每个类别的图像在训练集和测试集中均匀分布。图像样例如图 10.2 所示。

图 10.2　CIFAR-10 数据集图像样例

实现步骤如下。

步骤 1：设置环境。

导入必要的库和模块，设置设备（CPU 或 GPU）以运行模型。

步骤 2：数据预处理。

使用 transforms.Compose()函数定义图像转换，包括将图像转为张量（Tensor）以及进行标准化处理。下载并加载 CIFAR-10 数据集，将其分为训练集和测试集，并使用 DataLoader 进行批处理。

步骤 3：定义模型。

定义一个简单的卷积神经网络 Net，包含 2 层卷积层、1 层池化层以及 3 层全连接层。

模型结构如下。

conv1：输入通道数为 3（RGB 图像），输出通道数为 6，卷积核大小为 5×5。

pool：最大池化层，池化窗口大小为 2×2。

conv2：输入通道数为 6，输出通道数为 16，卷积核大小为 5×5。

fc1：全连接层，输入维度为 $16 \times 5 \times 5$，输出维度为 120。

fc2：全连接层，输入维度为 120，输出维度为 84。

fc3：输出层，输入维度为 84，输出维度为 10（对应 CIFAR-10 数据集中的 10 个类别）。

步骤 4：定义损失函数和优化器。

选择交叉熵损失函数作为损失计算方式，再选择随机梯度下降（SGD）作为优化器，并设置学习率和动量参数。

步骤 5：训练模型。

对数据集进行多轮（epoch）的迭代训练。在每批（batch）中，执行前向传播得到预测值，计算损失；再执行反向传播来更新权重。记录并输出训练过程中的损失信息。

步骤 6：评估模型。

使用测试集评估模型性能，计算模型在测试集上的准确率。

【例 10-1】 基于 PyTorch 进行图像分类。

程序代码如下。

```python
# 步骤 1：设置环境
import torch
import torchvision
import torchvision.transforms as transforms
import torch.nn as nn
import torch.optim as optim
import torch.nn.functional as F
device = torch.device("cuda:0" if torch.cuda.is_available() else "cpu")  # 使用 GPU（如果可用），否则使用 CPU
# 步骤 2：数据预处理
transform = transforms.Compose([
    transforms.ToTensor(),  # 将图像转换为张量
    transforms.Normalize((0.5, 0.5, 0.5), (0.5, 0.5, 0.5))  # 标准化图像数据
])
trainset = torchvision.datasets.CIFAR10(root='./data', train=True,
                                 download=True, transform=transform)
trainloader = torch.utils.data.DataLoader(trainset, batch_size=4,
                                 shuffle=True, num_workers=2)
testset = torchvision.datasets.CIFAR10(root='./data', train=False,
                                 download=True, transform=transform)
testloader = torch.utils.data.DataLoader(testset, batch_size=4,
                                 shuffle=False, num_workers=2)
classes = ('plane', 'car', 'bird', 'cat', 'deer', 'dog', 'frog', 'horse', 'ship', 'truck')
# 定义 CIFAR-10 数据集中的类别标签
# 步骤 3：定义模型
class Net(nn.Module):
    def __init__(self):
        super(Net, self).__init__()
        self.conv1 = nn.Conv2d(3, 6, 5)  # 第一个卷积层，输入通道数为 3，输出通道数为 6，卷积核大小为 5×5
        self.pool = nn.MaxPool2d(2, 2)  # 最大池化层，池化窗口大小为 2×2
        self.conv2 = nn.Conv2d(6, 16, 5)  # 第二个卷积层，输入通道数为 6，输出通道数为 16，卷积核大小为 5×5
        self.fc1 = nn.Linear(16 * 5 * 5, 120)  # 第一个全连接层，输入维度为 16×5×5，输出维度为 120
        self.fc2 = nn.Linear(120, 84)  # 第二个全连接层，输入维度为 120，输出维度为 84
        self.fc3 = nn.Linear(84, 10)  # 输出层，输入维度为 84，输出维度为 10
    def forward(self, x):
        x = self.pool(F.relu(self.conv1(x)))  # 卷积 → ReLU → 池化
        x = self.pool(F.relu(self.conv2(x)))  # 卷积 → ReLU → 池化
        x = x.view(-1, 16 * 5 * 5)  # 将张量展平为向量
        x = F.relu(self.fc1(x))  # 全连接层 → ReLU
        x = F.relu(self.fc2(x))  # 全连接层 → ReLU
```

```
        x = self.fc3(x)   # 输出层，不用激活函数
        return x
net = Net()   # 实例化网络
net.to(device)   # 将网络移至设备（GPU 或 CPU）
# 步骤 4：定义损失函数与优化器
criterion = nn.CrossEntropyLoss()   # 使用交叉熵损失函数
optimizer = optim.SGD(net.parameters(), lr=0.001, momentum=0.9)   # 使用随机梯度下降作为优化器
# 步骤 5：训练模型
for epoch in range(2):   # 训练整个数据集 2 次
    running_loss = 0.0   # 初始化损失
    for i, data in enumerate(trainloader, 0):   # 枚举训练数据
        inputs, labels = data
        inputs, labels = inputs.to(device), labels.to(device)   # 将数据移至设备
        optimizer.zero_grad()   # 梯度清零
        outputs = net(inputs)   # 前向传播，计算输出
        loss = criterion(outputs, labels)   # 计算损失
        loss.backward()   # 反向传播，计算梯度
        optimizer.step()   # 更新权重
        running_loss += loss.item()   # 累加损失
        if i % 2000 == 1999:   # 每 2000 批输出一次
            print('[%d, %5d] loss: %.3f' % (epoch + 1, i + 1, running_loss / 2000))
            running_loss = 0.0   # 重置损失
print('Finished Training')   # 训练结束
# 步骤 6：评估模型
correct = 0   # 初始化正确预测数
total = 0   # 初始化总样本数
with torch.no_grad():   # 测试时不计算梯度
    for data in testloader:   # 枚举测试数据
        images, labels = data
        images, labels = images.to(device), labels.to(device)   # 将数据移至设备
        outputs = net(images)   # 计算输出
        _, predicted = torch.max(outputs.data, 1)   # 获取最大值的索引作为预测类别
        total += labels.size(0)   # 累加样本数
        correct += (predicted == labels).sum().item()   # 累加正确预测数
print('Accuracy of the network on the 10000 test images: %d %%' % (100 * correct / total))
# 输出测试精度
```

程序运行结果如下所示。

```
Finished Training
Accuracy of the network on the 10000 test images: 53 %
```

通过上述步骤，可以使用 CNN 实现图像分类。根据实际需求，可以进一步优化模型和调整参数，以提高识别准确率和效率。

10.2　自然语言处理

自然语言处理（Natural Language Processing，NLP）是人工智能和计算语言学的交叉领域，致力

于使计算机能够理解、生成自然语言。NLP 用于完成从基本的文本分析到复杂的语言生成的广泛任务，包括语音识别、机器翻译、情感分析、问答系统和聊天机器人。近年来，深度学习和神经网络的进步显著提升了 NLP 的性能，特别是在处理大规模数据和复杂语言模式方面。NLP 的应用已深入搜索引擎、虚拟助手、客户服务、内容推荐和数据分析等领域，极大地改变了人们获取信息和进行交流的方式。随着技术的发展，NLP 将在理解和生成自然语言方面继续取得突破，推动智能系统的发展和普及。

10.2.1　自然语言处理概述

NLP 是人工智能领域中的一项关键技术，旨在使计算机能够理解、生成和处理自然语言。随着科技的迅猛发展，NLP 已从理论研究走向广泛应用，渗透到人类生活和工作的方方面面。无论是智能助手如 Siri 和 Alexa，还是搜索引擎、社交媒体分析、自动翻译、语音识别等，NLP 都发挥着重要作用。近年来，得益于深度学习和大数据技术的进步，NLP 取得了前所未有的突破，特别是基于 Transformer 架构的模型，如 BERT 和 GPT，不仅显著提升了计算机对自然语言的理解和生成能力，还推动了众多应用场景的创新与发展。然而，尽管 NLP 技术取得了显著进展，但面对语言的复杂性、多义性及其在不同语境中的变化，仍存在诸多挑战。未来，随着技术的不断发展，NLP 将进一步提高计算机与人类之间的互动效率和质量，带来更多令人期待的变革和机遇。

1.　自然语言处理的定义与概念

NLP 是计算机科学、人工智能和语言学的交叉学科，旨在使计算机能够理解、解释和生成自然语言。NLP 的目标是通过计算机实现对自然语言的自动处理，使其能够执行如文本分析、语言生成、语音识别和语言翻译等任务。这一技术结合了语言学的理论和计算机科学的技术，致力于开发能够处理和理解自然语言的智能系统。

NLP 的基本概念涵盖从简单的文本处理到复杂的语义理解。文本处理通常包括词法分析、句法分析和语义分析等步骤。词法分析关注词汇层面的处理，如分词、词性标注等；句法分析涉及句子结构的分析，如依存句法树的构建；而语义分析更深层次地理解文本的意义，包括命名实体识别、关系抽取、情感分析等。

NLP 涉及的主要任务如下。

语法分析：解析句子的结构，理解句法和语义关系。

命名实体识别（NER）：识别文本中的人物、地点、组织等实体。

情感分析：分析文本的情感倾向，如积极、消极或中性。

机器翻译：将文本从一种语言翻译成另一种语言。

自动摘要：从长文本中提取关键信息，生成摘要。

问答系统：根据用户的问题提供准确的答案。

语音识别：将语音转换为文本。

文本生成：根据输入生成连贯的自然语言文本。

通过利用统计模型、机器学习、深度学习和规则算法，NLP 能够处理大量的语言数据，解决语言的多义性和复杂性问题，使计算机在各种应用中实现对自然语言的高效理解和处理。

多模态学习：NLP 与视觉、语音等其他模态结合，进行多模态学习和处理，提供更加复杂和多样化的应用场景。

拓展阅读：自然语言处理的发展历程

道德与隐私问题：随着技术的进步，NLP 领域也面临着道德和隐私问题的挑战，包括数据隐私、算法偏见和生成内容的真实性等。研究者和开发者正致力于解决这些问题，确保技术被负责任地应用。

NLP 的未来发展趋势将继续受到深度学习、增强现实和监督学习等技术的推动，致力于更高效的语言处理、打造更智能的对话系统和更准确的跨语言翻译。

NLP 的发展历程展示了从早期简单的规则基础系统到现代复杂的深度学习模型的演变过程，标志着技术的不断进步和应用领域的扩展。

2.　自然语言处理的原理

NLP 的基本原理涵盖语言数据的表示、处理和生成多个方面。以下是 NLP 的核心原理。

（1）语言数据的表示

词嵌入（Word Embedding）：将词汇转换为固定长度的向量。常用的方法包括 Word2Vec、GloVe 和 FastText。这些向量能够捕捉词汇的语义和上下文关系。

上下文嵌入（Contextual Embedding）：例如 BERT 和 GPT，使用上下文信息生成动态的词嵌入，能够根据不同的上下文为同一词汇生成不同的表示，从而更好地捕捉语义。

（2）语言建模

统计语言模型：n-gram 模型是一种统计语言模型。该模型基于词汇的出现频率统计信息，用于预测序列中下一个词的概率。它假设一个单词出现的概率只依赖于其前面的 $n-1$ 个单词。例如，在二元语法（Bigram）模型中，每个单词的概率仅依赖于它前面的一个单词。n-gram 模型尽管简单直观，但由于词汇量巨大，实际应用中常常面临数据稀疏问题，难以处理长距离的依赖关系。

神经网络语言模型：RNN 用于处理序列数据，能够捕捉上下文信息。LSTM 和 GRU（门控循环单元）是其改进版本，用于处理长距离的依赖关系。

Transformer 模型：Transformer 主要采用自注意力机制（Self-Attention），使模型能够在处理每个词时考虑输入序列中的所有其他词，从而捕捉长距离的依赖关系。

编码器-解码器结构：用于处理序列到序列的任务，如机器翻译。编码器将输入序列转换为上下文向量，解码器生成目标序列。

（3）文本处理

分词（Tokenization）：将文本分解为基本单元（如单词或子词）。这一步是许多 NLP 任务的基础。

去停用词（Stopword Removal）：去除对 NLP 无意义的常见词汇（如"和""的"）。

词性标注（Part-of-Speech Tagging）：标记每个词的语法类别，如名词、动词、形容词等。这有助于算法理解词汇在句子中的角色和关系。

命名实体识别：识别文本中的实体，如人名、地点、组织等，进行分类和提取。

（4）语言理解

句法分析（Parsing）：针对句法结构，分析句子的语法结构，构建句法树，理解词汇之间的关系。

语义分析（Semantic Analysis）：语义角色标注（Semantic Role Labeling，SRL），识别句子中词汇的语义角色及其关系。

语义相似度：衡量词汇或句子之间的语义相似度，通常通过预训练的语言模型实现。

（5）语言生成

文本生成：采用生成模型（Generative Model），基于输入生成连贯的文本。例如 GPT 系列模型能够生成上下文连贯的自然语言文本。

机器翻译：采用序列到序列模型（Seq2Seq Model），将一种语言的输入序列转换为另一种语言的输出序列。利用编码器将源语言序列编码成上下文向量，解码器生成目标语言序列。

（6）任务和应用

信息检索（Information Retrieval）：根据相关信息从大量文档中检索相关内容，例如搜索引擎技术。

情感分析（Sentiment Analysis）：分析文本情感倾向，确定文本的情感态度，如积极、消极或中性。

问答系统（Question Answering System）：自动回答用户问题，基于知识库或文本内容提供准确的答案。

（7）评估和优化

模型评估：模型评估主要是根据评估指标来对模型性能进行评估。常用的评估指标有准确率、精确率、召回率（Recall）、F1-score 等。

模型优化：常见的模型优化方法包括超参数调优和迁移学习。超参数调优是指优化模型性能的参数设置，如学习率、批量大小等。迁移学习是指利用在一个任务上训练好的模型进行另一个相关任务的学习。

这些基本原理共同构成了自然语言处理技术的基础，使计算机能够有效地处理和理解自然语言。

10.2.2 自然语言处理在人工智能应用中的案例

案例目标：基于 Seq2Seq 模型把中文翻译为英文。

案例介绍：本案例展示如何使用 transformers 库中的预训练 Seq2Seq 模型，将中文句子翻译成英文。该案例利用了 Helsinki-NLP 提供的 Opus-MT 模型，该模型是一个专门用于机器翻译任务的预训练模型。通过简单的几行代码，我们可以实现高效、准确的中文到英文的翻译。

实现步骤如下。

步骤 1：模型选择。

使用基于 MarianMT 模型的 Opus-MT 中英文翻译模型。它们已经在大规模的平行语料上进行了预训练，特别适用于翻译任务。

步骤 2：输入处理。

通过 MarianTokenizer 对输入的中文句子进行分词和编码，将输入的中文句子转换为模型可以处理的张量格式。

步骤 3：生成翻译。

利用加载的 MarianTokenizer 将模型生成英文翻译，该模型会根据输入的编码序列输出目标语言序列。

步骤 4：输出解码。

通过 MarianTokenizer 将模型生成的目标语言序列解码为人类可读的英文句子。

【例 10-2】 基于 Seq2Seq 模型把中文翻译为英文。

程序代码如下。

```
# -*- coding: utf-8 -*-
from transformers import MarianMTModel, MarianTokenizer
# 步骤 1：模型选择
# 使用预训练的 Opus-MT 模型，该模型是一个专门用于中英翻译的 Seq2Seq 模型
tokenizer =
MarianTokenizer.from_pretrained("Helsinki-NLP/opus-mt-zh-en")
    model = MarianMTModel.from_pretrained("Helsinki-NLP/opus-mt-zh-en")
```

微课视频

```
# 步骤 2：输入处理
#准备待翻译的中文句子
text = "我喜欢学习。"
# 对文本进行分词处理
# 将中文句子进行分词并转换为模型所需的输入格式，确保分词后的文本长度不超过 512 个 token
# Transformer 模型通常有最大输入长度的限制，这里我们将输入序列截断为最多 512 个 token
inputs = tokenizer([text], return_tensors="pt", padding=True, truncation=True,
max_length=512)
# 步骤 3：生成翻译
# 通过调用模型的 generate 方法生成翻译后的英文句子
translation = model.generate(**inputs)
# 步骤 4：输出解码
# 将生成的 token 序列解码为可读的英文句子，跳过特殊 token
result = tokenizer.batch_decode(translation, skip_special_tokens=True)
# 打印翻译结果
print(result)  # 输出: ['I like studying.']
```

这段代码使用了预训练的 **Seq2Seq** 模型，即基于 Transformer 架构的 **Opus-MT** 模型，完成一个从中文到英文的句子翻译任务。代码包括加载预训练的分词器和模型、对文本进行分词处理、确保文本长度不超过模型限制、执行翻译并解码输出结果。你可以根据自己的需求调整模型路径、输入文本或进一步提升翻译性能。

10.3　大模型

2023 年和 2024 年是 AI 技术爆发的两年，各种 AI 技术和产品井喷般出现。以 ChatGPT 和 DeepSeek 为代表的大语言模型（Large Language Model，LLM）尤为引人注目。它们不仅能撰写文章、总结报告、编写代码，还能调用外部智能体，让普通人真切感受到 AI 的强大魅力。站在数字化转型的十字路口回望，技术革命伴随着社会的重大转型，悄然间重塑世界。如今，我们正迎来一场新的变革——大模型的崛起，它不仅在技术领域产生深远影响，更在重塑我们的社会结构和日常生活。随着大模型技术的不断完善和普及，我们将适配由数据驱动、智能辅助的全新工作模式和生活模式。大模型不仅是技术的创新，更是一种人类与机器共同协作的新范式。

10.3.1　大模型的产生和发展

近年来，人工智能技术取得了长足进步，深度学习模型的不断突破为预训练大模型的发展奠定了坚实的基础。早在 20 世纪 80 年代，CNN 的雏形便开始形成，并在 1998 年以 LeNet-5 的问世实现了从浅层学习向深度学习的转变，这为计算机视觉以及自然语言生成等任务提供了有力支持。随着深度学习技术的成熟，基于多层神经网络的算法逐步取代了传统的专家系统和符号推理方法，开启了高效的数据驱动模型时代。

2013 年，Word2Vec 的提出使得计算机能够通过将单词转换为向量来理解文本，这一突破极大地推动了自然语言处理技术的发展。2014 年，生成对抗网络（GAN）的出现，不仅拓展了图像生成和数据增强的新方向，也为后续复杂模型的训练提供了宝贵经验。2017 年，谷歌大脑推出了 Transformer 模型，其核心的自注意力机制解决了传统 RNN 和 LSTM 在处理长序列数据时的效率瓶颈，为大

微课视频

规模文本数据的处理带来了革命性改进。基于 Transformer 架构的 BERT（2018 年）和 GPT-1（2018 年）迅速证明了预训练大模型在自然语言处理任务中的巨大潜力，并为后续更大规模的模型的诞生铺平了道路。

2020 年，OpenAI 发布的 GPT-3 的参数规模达到 1750 亿，标志着预训练大模型进入商业化应用阶段，其卓越的文本理解和生成能力使它在写作、编程、问答等领域得到了广泛应用。2022 年，ChatGPT 的问世将大语言模型的普及推向高潮，而 2023 年 GPT-4 将参数规模提升至 1.8 万亿，并整合了多模态处理能力，实现了文本与图像数据的联合理解，推动了 AI 技术进入一个全新的高度。

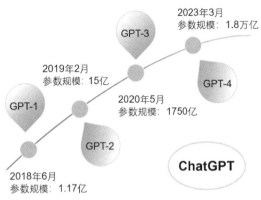

图 10.3　ChatGPT 的迭代发展

从 GPT-1 到 GPT-4，ChatGPT 经历了快速的迭代发展，如图 10.3 所示。

在这一全球技术浪潮中，国产大模型迅速崛起，其中 DeepSeek 成为备受瞩目的代表。DeepSeek 以低成本、高性能的优势，在数学推理、代码生成和复杂逻辑判断等任务上展现了卓越的能力，尤其是在中文自然语言处理领域取得了显著突破。借助先进的深度学习与强化学习技术，DeepSeek 实现了"深度思考"，即在生成答案前进行内部逻辑推理，从而提高模型的准确性和连贯性。这一创新训练方法不仅大幅降低了训练成本，还使得 DeepSeek 在性能上与国际领先产品媲美。

与此同时，其他国产大模型如百度文心一言、华为盘古大模型和科大讯飞星火大模型等在各自领域内不断突破，推动了中文自然语言处理和多模态应用的发展。百度文心一言基于自主研发的 ERNIE 3.0 模型，通过预训练海量中文语料，在文本生成和翻译方面表现出色；华为盘古大模型以 4000 亿级别的参数规模在机器翻译和代码生成上具有显著优势；科大讯飞星火大模型结合语音识别与自然语言处理技术，为语音交互提供了强有力的支持。国内主要大模型的特色与功能举例如表 10.1 所示。

表 10.1　国内主要大模型的特色与功能举例

模型名称	发布时间	特色	主要功能
百度文心一言	2023 年 3 月	基于 ERNIE 3.0 模型，融合知识图谱 专注于中文自然语言处理 支持多模态任务	文本生成 文本理解 机器翻译 问答系统 代码生成
阿里云通义千问	2023 年 4 月	基于阿里云基础设施 支持多语言和多模态任务 强调商业化应用	文本生成 机器翻译 代码生成 图像识别
科大讯飞星火大模型	2023 年 5 月 2024 年 6 月 27 日发布 4.0 版本	结合语音识别与合成技术 在语音交互场景中表现突出 支持多轮对话和复杂任务处理	语音转文字 语音指令识别 文本生成 逻辑推理 数学能力
华为盘古大模型	2023 年 7 月 7 日发布 3.0 版本 2024 年 6 月 21 日发布 5.0 版本	参数规模达 4000 亿 专注于代码生成和多语言翻译 强调训练效率和生成性能	自然语言生成 机器翻译（中英、英德、英法等） 代码生成与补全 文本摘要

续表

模型名称	发布时间	特色	主要功能
腾讯混元大模型	2023 年 9 月	支持多模态任务 强调模型的可扩展性和通用性 在游戏和社交场景中表现优异	文本生成 图像生成 语音合成 多轮对话
字节跳动豆包大模型	2024 年 5 月	专注于短视频和内容生成 支持多模态内容创作 强调实时性和互动性	视频内容生成 文本生成 语音合成 多模态内容推荐
DeepSeek-R1	2025 年 1 月	参数规模达 1 万亿 支持多模态任务（文本、图像、语音） 强调高效推理和低资源消耗	多模态内容生成 实时语音交互 图像识别与生成 复杂任务推理

总体而言，从深度学习模型的突破到预训练大模型的爆发，再到国产大模型的迅猛发展，国内企业正以创新和高效的技术路径，推动 AI 技术从理论走向实践，并在全球 AI 生态中占据越来越重要的位置。这不仅改变了技术领域的格局，也为数字化转型、智能辅助等新型工作与生活模式的发展提供了坚实支撑。

10.3.2　大模型的基本特点

大模型是一种深度学习模型，通常基于深度神经网络研发而成。深度学习是一种机器学习方法，其模型由多层神经网络组成，通过学习数据来提取特征和模式。深度学习的核心思想是通过构建多层神经网络来学习数据的特征表示，这些表示可以应用于各种任务，如图像识别、自然语言处理、语音识别等。大模型扩展了深度学习的概念，具有数百万甚至数十亿的参数，从而能够更好地捕捉数据中的复杂关系。以下是大模型的一些主要特点。

1. 数据与参数的协同进化

大模型的强大能力源于两个关键要素的协同作用：海量高质量数据和超大规模参数。二者需遵循"计算最优扩展法则"（即模型参数量与训练数据量需按比例同步增长），才能实现效率最大化。模型参数量决定模型的学习容量，但需与训练数据量科学配比。DeepMind 公司提出的 Chinchilla 模型证明：700 亿参数模型搭配 1.4 万亿训练（Token）的效果，优于 2800 亿参数模型配 3000 亿 token 的效果。这种优化策略已被 DeepSeek-R1 等先进模型采用。模型参数量与训练数据量对比如表 10.2 所示。

表 10.2　模型参数量与训练数据量对比

模型名称	模型参数量	训练数据量
GPT-3	1750 亿	3000 亿
Chinchilla	700 亿	1.4 万亿
LlamA-2	700 亿	2 万亿
DeepSeek-R1	1 万亿	3 万亿

研究发现，许多新的能力在中小模型上随着参数规模的线性增大并不会呈线性提升。相反，模型的参数规模必须达到某个临界点，并以指数级增长，新的能力才会显著提升。

图 10.4 所示为模型参数规模和学习曲线。

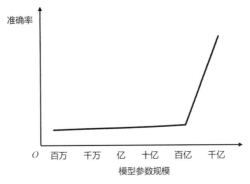

图 10.4　参数规模和学习曲线

尽管更大的参数规模通常意味着更好的性能，但模型性能还受到数据质量、训练方法、模型架构等多种因素的影响。此外，随着参数规模的增加，训练和推理的计算成本也显著提高。因此，研究者在设计大模型时，需要在性能和计算成本之间找到平衡点。

2. 更复杂的"训练"模型和更强大的"推理"能力

大模型的工作过程主要包括训练（Training）和推理（Inference）两个阶段，其中训练阶段决定模型的知识储备，而推理阶段决定模型的实际应用能力。

在训练阶段，模型首先需要处理大规模的多模态数据，如文本、图像和音频等。数据经过预处理后，设计并实施模型的架构（如 Transformer 架构），随后使用优化算法进行模型训练，通过反向传播调整参数，以最小化损失函数。训练阶段通常耗时较长，需要大量计算资源，同时需要不断验证和调优，以提升模型性能。例如，DeepSeek 采用分阶段训练策略，在第一阶段使用 1.4 万亿 token进行基础预训练，第二阶段则结合多任务微调，增强模型的实用性和泛化能力。

GPT 系列模型是典型的预训练大模型，其核心思想是先在大规模数据上进行预训练，以理解语言的结构和模式，再通过微调完成具体任务。GPT-1 作为最早的版本，由 12 层 Transformer 解码器组成，仅能生成单词，因此被称为"生成式预训练语言模型"。GPT-1 通常需要预训练和微调两个步骤，但随着 GPT-2、GPT-3 等大模型的发展，研究发现当参数规模和预训练数据规模足够大时，模型甚至无须微调就能高效完成多种任务，这表明预训练过程已足够强大，可以实现"一次训练，多任务泛化"。DeepSeek 也采用了类似策略，其预训练模型经过对超大规模数据的学习后，能够完成多种任务，如代码生成、数学推理等，而无须额外微调。

在微调阶段，模型会在特定的任务或数据集上进行进一步训练，以增强其在特定应用场景中的适应性和精确度。微调通常在较小、与实际应用相关的数据集上进行，使模型更好地处理具体任务中的复杂情况。例如 DeepSeek 可以通过微调来满足医疗、法律等专业领域的需求，从而提升在这些领域中的表现。

推理阶段是模型实际应用的过程，此时模型不再调整参数，而是利用已学习的知识进行预测。当用户提供输入时，模型首先对输入进行预处理，如分词和编码，同时检查输入的合规性。接着，模型基于输入和训练中学到的知识进行推理。以 DeepSeek 为例，它会将输入文本编码成数字向量，并通过解码器生成下一个 token 或单词序列。生成过程中，模型采用自回归方法，即在生成每个 token时考虑之前生成的内容，以保证文本的连贯性和一致性。最终，推理结果被转换为自然语言输出。例如，当用户用中文提问时，DeepSeek 会预测汉字序列；而在英文场景中，模型会处理单词。

通过这两个阶段，大模型能够有效地学习和应用知识，以满足各种实际应用需求。

3. 具有多任务学习能力

大模型通过多任务学习（Multi-Task Learning，MTL）显著提升模型的效率和泛化能力。这一学习范式最早可以追溯到 1997 年的一个核心思想：通过同时学习多个任务的数据，模型能够利用任务间的共享信息，从而在所有任务上表现得更好（见图 10.5）。这种方法的优势如下。

（1）一次性学习多个任务：多任务学习允许模型在一次训练过程中同时学习多个任务，这不仅可提高训练效率，还可减少部署时的内存占用。模型能够在统一的训练框架下处理不同的任务，避免单独训练每个任务的重复工作。

（2）共享信息与正则化：通过多任务学习，模型可以共享不同任务中的信息，这种共享有助于提高模型的泛化能力。任务间的信息互补与正则化效果，能够提升模型在所有任务上的表现，通常比单独训练每个任务得到的效果更为优越。

单任务学习：

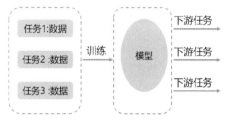

多任务学习：

图 10.5　单任务学习和多任务学习

4. 更高的计算资源需求

随着模型参数规模的急剧增加，训练模型所需的计算资源也呈爆炸式增长，带来了前所未有的挑战。以 GPT-3 为例，其训练过程使用了数百个 GPU，耗费了数千万千瓦时的电，相当于中等规模数据中心的年度电力消耗量。而同样规模的其他模型，如 OPT 和 BLOOM，也需要消耗大量的计算资源和时间进行训练。这种巨大的计算资源需求不仅增加了训练成本，还对环境产生了不小的影响。

传统的预训练加微调范式在面对大模型时显得力不从心。由于参数规模庞大，对每个任务进行微调将耗费极高的计算成本，因此这种方法在实际应用中变得不可行。于是，研究人员开始探索新的方法，如语境学习等，以期在少样本场景下也能取得优异的效果，从而优化大模型的应用。与此同时，各大公司和研究机构纷纷发布了众多大模型，进一步推动了大模型研究的热潮。然而，这一热潮的背后是巨大的计算资源需求。根据缩放法则，模型性能与模型规模密切相关，而模型规模的增加意味着计算资源的指数级增长。因此，如何优化计算资源的使用，提高大模型训练的分布式计算效率，减少计算时间，并确保模型的稳定收敛，成了当前的重点研究方向。面对更高的计算资源需求，我们需要不断探索新的技术和方法，以推动大模型的进一步发展，并在保持高性能的同时降低能源消耗和环境影响。

10.3.3　大模型的构建与训练

目前，大模型的构建包括这几个主要阶段：模型预训练、有监督微调、奖励模型训练、强化学习训练。这些阶段相互关联、彼此依赖，每一个阶段都在大模型的性能和应用上发挥着重要作用。

1. 模型预训练

预训练是大模型学习的初始阶段。在这个阶段，模型会接触到大量未标记的文本数据，如图书、文章和网站，通过无监督学习的方法捕捉文本语料库中的底层模式、结构和语义知识，为后续任务奠定强大的基础。

在预训练模型出现之前，深度学习在自然语言处理领域的应用受限于两个主要因素：一是匹配具体任务的训练数据总量不够多，导致模型容量增加后需要大量数据支撑，而数据不足使得模型效果不佳；二是深度学习的特征抽取能力不够强，无法有效吸收数据中的知识。预训练模型通过使用自编码器或生成对抗网络等技术，在没有明确指导或标签的情况下从大规模数据中提取有用的特征和模式，并采用 Transformer 架构（见图 10.6），通过掩码语言建模等方法帮助模型学习上下文关系和语言模式。

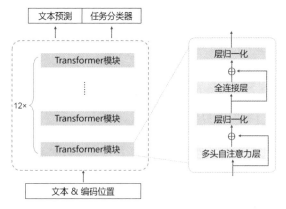

图 10.6　预训练模型中的 Transformer 架构

预训练不仅为大模型提供了初始的参数和表示，使其在处理具体任务时具有更强的性能和泛化能力，还在自然语言处理和计算机视觉等领域取得了巨大的成功，如在文本生成、语言翻译、情感分析和命名实体识别等任务中表现出色。

例如，我们要去北京旅游，关注北京的美食时，模型在识别大量描述北京美食的文本时，逐渐学习到"烤鸭""涮羊肉"是北京的特色美食。模型通过预训练积累了关于北京和特色美食的知识，但这些知识是泛化的，没有具体的任务指向。

2. 有监督微调

有监督微调（Supervised Finetuning，SFT）又称指令微调（Instruction Tuning），是指在已经预训练好的语言模型基础上，通过使用有标注的特定任务数据进行进一步的微调，使模型具备遵循指令的能力。经过海量数据预训练的语言模型虽然掌握了大量的知识，但由于其训练目标仅是进行下一个词的预测，因此还不能理解并遵循自然语言形式的指令。通过指令数据对模型进行微调，可以使其理解并响应指令，从而在特定任务中表现更佳。在这个过程中，需关注如何构造指令数据，高效、低成本地进行微调训练，以及在语言模型基础上生成上下文等问题。

例如，在这一阶段，我们收集一些标注好的数据，这些数据包含用户关于北京和美食的具体问题及其回答。

示例 1

输入："我计划去北京旅游，有什么推荐的美食？"

输出："你可以尝试北京烤鸭和涮羊肉，都是当地的特色美食。"

示例 2

输入："北京的冬天有什么好吃的？"

输出："北京的冬天，涮羊肉是非常受欢迎的美食。"

在有监督微调过程中，我们根据标注好的数据对预训练模型进行微调，模型通过计算预测回答与实际回答的差异来调整参数，以提高准确性。经过有监督微调，模型将学习如何根据用户的具体问题生成相关的答案。

3. 奖励模型训练

在模型预训练和有监督微调之后，为了进一步提高语言模型的回答质量，可以使用奖励模型

（Reward Model，RM）来优化模型的输出。这一过程中要构建一个文本质量对比模型，对同一提示词的多个输出进行质量排序，训练过程中需要大量标注数据和计算资源，以确保奖励模型在强化学习阶段的效果。

首先，通过模型生成一系列候选输出。

例如：针对用户输入的"我去北京吃涮羊肉"生成多个候选输出。

示例输出如下。

输出 1："北京的涮羊肉非常有名，推荐去东来顺尝试。"

输出 2："在北京，涮羊肉是很受欢迎的美食，可以去南门涮肉馆。"

输出 3："如果你去北京，可以试试那里的烤鸭和涮羊肉。"

输出 4："去北京吃涮羊肉吧，那里有很多好吃的餐厅。"

然后请标注员对候选输出进行偏好标注，常见的标注方式是对候选输出进行排序，以减少标注员之间的不一致。例如对于上述 4 个输出，标注员从最符合到最不符合人类偏好做出排序。

标注顺序：　输出 1 > 输出 2 > 输出 4 > 输出 3

使用这种标注数据训练奖励模型，其能够对人类偏好建模。

训练方法包括打分式、对比式和排序式。

打分式：对每个输出进行评分，模型通过最小化均方误差来学习这些评分。

对比式：比较两个输出，判断哪个更符合人类偏好，采用对比学习方法训练模型。

排序式：对多个输出进行排序，学习输出之间的相对优劣关系。

4. 强化学习训练

在大模型中，强化学习（Reinforcement Learning，RL）让模型不断尝试不同的学习方式，试图在特定环境中获取奖励，来帮助计算机逐步完善表现，实现它设定的目标。

在这一过程中，模型根据用户的输入生成回复，并通过奖励机制不断改进其策略。以"我去北京吃涮羊肉"为例，强化学习过程的详细说明如下。

状态：用户输入的"我去北京吃涮羊肉"被视为模型的状态。这一状态提供了模型生成回复的背景信息。

动作：基于这个状态，模型会生成一个回复。例如，模型可能生成"北京的涮羊肉非常有名，尤其是东来顺和老北京涮羊肉。"这个回复是模型在当前状态下采取的动作。

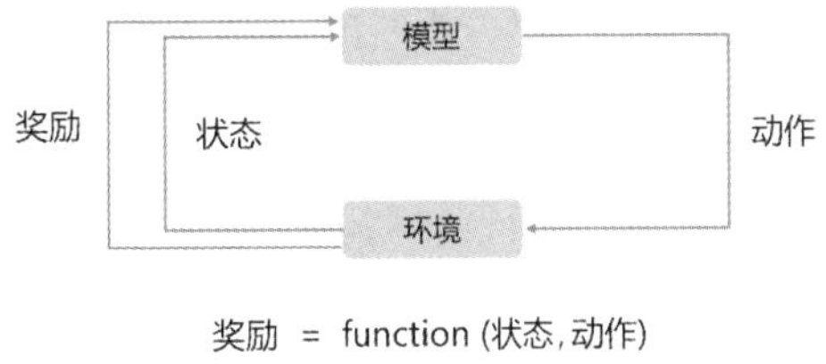

奖励 = function（状态，动作）

图 10.7　强化学习训练模型

奖励：用户对模型的回复给予反馈。如果用户觉得这个回复准确且有用，则可能会给予正奖励；如果回复不相关或不满足他们的需求，则会给予负奖励。

总之，强化学习训练包括 3 个关键部分：状态、动作和奖励（见图 10.7）。

在强化学习训练模型中，用户提出的问题被称为状态，而模型生成的回复是动作，用户的反馈则作为奖励。模型会根据当前的状态选择一个动作，在收到奖励后调整其策略，以期在未来获得更高的奖励。通过不断尝试和调整策略，模型能够逐渐提高回答的准确性和用户满意度。

10.3.4　大模型的应用

2023 年起，以 ChatGPT 为代表的大模型迅速崛起，被认为是继互联网和智能手机之后，带来人类第三次"革命"的科技产品。互联网开创了"空间革命"，使得实时连接成为可能，改变了我们的沟通、教学和工作方式；智能手机则引领了"时间革命"，通过各种应用程序加速了交易、配送等，深刻影响了我们的生活和工作方式。而 ChatGPT 的问世，标志着可能迎来"思维革命"。它不仅能够进行创意写作，提供咨询解答、翻译服务和客服支持，还将改变我们思考和解决问题的方式，重塑各行各业的生态，甚至改变整个世界。

1. 文字修改

在日常交流和书写中，我们常遇到一些语言表达不够准确，即病句的情况。这些病句不仅影响信息的传达效果，还可能导致误解或混淆。ChatGPT 在文字修改方面有着独特的优势，图 10.8 所示为几个病句修改的示例。

> 输入：
>
> 修改下列病句，
>
> A.我们不能辜负老师们殷勤地期望。
>
> B.福建高速公路是连接省会福州和经济特区厦门的交通要道。
>
> C.大家在会上研究并提出了一些实际问题。
>
> D.观看日出时，不能用眼睛直接看，以免不要灼伤眼睛。
>
> E.小宁的学习成绩好，所以他的思想品德也好。

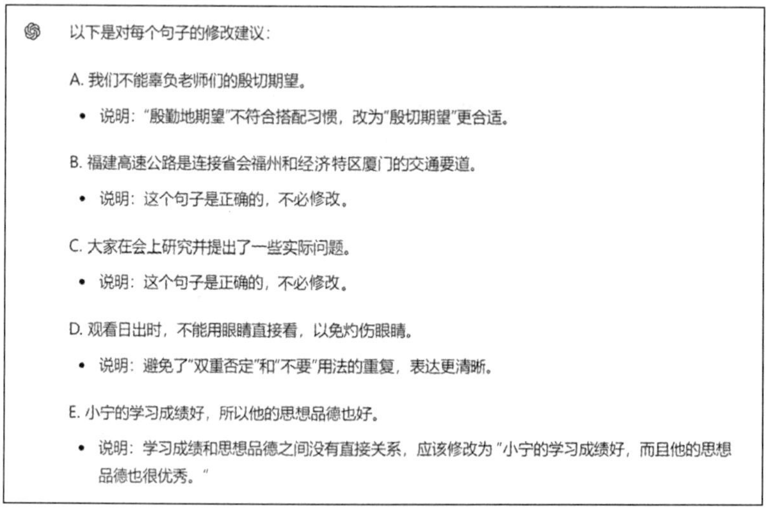

以下是对每个句子的修改建议：

A. 我们不能辜负老师们的殷切期望。

- 说明："殷勤地期望"不符合搭配习惯，改为"殷切期望"更合适。

B. 福建高速公路是连接省会福州和经济特区厦门的交通要道。

- 说明：这个句子是正确的，不必修改。

C. 大家在会上研究并提出了一些实际问题。

- 说明：这个句子是正确的，不必修改。

D. 观看日出时，不能用眼睛直接看，以免灼伤眼睛。

- 说明：避免了"双重否定"和"不要"用法的重复，表达更清晰。

E. 小宁的学习成绩好，所以他的思想品德也好。

- 说明：学习成绩和思想品德之间没有直接关系，应该修改为"小宁的学习成绩好，而且他的思想品德也很优秀。"

图 10.8　修改病句示例

相较于对中文的润色，ChatGPT 在英文文本修改上表现得更加出色。如下的例子是 ChatGPT 对英文文字的润色和修改。

> 示例 1
>
> 原句：The data was collected from various sources and they were analyzed to find trends.
>
> 修改后：Data was collected from various sources and analyzed to identify trends.
>
> 说明：删除了"The"和"they"，并将"find"改为"identify"，使句子更简洁和明确。

示例 2

原句：He is a person who has a lot of experience in the field, which makes him very qualified.

修改后：His extensive experience in the field makes him highly qualified.

说明：使用 "extensive experience" 代替 "a lot of experience"，并将 "which makes him very qualified" 简化为 "makes him highly qualified"，使句子更简练。

2. 代码生成

除了 ChatGPT 以外，文心一言作为百度推出的强大自然语言处理工具，在代码生成领域展现了应用潜力。例如我们让文心一言写一段 Python 程序，用于将温度的单位在摄氏度（Celsius）和华氏度（Fahrenheit）之间进行转换（见图 10.9）。

```python
def celsius_to_fahrenheit(celsius):
    """摄氏度转换为华氏度"""
    return (celsius * 9/5) + 32

def fahrenheit_to_celsius(fahrenheit):
    """华氏度转换为摄氏度"""
    return (fahrenheit - 32) * 5/9

def main():
    print("请选择转换类型：")
    print("1. 摄氏度转换为华氏度")
    print("2. 华氏度转换为摄氏度")
    choice = input("请输入选择（1/2）：")

    if choice == '1':
        celsius = float(input("请输入摄氏度："))
        fahrenheit = celsius_to_fahrenheit(celsius)
        print(f"{celsius} 摄氏度 = {fahrenheit} 华氏度")
    elif choice == '2':
        fahrenheit = float(input("请输入华氏度："))
        celsius = fahrenheit_to_celsius(fahrenheit)
        print(f"{fahrenheit} 华氏度 = {celsius} 摄氏度")
    else:
        print("无效的选择，请输入1或2。")

if __name__ == "__main__":
    main()
```

图 10.9　代码生成示例

3. 公文写作

文心一言作为百度推出的大模型产品，其显著优点在于卓越的文字处理能力，尤其是对于中文文本的理解和生成。我们可以尝试输入提示词和需求，让文心一言帮助我们完成公文写作。例如给出如下需求。

我是 A 学校的员工张三，现在需要写一篇因实验室计算机升级采购新计算机的请示。

这篇请示应包含以下要素：标题，请帮我拟一个合适的标题；请示对象单占一行，为"招采部"；正文分为 3 段，第一段说明请示缘由，实验室现有计算机陈旧，无法满足学生的实验需求，第二段说明请示事项，因工作实际需要，需在一月内采购 100 台计算机，预算大约为每台 5000 元，第三段是请示结语，为"以上请示，请予批示"；署名为张三；成文日期为 2024 年 8 月 1 日。

文心一言给出的文本如图 10.10 所示。

4. 图片理解

科大讯飞是我国人工智能领域的知名企业，专注于语音识别、机器翻译等技术，推出了诸如"讯飞录音笔"和"讯飞听见"等广受欢迎的产品。近年来，科大讯飞推出了"讯飞星火"认知大模型，这是国内较为流行的大模型之一。讯飞星火大模型支持上传各种类型的文件（如文档、图片等），并能够理解文件中的内容（见图 10.11）。

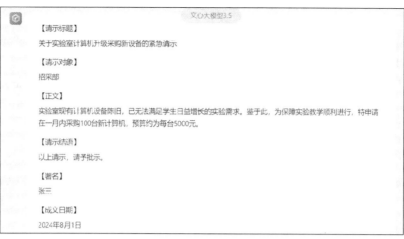

图 10.10　公文写作示例

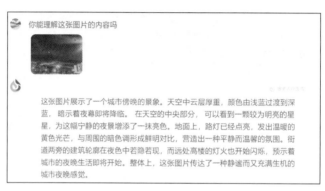

图 10.11　图片理解示例

5. 大模型+智慧医疗

大模型在医疗领域的应用正在迅速扩展，特别是在智慧医院的建设中，其展现出巨大的潜力和广阔的应用前景。首先，在智能医学问答方面，大模型可以为患者提供智能问诊、就医咨询和用药指导等服务，同时为医生提供医学检索和辅助诊疗决策。例如，ChatGPT 在肥胖外科相关问题的回答中，对 131 个问题中 86.8%的回答被认为是"准确且全面"的，尤其是在与"疗效、适应证和手术选项"相关的问题中，准确率超过了 93%。谷歌开发的医疗大模型 Med-PaLM 在智能医学问答方面的准确率达到了 92.6%，接近临床医生的水平。

其次，大模型在自动生成病历文书和报告方面也发挥着重要作用。传统的病历书写烦琐且易出错，而大模型可以利用强大的文本理解和分析能力，自动生成规范的病历文书和报告。研究表明，经过适配的大模型生成的病历文书和报告在完整性、正确性和简洁性方面，优于人类专家。例如，谷歌的 Med-PaLM 模型应用于生成胸部 X 光片影像的放射学报告时，临床医生在 40.50%的情况下更倾向于选择模型生成的报告。

在辅助临床诊疗方面，大模型能够帮助医生处理复杂的医疗数据，提供高质量的诊断和决策支持。例如，研究发现，ChatGPT 在乳腺癌筛查中的准确率高达 88.9%，而 GPT-4 曾成功为一名婴儿诊断出一种罕见疾病。此外，ChatCAD 系统将大模型整合到医学图像的计算机辅助诊断中，显著提高了诊断效果，还为医生和患者提供了友好的解释和建议。

尽管大模型在辅助临床护理方面的研究相对较少，但其潜力不容忽视。大模型可以快速提取患者的健康信息，如现病史、既往史和生命体征，帮助护理人员发现健康风险、预测潜在并发症或治疗反应，并制订个性化的护理计划。表 10.3 所示为部分大模型在医疗领域的应用。

表 10.3　部分大模型在医疗领域的应用

大模型名称	发布时间	发布单位	应用场景	数据类型
盘古药物分子大模型	2022 年 4 月	华为云计算技术健康智能实验室	药物研发	多模态
BioMedLM	2022 年 12 月	斯坦福基础模型研究中心	医学问答	文本
GatorTron	2023 年 3 月	佛罗里达大学	医学问答、病例识别	文本
OpenMEDLab 浦医	2023 年 6 月	上海人工智能实验室	医学图像、医学文本、生物信息、蛋白质工程	多模态
HealthGPT	2023 年 6 月	叮当健康科技集团有限公司	药物咨询、营养指导、健康建议	文本
华佗 GPT	2023 年 6 月	深圳市大数据研究院	健康咨询、就医导诊、情感陪伴	多模态
紫东太初	2023 年 6 月	中国科学院自动化研究所	手术辅助、辅助诊疗	多模态
京医千询	2023 年 7 月	京东健康股份有限公司	辅助诊疗、健康管理、文献挖掘、病历报告生成	多模态
Med-PaLM	2023 年 7 月	谷歌	医学问答	文本
知问	2023 年 9 月	上海金仕达卫宁软件科技有限公司	医保和商保知识问答	文本

6. 大模型+智慧教育

随着 ChatGPT 等生成式 AI 的成功，教育界对大模型的关注与日俱增。在 2022 年底，欧美国家的大学校园中，学生开始广泛使用 ChatGPT 完成作业，甚至在一些案例中，学生利用 ChatGPT 生成的论文获得了高分。

大模型在教育中的应用不仅限于完成作业，它还可以作为强大的教学辅助工具。例如，大模型可以作为智能助教，提供个性化的学习指导和答疑服务，帮助学生根据自己的学习节奏和需求获取相关知识。如图 10.12 所示，学生利用大模型解答高中数学题，大模型不仅给出了正确答案，还给出了相应的详细解题过程，为学生理解知识提供了帮助。

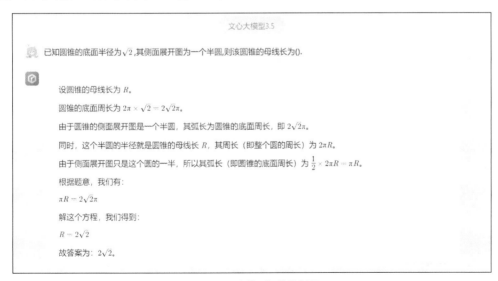

图 10.12　大模型解答教学题

通过与学生互动，大模型能够快速分析学生的学习情况，提供有针对性的学习资源和建议，提升学习效率和趣味性。此外，大模型能进行智能测评，通过对话测试学生的知识掌握情况，生成详细的评估报告，帮助学生明确学习中的薄弱环节。教师可以利用大模型优化课堂教学，获取更多教学资源，从而提高教学质量。

尽管 AI 在教育中的广泛使用引发了学术道德的争议，但有一些教育者认为，AI 的引入有助于学生快速进步。例如，在多伦多大学的一门生物信息学课程中，教授鼓励学生使用 ChatGPT 完成作业，但要求他们必须核对答案的准确性并标明 AI 的参与部分。这种方式既能提升学生的学习效率，也能让他们在使用 AI 的过程中保持独立思考和学术诚信。

7. 大模型+千行万业

大模型正以强大的通用能力，迅速影响着各个领域，推动着技术创新与产业变革（见图 10.13）。

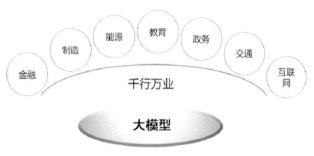

图 10.13　大模型影响着千行万业

例如，在制造业中，"AI+制造"已被广泛应用，大模型的分析和优化能力，提高了生产效率和产品质量，并实现了个性化定制和资源配置的优化。这不仅加速了中国工业的数字化转型与智能化升级，还促进了绿色环保和人才结构优化，加速中国从制造大国迈向制造强国的进程。在广告行业中，大模型正在重新定义广告创意与生产的方式。通过大模型的个性化推荐和效果分析功能，广告商能够更加精准地触及目标用户，从而建立更加深入的品牌与消费者之间的连接。这种变革使广告行业的未来充满了更多可能性和潜力。金融行业也从大模型的应用中受益匪浅。大模型能够快速处理和分析海量金融数据，优化投资组合、提高风险管理能力，从而实现更高效、更精准的金融服务。此外，在广电领域中，大模型的应用体现在内容创作和观众互动的提升上，通过分析观众偏好数据，广电行业能够为观众提供更加个性化的内容推荐和互动体验。

然而，随着大模型在各个领域的应用日益深入，大模型的专业性和安全性成为企业关注的重点。企业在选择大模型时，不仅要考虑通用模型的通识能力，还需要将其与行业专业知识相结合，开发出具有针对性的行业大模型。

10.4　人工智能生成内容

当你在某电商平台输入"夏日连衣裙"时，不仅屏幕上会跳出精美的连衣裙商品推荐，还会显示 AI 设计的多种穿搭方案，甚至能看到试穿视频，这些正是利用了人工智能生成内容技术。近年来，人工智能技术的迅猛发展促进了 AIGC 的广泛应用，各大平台都在积极探索其潜力。例如，小红书推出了人工智能绘画模型，让用户能够快速生成精美的插画内容，用于笔记分享；微博开发了创作助手，为创作者提供了从标题生成到视频编辑的一站式创作支持；知乎结合中文大模型，推出了"热榜摘要"等功能，帮助用户更高效地整合和获取信息。

这些例子表明，无论是购物搭配、社交分享，还是知识传播，AIGC 正逐渐改变着内容的生产和消费模式。它不仅提高了创作效率，也为内容创作者开辟了新的创意空间，为用户提供了更智能、更个性化的服务。可以说，AIGC 已经成为推动内容产业变革的重要引擎，开启了智能化内容创作的新时代。

10.4.1　AIGC 的产生和发展

1. AIGC 的概念及核心技术

AIGC 是一种继专业生成内容（Professional Generated Content，PGC）和 UGC 之后的新型内容创作方式，其核心是通过人工智能模型，根据指定条件（如主题、关键词、风格等）自动生成文本、图像、音频、视频等内容。AIGC 的出现标志着人工智能从 1.0 时代迈入 2.0 时代，赋予机器创作能力，开启内容生产的智能化变革。AIGC 广泛应用于媒体、教育、娱乐、科研等领域，极大地提高了内容生产效率并降低了创作门槛。

2. 从 PGC 到 UGC，再到 AIGC 的发展历程

内容生产方式经历了从 PGC 到 UGC，再到 AIGC 的 3 个重要阶段。

（1）PGC

PGC 起源于互联网发展的早期阶段，当时的内容创作主要由专业团队或专家主导。与普通用户相比，专业团队有更多的资源和行业知识来提供高质量的内容，通常以准确、深入、权威为主要特点。PGC 常见的内容包括百科、教育、科研文章以及专业媒体信息，这些内容通常具有较强的针对性，满足特定领域用户的需求。例如，"新华网"和"央视网"等专业媒体平台提供权威和系统化的内容，帮助用户获取准确的信息。

PGC 的优势在于内容质量的高标准，尤其适用于需要专业知识的领域，比如教育、科研等。然而，它也有显著的局限。首先，专业内容的生产往往需要高昂的成本和较长的周期，这使得它难以迅速满足多样化的用户需求。其次，PGC 创作需要高水平的专业团队，因此无法实现大规模的内容生产，尤其是在面对庞大而多变的用户需求时，其生产能力显得捉襟见肘。此外，PGC 内容创作的门槛较高，限制了内容创作的灵活性和普及性。随着互联网用户需求的变化，UGC 逐渐成为一种更具吸引力的替代选择。

（2）UGC

随着互联网技术的发展，普通用户不仅是内容的接收者，而且成为内容的创造者。社交媒体平台的兴起使得内容创作不再是专业团队的专利，任何人只要有创意，都能通过平台自由地表达和分享自己的想法和经历，形成以用户为主导的内容生态。平台如微博、抖音、豆瓣等，推动了 UGC 的普及，使得普通用户的行为可以影响整个互联网。

UGC 的一个主要优点是大大降低了内容创作的门槛，任何拥有创意和想法的用户都可以通过社交媒体平台自由表达自己的意见和分享个人经历，这种开放性赋予了互联网内容生态更强的活力。同时，UGC 通过汇聚来自不同文化、地域、职业背景的用户数据，极大地丰富了内容的多样性，满足了用户对个性化和细分领域内容的需求。此外，UGC 具有极强的时效性和互动性，用户间的即时互动和反馈机制使得信息能够快速传播，平台可以通过用户参与增加黏性并获取海量数据，为后续的精准推荐和商业化运营提供支持。然而，UGC 存在明显局限，内容质量参差不齐、虚假信息泛滥、版权争议频发等问题层出不穷。随着内容规模扩张，平台面临日益严峻的审查和管理压力，尤其在处理违法或敏感内容时，内容监管的有效性成为主要挑战。

（3）AIGC

AIGC 是近年来随着人工智能技术发展而兴起的一种新型内容生成方式。不同于由专家或用户创作内容，AIGC 通过人工智能模型自动生成高质量内容，能够快速满足多变的内容需求。人工智能，尤其是深度学习模型，如生成对抗网络和 Transformer 架构，使得 AIGC 不仅能够生成文本，还能够

生成图像、音频、视频等多模态内容。因此，AIGC 打破了 PGC 和 UGC 的局限，成为生产内容的一种灵活且高效的方式。

　　AIGC 技术的进步经历了从早期简单模型到如今复杂的大模型的发展。最初的生成式 AI 模型只能执行一些特定任务，如图像生成或文字摘要。但随着技术突破，尤其是基于 Transformer 架构的大模型等的出现，AIGC 能够处理更为复杂的任务，生成更多元的内容。例如，ChatGPT 等先进大模型通过不断学习和优化，能够理解复杂问题并生成相关内容，其已经在营销、教育等多个领域得到实际应用，推动了 AIGC 的商业化进程。

10.4.2　AIGC 与大模型的交互关系

　　AIGC 技术的快速发展并非一蹴而就，而是经历了一个不断迭代和优化的过程。

1. AIGC 的技术突破

微课视频

　　早期，AIGC 的应用较为简单，主要用于解决在特定领域的任务，如图像生成或文本摘要。此时的模型规模相对较小，计算能力有限，生成的内容也较为单一。比如，生成对抗网络和自编码器（Autoencoder）主要用于图像的生成，这些模型虽然具有创造能力，但生成的图像质量较低，且只能处理简单任务。再比如，传统的文本生成模型，如基于 n-gram 模型的统计模型，只能生成一些简单的、基于固定模板的短文本，无法有效完成复杂语言的生成任务。随着 LSTM 和 GRU 网络的出现，AI 在文本生成方面取得了突破。这些模型能够处理长序列数据，解决了传统模型在处理长文本时面临的问题。随着技术的进步，模型可以生成较为复杂的文本内容，例如新闻报道、简短的文章和对话等。

　　模型规模不断扩大，大模型与 AIGC 之间形成了相辅相成、相互交叉的关系（见图 10.14）。ChatGPT 是大模型与 AIGC 结合的典型应用，既体现了大模型强大的语言生成能力，也展示了 AIGC 在实际场景中的广泛应用潜力。

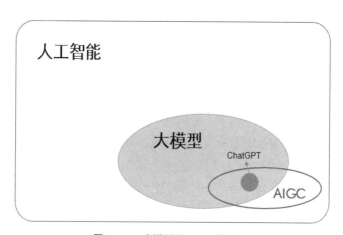

图 10.14　大模型和 AIGC 的关系

2. 大模型推动 AIGC 能力的飞跃

　　大模型，尤其是基于 Transformer 架构的深度学习模型，极大地提升了 AIGC 的能力。Transformer 架构自从 2017 年被提出以来，通过独特的自注意力机制，突破了传统神经网络在处理长序列数据时面临的效率瓶颈。相较于早期的 RNN 和 LSTM，Transformer 架构不仅在训练时具有并行性，而且在捕捉长距离依赖关系方面具有显著优势。这一优势使得 AIGC 在生成复杂内容时，能够处理更多维度的信息，生成更为丰富、连贯的结果。

随着预训练技术的不断发展，尤其是大规模预训练语言模型的兴起，AIGC 的能力迎来了质的飞跃。从最初的几百万参数到如今的数十亿甚至数万亿参数，模型的参数规模呈指数级增长。例如，OpenAI 的 GPT-3 拥有数百亿的参数，使其在生成文本时，不仅能够理解语言的语法和结构，还能捕捉到更深层次的语义信息，从而生成更自然、符合上下文的内容。这些大模型通过更深层次的特征提取与推理能力，使得 AIGC 能够生成更高质量、更复杂的内容，且能够跨越多个领域进行内容创作。不同于早期的简单模型仅能生成基础的文本或图像，大模型能够理解多模态的信息，并将其有效地融合在一起。

例如，ChatGPT 等大模型不仅可以处理文本生成任务，还能理解复杂问题、生成详细的回答并进行复杂的推理。在教育领域，大模型被用来自动答疑、生成课程内容；在营销领域，它能够为品牌生成创意广告文案；在创意行业，它可以帮助艺术家与设计师产生灵感，拓宽创作的边界。大模型的规模和计算能力，使得它在面对复杂问题时能够进行深度分析并给出精准的答案。

总之，基于大模型的 AIGC 能够在多个领域中快速适应并创新，具有前所未有的内容创作能力。这些大模型的进步不仅推动了 AIGC 的广泛应用，也为各行业提供了强大的支持，尤其是在教育、医疗、法律、娱乐、广告等领域，催生了大量新的商业化应用和创造性工作。

3. AIGC 推动大模型技术的发展

AIGC 与大模型技术之间的关系是双向的，彼此促进并不断推动对方的进步。随着 AIGC 技术的快速普及，它不仅利用了大模型的强大能力来生成内容，还通过反馈和需求的积累推动了大模型技术的进一步发展和优化。具体来说，AIGC 的实际应用为大模型带来了全新的挑战和需求，促使其在多个方面进行技术突破。首先，AIGC 应用的多样性对大模型提出了更高的要求。随着 AIGC 逐步覆盖文本、图像、音频、视频等多种内容形式，生成更加精细和个性化的内容成了必要的技术目标。例如，AIGC 需要大模型能够理解更加复杂的上下文和用户意图，具有更强的推理能力和长时记忆能力。为了满足这些需求，研究人员和工程师在大模型中引入了更加先进的架构和算法，例如多模态模型（如 CLIP 和 DALL·E），这些模型能够同时处理图像与文本，从而提升跨模态内容生成的质量和一致性。此外，生成对抗网络和增强学习等技术的应用使得 AIGC 能够生成多样化、创新性强的内容，并提升创作过程中的灵活性。

其次，AIGC 在商业和日常生活中的广泛应用，推动了大模型在数据处理与迭代优化方面的发展。AIGC 平台可以通过生成大量文本、图像、视频等内容，并收集用户反馈，为大模型的训练提供大量高质量的数据。这些数据不仅能改善现有模型的表现，还能为新一代模型的开发提供关键的素材。例如，AIGC 生成的文本和图像可以为无监督学习和迁移学习提供有效的训练素材，使得大模型能够快速、准确地适应新的任务和领域。在这个过程中，积累的数据和精细化的用户反馈，成为大模型不断优化和演化的核心驱动力。总之，AIGC 的不断进步为大模型提供了丰富的用户反馈和训练素材，而大模型的技术突破提升了 AIGC 的能力，这一循环不断推动着两者的发展和创新。

10.4.3　常用的 AIGC 工具

随着 AIGC 技术的发展，各行各业开始广泛应用各种 AIGC 工具来提升内容创作和生产的效率。如图 10.15 所示，常见的 AIGC 工具可以分为文本生成、图像生成、音频生成、视频生成以及代码生成等几大类。

图 10.15　AIGC 工具

1.　文本生成工具

文本生成工具广泛应用于内容创作、客服服务、文本分析等领域。它通过自然语言处理技术，能够理解并生成具有一定逻辑和语境的文本。具有代表性的文本生成工具如下。

讯飞星火：作为我国领先的人工智能企业，科大讯飞具有强大的自然语言处理和语音识别技术，其文本生成工具讯飞星火广泛应用于智能客服、语音助手、新闻写作等领域。它不仅能够实现语音转文字，还能够根据给定内容生成流畅的文章或报告。

文心一言：文心一言是百度推出的智能对话生成系统，类似于 ChatGPT，能够进行自然语言对话、文本生成、自动翻译等任务，已在教育、客服、医疗等多个领域中得到应用。

豆包：豆包是一款智能写作助手，能够根据用户输入的关键词自动生成文章、报告或广告文案。它具备情感分析和文本生成能力，可以帮助用户生成符合目标受众的内容，广泛应用于内容创作、营销推广等场景。

ChatGPT：ChatGPT 是由 OpenAI 推出的对话型 AI 模型，能够理解并生成自然语言，广泛应用于客服、创意写作、编程辅导、语言翻译等多个领域。ChatGPT 可以根据上下文生成流畅的对话和文章，提供高效的文本创作支持。

DeepSeek-R1：DeepSeek-R1 是 DeepSeek 系列中的一款专注于实时文本生成和交互的 AI 工具。它结合了最新的自然语言处理技术和实时数据处理能力，能够在对话、客服、即时翻译等场景中提供高效的支持。DeepSeek-R1 特别适用于需要低延迟和高准确率的应用场景，例如实时客服对话、会议记录生成和多语言即时翻译等。其模块化设计允许用户根据具体需求定制功能，进一步提升用户体验。

这些工具主要通过预训练大规模语言模型，使得模型能够自动生成符合需求的文本内容。无论是财经分析、产品推荐，还是教学辅助、新闻报道，文本生成工具在各个行业中发挥着重要作用。

2.　图像生成工具

图像生成是指运用人工智能技术，根据给定的数据进行单模态或跨模态生成图像的过程。根据任务目标和输入模态的不同，图像生成主要包括图像合成、根据现有图像生成新图像，以及根据文本描述生成符合语义的图像等。在这一过程中，AI 通过深度学习模型和大规模训练数据，能够完成从简单的图像修复到复杂的图像创作等多种任务。

在图像合成方面，AI 能够根据已有的多张图像或视频帧生成全新的图像，或者通过对图像进行风格转换、编辑或增强，创造出符合用户需求的全新作品。例如，美图秀秀的风格转换功能能将用户上传的照片转化为各种艺术风格的图像，如油画、漫画等。这一功能正是通过对图像进行风格迁移的深度学习算法实现的。例如根据人物的照片，在经过 AI "图生图"创作后，可以生成动漫风格的图片（见图 10.16）。

在根据现有图像生成新图像方面，AI 可以对已有图像进行修改或扩展，如自动填补图像中的缺失部分或增强细节。例如，小米 AI 相机能够通过智能算法自动优化在低光环境下拍摄的图像，使得图像的细节和清晰度得到显著提升。

此外，AI 能够根据文本描述生成符合语义的图像。例如，讯飞星火能够根据用户输入的简短文本，如"秋天的森林"，自动生成一幅与文本匹配的图像（见图 10.17）。这个功能利用了自然语言处理与计算机视觉等技术，使得 AI 能够理解和转化语言信息，创造出相应的图像。

图 10.16　AI"图生图"实现照片风格的转换　　图 10.17　讯飞星火根据文本"秋天的森林"创作的图像

图像生成工具不仅能够提升内容创作的效率，还能够在多个领域实现创新应用。从广告制作到艺术创作，从个性化内容生成到智能监控，AIGC 技术在图像生成中的应用日益广泛。

3. 音频生成工具

音频生成工具在多个领域广泛应用，尤其在语音合成和音乐生成方面展现出强大的力量。

① 语音合成

文心一言：百度推出的知识增强大语言模型，于 2024 年 4 月 8 日上线语音定制功能，仅需几秒就能复刻人们的声音；依托文心大模型和语音合成大模型，结合大模型 Prompt 技术，无须微调即可快速生成自然、流畅的个性化合成语音，还能生成四川话等方言的语音。

讯飞星火：科大讯飞推出的认知智能大模型，讯飞星火 V3.5 推出多情感超拟人合成功能，情绪表达可感知度达 85% 以上，还具备 "一句话声音复刻" 功能；讯飞星火 V4.0 可实现 74 个语种或方言免切换对话。

豆包实时语音大模型：一款语音理解和生成一体化的模型，依托语音和语义联合建模，呈现出接近真人的语音表达水准，在语音表现力、控制力、情绪承接方面表现惊艳，具备低时延、可随时打断对话等特性，主要面向中文语境和场景。

② 音乐生成

字节跳动 Ripple：根据用户声音和情感，自动生成匹配的伴奏和歌词。

网易云音乐 X Studio：与小冰公司联合推出，帮助音乐人创作 AI 驱动的新时代音乐作品。

Soundful：能根据用户需求生成多种风格和情绪的音乐。

233

4. 视频生成工具

视频生成工具能够巧妙融合图像、文字、音频等多种元素，进而生成丰富多彩的视频内容。尽管这一领域尚处于发展的初期阶段，但已有不少工具展现出了巨大的潜力，它们在功能与应用场景上各有特色。

爱奇艺 AI 视频编辑：借助智能算法实现视频剪辑、配乐、特效自动化，能满足短视频创作者与广告从业者的需求，智能分析编辑素材，如根据风格和节奏配音乐、加特效，大幅提升视频制作效率。短视频创作者上传素材，即可快速生成吸睛短视频。

剪映：知名视频编辑软件，融入了强大的 AI 技术。剪映有丰富的 AI 智能模板，导入素材即可一键生成具有专业效果的视频。AI 智能抠图可精准抠取人物或物体，便于合成。文字转视频功能出色，输入文案即可自动匹配画面与音乐，适合自媒体及短视频爱好者快速制作视频。

秒剪：便捷的视频编辑工具，具备 AI 助力视频生成能力。AI 智能剪辑能分析素材，剪出精彩片段，搭配音乐与转场效果。AI 一键成片可将零散素材快速变成完整创意视频，满足日常记录、社交分享等场景的需求。

视频生成工具结合多模态技术，能够根据文本、图像、音频等多种输入数据，自动生成视频内容，广泛应用于短视频创作、广告营销、在线教育等诸多领域，为内容创作带来了更多的可能性与便利性。

5. 代码生成工具

AI 编程作为近年来迅猛发展的领域，借助机器学习、深度学习等先进技术，实现了代码的自动生成与修改，甚至在一定程度上能够完成程序的自动调试与优化。

代码生成工具的出现，极大地提升了软件开发效率，特别是在面对繁杂且重复性强的编程任务时，能够显著减轻程序员的工作负担。

华为盘古大模型辅助编程：依托华为强大的技术实力，在编程领域发挥重要作用。其能理解用自然语言描述的编程需求，生成相应代码片段。开发应用、编写算法、系统集成等都能根据开发者的输入提供智能代码建议与解决方案，如描述数据处理需求，生成优化后的 Python 代码。

百度飞桨：国内领先深度学习平台，其 AI 编程助手为开发者提供了便利。它能生成代码、自动优化模型训练，还提供高效代码推荐与错误修复等功能。在机器学习模型和深度学习模型的开发和调优方面，百度飞桨凭借丰富的模型库与便捷的工具，大幅提升开发效率，如在构建图像识别模型时，推荐架构、生成部分代码并优化参数。

阿里云栖平台：为开发者打造的多样 AI 编程工具，在机器学习模型的开发和优化领域表现出色。智能编程工具可自动承担复杂任务，如参数调优、代码优化、错误检测。以参数调优为例，其能借助智能算法快速找到最优组合，同时实时检测代码错误并提出修改建议，以提升代码质量。

CodeGeeX：字节跳动开发的 AI 编程助手，基于大规模代码数据集训练而成，有强大的代码生成与补全能力，支持多语言，能根据上下文理解用户意图并生成高质量代码。编写复杂算法或特定功能模块时，CodeGeeX 能快速生成完整框架，开发者稍加修改即可，提高编程效率。

AI 编程工具不仅能够帮助开发者自动查找和修改代码错误，还能通过智能分析与推荐生成优化后的代码，从而全面提高编程效率。随着技术的不断进步，未来 AI 编程工具有望进一步推动自动化编程的普及，甚至在某些特定领域逐步替代人类完成部分编程工作，重塑软件开发的格局。

10.4.4　AIGC 工具应用实例

1. AIGC 在电商领域的应用

AIGC 在电商领域的应用主要体现在商品展示、主播塑造、市场营销、客户服务等方面。

（1）商品展示

AIGC 可以通过深度学习模型和智能算法生成各种类型的商品图片和视频，为用户提供更加丰富、多样化的商品展示方式。这种技术广泛应用于电商平台的商品展示和搜索等方面。

先知 AIGC 助力服饰展示：先知 AIGC 不仅能帮助商家快速切换服装色彩、款式和搭配风格，还能智能替换模特，根据商品特点和目标用户群体偏好生成定制化展示效果。

极睿科技赋能多品类展示：极睿科技服务于安踏、伊芙丽、马克华菲等众多品牌，其推出的 ECGPT + FashionCLIP 基座模型及多种电商垂直大模型，支持商品 AI 拍摄、AI 排版上新等多种功能。

（2）主播塑造

AIGC 可以通过深度学习模型和智能算法生成虚拟主播形象和声音，并为主播提供各种类型的直播内容和互动方式，吸引更多用户观看和购买产品。这种技术广泛应用于电商直播和在线导购等方面。

京东"采销东哥"直播：2024 年 4 月 16 日下午 6 时 18 分，京东推出的 AI 数字人"采销东哥"完成了"直播首秀"，这是 AIGC 技术在电商直播中塑造虚拟主播的典型案例，利用刘强东的数字形象吸引了众多用户的关注。

百度电商数字人直播：百度电商支持数字人直播带货，众多商家利用 AI 数字人（见图 10.18）进行 24 小时不间断直播，不仅能降低人力成本，还能实现个性化定制，为不同的商品和品牌打造专属的虚拟主播形象。

图 10.18　百度电商生成的 AI 数字人主播

（3）市场营销

AIGC 可以通过自然语言处理和数据分析技术对大量用户数据进行分析，并根据分析结果生成符合要求的营销文案和推广策略，提高电商平台的营销效果和用户转化率。

抖音安慕希互动挑战赛：乳制品行业头部品牌安慕希在抖音平台发起互动挑战赛，用户使用"接龙安慕希"特色 AIGC 特效，可解锁国风"小龙人"形象，使得安慕希品牌的 A3 兴趣种草人群规模迅速扩大至 8000 万以上，相比之前增长了 8 倍。

京东"双十一"AIGC 互动：在"双十一"购物狂欢节期间，京东打造了一款"平行宇宙空间"特效，让用户在虚拟的时空邂逅另一个自己，收获"世另我"照片，引导用户参与 AIGC 互动并发布视频跳转至京东主会场。

（4）客户服务

AIGC 可以通过自然语言处理和对话管理技术来生成智能客服系统，提供 24 小时不间断的在线客户服务，及时解决用户的问题和疑虑，提高用户满意度和忠诚度。

淘宝智能客服：淘宝的智能客服能够快速理解用户的问题，无论是关于商品信息、订单查询、物流跟踪还是售后问题等，都能迅速给出准确的回答和解决方案。例如，用户询问某件商品的尺码信息、材质特点等，智能客服不仅能根据商品数据库中的信息自动回复，还能根据用户的购买记录提供个性化的推荐和建议。

拼多多智能客服机器人：拼多多的智能客服机器人可以自动处理大量常见问题，如优惠券的使用方法、退换货流程等；对于一些复杂问题，能智能地转接给人工客服，并提供相关的问题背景和用户信息，提高人工客服的处理效率。

2．AIGC 在健康管理中的应用

AIGC 凭借数据分析与内容生成的优势，为健康管理提供了诸多创新解决方案，覆盖健康教育、健康监测、诊断辅助等各个环节，有力地推动了精准医疗和高效健康管理的实现。

（1）个性化健康教育

AIGC 借助自然语言生成技术，为用户定制个性化的健康教育内容，助力用户更好地理解健康知识并将其转化为实际行动。依据用户输入的年龄、性别、健康状况等信息，健康医疗服务 App 可以生成个性化的健康教育内容。比如针对糖尿病患者，通过对大量医学文献、临床经验以及患者日常饮食和运动数据进行分析，运用自然语言处理技术，将专业的饮食控制和运动计划建议，以通俗易懂、生动形象的语言呈现给患者。

AIGC 技术还可以开发虚拟健康教育课程。例如，在冠心病的健康教育课程中，用户可以通过虚拟现实设备深刻地了解心脏的结构、冠心病的发病机制，以及如何进行日常的自我护理和急救措施。课程中的虚拟讲解人员会利用自然语言处理技术与用户进行互动，解答用户的疑问，使健康知识的学习过程更加生动、有效，提高用户对健康知识的接受度和应用能力。

（2）智能健康监测

可穿戴设备与健康监测系统的融合：随着技术的发展，各类可穿戴设备，如智能手环、智能手表以及智能体脂秤等，在健康数据采集方面发挥着重要作用。AIGC 技术能对这些设备收集到的海量数据进行深度分析。以华为的智能健康监测系统为例，它与华为的智能手环紧密结合。智能手环通过高精度传感器实时收集心率、血压、睡眠质量、运动步数等数据，并借助物联网技术将这些数据快速传输至云端。在云端，AIGC 技术利用大数据分析和人工智能算法，对数据进行全面且细致的分析。比如，通过对一段时间内睡眠数据进行分析，不仅能精准评估睡眠阶段（浅睡、深睡、快速眼动期等）、睡眠时长，还能结合用户日常活动情况，给出个性化的提高睡眠质量的建议，如调整作息时间、睡前避免使用电子设备等。

（3）疾病诊断辅助

借助 AIGC 技术，能够整合大量的医学知识、临床指南以及过往病例数据。当医生输入患者的症状、病史、检查结果等信息后，系统利用自然语言处理技术理解这些信息，并通过深度学习算法在庞大的知识库中进行搜索匹配，为医生提供多种可能的疾病诊断建议以及相应的诊断依据和治疗方案推荐。例如，对于一位出现咳嗽、发热、呼吸困难症状的患者，系统会根据其年龄、病史等因素，综合分析可能的疾病，如肺炎、流感、哮喘等，并给出针对每种疾病的检查建议和治疗方向，帮助医生做出更准确、更科学的诊断决策。

在医学影像诊断方面，AIGC 技术能够辅助分析医学影像（如 CT、MRI）。系统通过对海量标注的医学影像数据进行深度学习，构建精准的疾病识别模型。例如，当分析肺部 CT 影像时，若发现异常，AIGC 能够快速自动生成初步诊断报告，详细列出可能的疾病，如肺炎、肺结核、肿瘤等，并对每种可能的疾病提供相关的影像特征依据，为医生的进一步诊断提供重要参考，提高诊断效率和准确性。

习题 10

10.1　计算机视觉的基本任务是什么？

10.2　基于 Pytorch 进行图像分类的基本步骤有哪些？

10.3　自然语言处理的主要任务有哪些？

10.4　简述数据清洗的作用？

10.5　大模型的特点有哪些？大模型的构建有哪些主要阶段？

10.6　大模型的主要应用领域有哪些？

10.7　简述 PGC、UGC、AIGC 的主要特点？

10.8　AIGC 与大模型之间存在怎样的双向交互关系？

11 第11章 人工智能应用

　　人工智能作为一种具有前瞻性和战略性的技术，已经成为推动新一轮科技革命和产业变革的关键力量。在当今时代，信息量的爆炸式增长以及信息碎片化的趋势愈发明显，人工智能的应用价值因此受到了前所未有的重视。人工智能技术正在深刻地影响和改变着各行各业，它不仅能够将创新思维融入现有产品之中，拓展新的应用场景，而且在逐步改变传统行业的工作模式。人工智能对人类劳动力的替代已经成为一个不可逆转的历史潮流。

　　在探讨人工智能应用的过程中，我们必须考虑技术平台、产品应用环境、市场需求、用户需求等多个因素。这些因素对人工智能产业化进程有着深远的影响。如何在人工智能技术不断进步的同时，实现其在各行各业中的创新应用，并将其有效地融入更广泛的集体场景中，将是未来各行业发展的核心挑战。随着人工智能技术的日益成熟，其商业化的应用场景也在逐步实现。目前，医疗、交通、教育等众多领域已经成为人工智能技术应用的主要阵地，如图 11.1 所示。这些领域正在经历着由人工智能技术驱动的深刻变革。

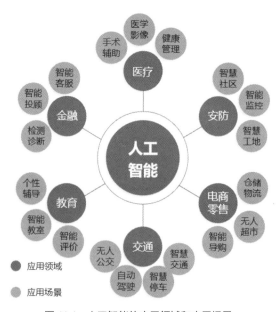

图 11.1　人工智能的应用领域和应用场景

11.1　工业领域

11.1.1　工业领域的应用概述

在传统的工业生产流程中，高昂的人力成本、高风险的工作环境以及大量重复性劳动等问题长期存在，这些问题一直限制着传统工业的发展。当前，如何有效地将人工智能技术应用于工业领域，以提高制造业的生产效率并创造更大的价值，已成为业界普遍关注的议题。

随着人工智能技术的发展，其在制造业中的应用已经变得相当普遍。例如，智能机器人通过实时测试和学习来提高订单拣选和包装的效率；能源预测模型帮助企业优化资源使用，提升整体能效；图像检测算法辅助工人精准定位和分类产品缺陷，有效控制产品质量，降低人力成本；设备运行参数的建模分析用于判断机器状态和预测维护时间；生产过程全数据建模用于快速识别异常点，从源头减小产品缺陷率；关键设备参数建模用于定位异常参数，协助故障分析等。我国工业正处于智能化转型的关键时期，以复杂机械装备仿真设计、制造工艺优化、产品质量检测、智能仓储物流、能耗管控、安全管理等应用场景为突破口，推动人工智能与工业的深度融合，已成为现代工业发展的必然趋势。本节将介绍在智能工业机器人、智能制造和智慧物流等应用场景中，人工智能如何在工业领域实现应用落地。

微课视频

11.1.2　智能工业机器人

1.　工业机器人的定义

在现代工业领域，机器人被定义为能够自动执行任务的人造机械装置，旨在替代或辅助人类进行工作。机器人融合了机械工程、电子技术、控制理论、计算机科学、传感器技术以及人工智能等众多先进的技术，是未来智能装备产业发展的前沿。机器人产业展现了高新技术产业的典型特征，包括高投资、高风险、高收益、技术密集、工艺复杂、创新性强，以及更新迅速的知识、技术、工艺、方法、设备和产品。该产业预期将成为国家经济增长的关键动力和充满活力的经济领域。

微课视频

工业机器人作为机器人产业的关键分支，专为工业应用设计，具备多关节机械臂或多自由度的机械装置特性。它能够借助自身动力和控制能力完成各种自动化任务。工业机器人既能够遵从人类的指令进行操作，也能够依据预先设定的程序独立运行。在现代技术的加持下，工业机器人甚至能够依据人工智能技术的原则和指导方针进行自主决策和行动。

2.　工业机器人的组成

工业机器人（见图 11.2）主要由 3 个基本部分组成：主体、驱动系统和控制系统。主体包括机座和执行机构，大多数工业机器人具备 3～6 个运动自由度，其中腕部通常具有 1～3 个运动自由度。驱动系统由动力装置和传动机构构成，负责驱动执行机构完成相应的动作。控制系统则根据输入的程序向驱动系统发出指令，执行控制功能。

图 11.2　工业机器人

3．工业机器人的分类

根据机器人的应用环境，国际机器人联合会将机器人分为工业机器人和服务机器人。我国将机器人划分为工业机器人、个人/家用服务机器人、公共服务机器人和特种机器人4类，如图11.3所示。

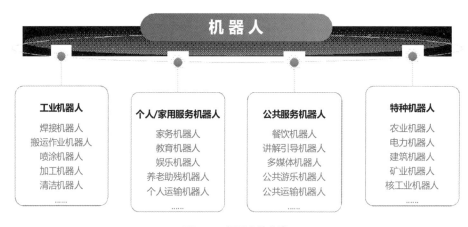

图 11.3　机器人的分类

按用途，工业机器人可分为焊接机器人、搬运作业/上下料机器人、喷涂机器人、加工机器人、装配机器人和清洁机器人等。按结构形式，工业机器人可分为直角坐标机器人、圆柱坐标机器人和关节型机器人3种，其中关节型机器人以4~6轴为主。按机器人负载，工业机器人可分为小型负载机器人（负载小于20 kg）、中型负载机器人（负载为20~100 kg）和大型负载机器人（负载大于100 kg）。

4．机器人产业的发展

机器人产业的发展可分为3个阶段、四大层次，如图 11.4 所示。第一个阶段为自动化阶段（机器人替代人类完成不同精度的重复劳动），第二个阶段为机器智能阶段（机器人具有高精度机械运动能力、高精度感官能力，以及柔性化工业能力），第三个阶段为人工智能阶段（机器人具有高精度机械运动和感官能力，同时具有自主学习适应能力，实现人机融合，可完成高度柔性化工作）。目前我国的机器人产业处于第二阶段向第三阶段过渡的时期。

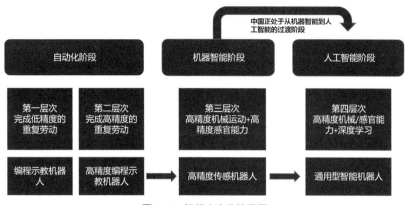

图 11.4　机器人产业的发展

11.1.3　智能制造

智能制造是制造强国战略的核心，其发展水平直接关系到我国制造业的整体质量。推进智能制造对于加强实体经济基础、构建现代化产业体系、实现工业现代化具有至关重要的意义。

第一次工业革命以蒸汽机和机械化为标志，实现了工厂的机械化生产，逐步取代了手工劳动。

第二次工业革命以电气化和电力驱动为特征，零部件生产和装配过程的分离开启了大规模生产的新纪元。

第三次工业革命以信息化和自动化为关键，可编程逻辑控制器和计算机的广泛应用使得生产线上的机器和设备能够通过程序进行控制，从而替代了大量的人力劳动。

第四次工业革命则以智能工厂为核心，通过物联网、大数据、人工智能等技术，构建了具有感知能力的新型智能工厂，实现了定制化生产，并能对生产全流程（包括设备、能源、供应链等）进行精确预测和调度。

根据工业和信息化部、财政部联合制定的《智能制造发展规划（2016-2020 年）》，智能制造基于新一代信息通信技术与先进制造技术深度融合，贯穿于设计、生产、管理、服务等制造活动的各个环节，是具备自感知、自学习、自决策、自执行、自适应等功能的新型生产方式。

近年来，国家相继出台了包括《促进新一代人工智能产业发展三年行动计划（2018-2020 年）》在内的一系列产业支持政策，持续推动智能制造产业的发展，深入实施智能制造，鼓励新一代人工智能技术在工业领域各环节的探索和应用，支持重点领域的算法突破与应用创新，系统提升制造装备、制造过程、行业应用的智能化水平，特别强调在智能制造关键技术装备、新模式方面取得突破。

智能制造关键技术装备包括提升高精度数控机床与工业机器人的智能化水平，利用人工智能技术提高制造装备的精度和产品质量，优化智能传感器和分散式控制系统、可编程逻辑控制器、数据采集与监控系统（Supervisory Control And Data Acquisition，SCADA）、嵌入式控制系统等控制装备的感知、认知和控制能力，从而提高效率，加速数字化和智能化进程。

智能制造新模式包括鼓励制造业企业以生产设备网络化、智能化为基础，应用人工智能、机器学习等技术来分析和处理数据，实现设备诊断、产品质量实时控制等功能；增强人工智能引导下的人机协作以及企业间的协作研发设计，提高生产能力；发展个性化定制服务平台，通过深度学习和分析用户需求特征，优化产品的模块化和个性化设计；建立标准化信息采集和自动诊断系统，提升对产品及核心配件的生命周期分析能力；缩短产品研制周期、降低工厂产品不良品率、提升能源利用率，以降低企业运营成本和避免"信息孤岛"产生。

智能制造产业由感知层、网络层、执行层和应用层 4 个层次构成，如图 11.5 所示。感知层主要依托传感器、RFID 和机器视觉等技术实现传感感知和信息采集功能；网络层主要负责信息处理和传输，涵盖大数据、云计算、SCADA、物联网、工业互联网等技术；执行层主要为智能制造终端集成产品，即智能装备，包括智能机器人、数控机床、3D 打印设备等；应用层主要为自动化生产线以及智慧工厂等系统集成及定制化生产解决方案。

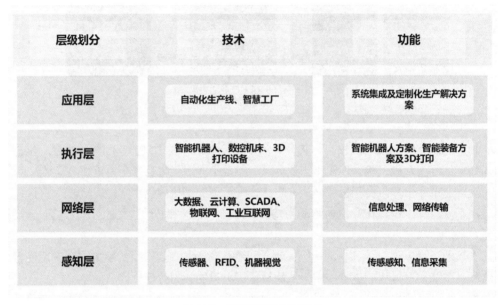

图 11.5 智能制造产业的组成

11.2 医疗领域

11.2.1 医疗领域的应用概述

随着全球老龄化程度加剧、慢性疾病负担增加以及医务人员短缺等问题日益突出，传统的医疗模式面临着巨大挑战。因此，寻求有效解决方案来提高医疗系统的效率与质量已成为当今急需解决的问题之一。人工智能作为一种新兴技术，在处理复杂数据、辅助决策制定和优化资源分配等方面具有巨大潜力。越来越多的科研机构、医院和创业公司开始重视并投入人工智能在医疗领域的应用研究，以探索其在提高医疗服务质量和效率方面的潜力。

微课视频

人工智能技术在医疗领域的应用正以惊人的速度发展，并展现出巨大的潜力。从辅助诊断到精准治疗，AI 技术为医疗领域带来了革命性的变革。它不仅提高了医疗服务的效率和准确性，还拓展了医疗资源的普及范围，从而拯救了无数生命。随着人工智能领域中的语音交互、计算机视觉和认知计算等技术的逐渐成熟，人工智能的应用场景越来越广，人工智能技术也逐渐成为影响医疗领域发展，提升医疗服务水平的重要因素。如图 11.6 所示，人工智能在医疗领域的主要应用场景包括电子病历、影像诊断、医疗机器人、健康管理、药物研发等。

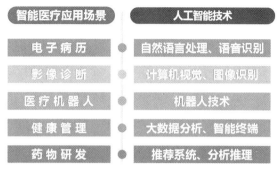

图 11.6　人工智能在医疗领域的应用

11.2.2　医学影像诊断

医学影像诊断技术的快速发展，使得医生能够以前所未有的清晰度观察人体内部结构，为疾病的早期诊断、精准治疗提供重要依据。然而，随着影像数据量的增长，医生面临着巨大的阅片压力，容易出现疲劳、误诊等问题。此外，医学影像诊断高度依赖医生的经验和主观判断，不同医生之间可能存在诊断差异。因此，如何提高医学影像诊断的精准性、效率和一致性，成为医疗领域亟待解决的问题。

人工智能技术的出现为解决这一问题提供了新思路。通过训练深度学习模型，AI 能够自动从医学影像中提取关键特征，进行病变检测、分类、分期等任务，辅助医生进行快速、准确的诊断。这不仅减轻了医生的工作负担，还提高了诊断的精准性和一致性，为医疗领域的可持续发展注入了新的活力。医学影像与人工智能的结合，正引领着医疗领域迈向新的里程碑。这一结合不仅提升了医疗影像诊断的精准性和效率，还实现了个性化医疗服务创新。在未来，我们有理由相信，医学影像与人工智能的深度融合将持续推动医疗技术的进步，为患者提供更加高效、精准和个性化的医疗服务，开启健康医疗的新篇章。

医学影像诊断的临床应用包括以下几种。

肿瘤早期筛查与精准检测：传统肺癌筛查依赖于医生对胸部 X 光片或 CT 影像的观察，易遗漏微小结节。而 AI 系统通过深度学习算法，能够自动分析 CT 影像中的每一个层面，精准识别出直径仅为几毫米的肺结节，甚至能区分良恶性结节，极大地提高了肺癌的早期发现率和诊断准确性。

心脑血管疾病智能诊断：脑卒中发病急、进展快，及时、准确地诊断对于挽救患者生命至关重要。AI 系统能够在几分钟内完成脑部 MRI 或 CT 影像的分析，自动识别出血性脑卒中或缺血性脑卒中的特征性改变，如脑组织水肿、出血灶等，为医生提供紧急救治方案的时间窗口。

骨科疾病精准评估：对于复杂骨折患者，传统的二维影像难以全面展示骨折形态及移位情况。AI 技术结合三维重建技术，能够自动生成骨折部位的三维模型，医生可以在虚拟环境中旋转、缩放模型，直观地了解骨折的形态，为手术方案的制定提供精准依据。

糖尿病视网膜病变自动化筛查：糖尿病视网膜病变是糖尿病患者常见的眼部并发症，也是导致其失明的主要原因之一。AI 系统通过分析眼底照片中的微小血管变化、渗出物等病变特征，能够自动筛查出糖尿病视网膜病变的高风险患者，为早期干预和治疗争取时间。

乳腺癌智能筛查与风险评估：乳腺癌是女性最常见的恶性肿瘤之一。AI 系统通过自动分析乳腺 X 光片或超声影像中的肿块、钙化灶等异常结构，结合患者的年龄、家族史等风险因素，为女性提供个性化的乳腺癌筛查与风险评估服务，助力乳腺癌的早发现、早诊断、早治疗。

拓展阅读：人工智能在医学影像诊断中的优势

慢性阻塞性肺疾病（COPD）智能评估：COPD 是一种严重的肺部疾病，影响着全球数亿人的生活。AI 系统通过分析肺部 CT 影像中的肺组织密度、纹理等特征性改变，能够量化、评估 COPD 的严重程度，为医生制定个性化的治疗方案提供科学依据。

11.2.3　机器人辅助手术

在医学技术的浩瀚星空中，机器人辅助手术无疑是一颗璀璨的新星，它不仅代表了外科手术技术的巅峰，更是人类智慧与科技进步的完美融合。本小节将深入介绍机器人辅助手术的发展历程、系统构成、技术优势及其在临床实践中的广泛应用，以期读者对其有一个全面而深入的理解。

机器人辅助手术的概念可追溯至 20 世纪 80 年代，当时，随着计算机技术和机器人技术的飞速发展，科学家开始探索将这些先进技术应用于医疗领域，以解决传统手术中的难题。最初的尝试主要集中在实验室环境中，通过模拟手术操作来验证机器人辅助手术系统的可行性和安全性。

进入 20 世纪 90 年代，随着材料科学、精密制造及传感器技术的突破，第一台真正意义上的机器人辅助手术系统——美国直觉外科公司（Intuitive Surgical）的"达芬奇"手术系统问世。该系统以高度的灵活性、精确性和稳定性迅速赢得了外科医生的青睐，并在全球范围内得到了广泛应用。此后，多家科技公司纷纷投入研发，推出了各具特色的机器人辅助手术系统，如美敦力（Medtronic）的 Hugo RAS 系统、史赛克（Stryker）的 Mako 系统等，进一步推动了机器人辅助手术技术的发展。

拓展阅读：机器人辅助手术系统的构成

机器人辅助手术技术已经在医学领域得到了广泛应用，并取得了显著成效。以下是一些典型的临床应用。

泌尿外科：在泌尿外科领域，机器人辅助手术技术被广泛应用于前列腺癌、膀胱癌等疾病的手术治疗。机器人辅助手术系统能够精确地切除肿瘤组织并保留重要神经和血管结构，从而提高手术效果和患者生活质量。

心胸外科：在心胸外科领域，机器人辅助手术技术被用于心脏瓣膜修复、冠状动脉搭桥等复杂手术。机器人辅助手术系统的高精度和稳定性使得这些手术更加安全和有效。

神经外科：神经外科手术对精度和稳定性要求极高。机器人辅助手术系统能够在狭小的脑室内进行精确操作，减少对周围脑组织的损伤和术后并发症的发生。

妇科手术：在妇科手术中，机器人辅助手术技术被用于子宫切除、卵巢囊肿切除等手术。机器人辅助手术系统的微创性和高精度使得患者术后恢复得更快且并发症更少。

拓展阅读：机器人辅助手术的技术优势

11.2.4　医疗健康管理

医疗健康管理是一个复杂而庞大的系统，涉及医疗资源的分配、医疗服务的提供、患者健康数据的收集与分析等多个方面。传统医疗模式存在效率低、资源分配不均、误诊率高等问题，难以满足现代社会对高质量医疗服务的需求。而人工智能技术为解决这些问题提供了新的思路和方法。通过模拟人类智能的某些功能，如学习、推理、判断等，人工智能能够辅助医生进行更加精准、高效的医疗决策，提高医疗服务的整体质量和效率。

人工智能在医疗健康管理中的具体应用如下。

（1）疾病预测与风险评估

人工智能技术在疾病预测与风险评估方面展现出了巨大的潜力。通过收集和分析患者的基因信息、生活习惯、体检数据等多维度信息，AI 能够构建出精准的预测模型，提前识别出个体患某种疾病的概率。这种基于大数据和机器学习的预测方法，不仅提高了疾病预测的准确性和可靠性，还为患者提供了个性化的预防建议和治疗方案。例如，在心血管疾病、糖尿病等慢性病的预防中，AI 能够根据患者的年龄、性别、体重、血压、血糖等指标，评估其未来患病的概率，并制定相应的预防措施。

（2）精准医疗与个性化治疗

精准医疗是近年来医疗领域的热门话题，而人工智能是实现精准医疗的重要工具之一。通过基因组学、蛋白质组学等高通量生物技术的支持，AI 能够解析患者的基因变异、蛋白质表达等信息，为患者提供量身定制的治疗方案。这种基于个体特征的精准医疗模式，不仅提高了治疗效果，还减少了不必要的药物副作用和医疗资源浪费。例如，在癌症治疗中，AI 可以通过分析患者的肿瘤基因序列，找到最适合患者的靶向治疗药物，提高治疗的针对性和有效性。

（3）智能诊断与辅助决策

在智能诊断方面，人工智能技术的应用也取得了显著成果。通过深度学习、图像识别等技术，AI 能够自动分析医学影像资料、病理切片等，辅助医生进行快速、准确的诊断。这种智能化的诊断方式不仅提高了诊断的效率和准确性，还降低了误诊和漏诊的风险。同时，AI 能整合患者的病史、体检结果、实验室数据等多源信息，为医生提供全面的临床决策支持。例如，在肺结节的检测中，AI 能够自动识别出微小的结节并判断其良恶性，为医生制定治疗方案提供重要参考。

（4）健康管理与远程监控

随着物联网技术的发展和智能可穿戴设备的普及，人工智能在健康管理方面的应用日益广泛。通过智能可穿戴设备、移动医疗 App 等终端，AI 能够实时监测患者的生理指标、健康状况等信息，并提供个性化的健康管理和干预建议。这种远程监控模式不仅方便了患者就医，还提高了医疗服务的可及性和效率。特别是对于需要长期监测和管理的慢性病患者来说，AI 的远程监控功能显得尤为重要。

11.3　交通领域

11.3.1　交通领域的应用概述

微课视频

随着交通领域的数字化、信息化、智能化进程不断推进，人工智能在该领域的应用主要体现在对交通数据的采集、处理、分析及控制方面，从感知、认知、控制等多个维度为交通领域的各种应用场景提供支持，进而提升交通安全和交通管理的效率。

得益于人工智能技术在计算机视觉、语音识别、自然语言处理等众多领域中的突破，交通领域的信息采集手段得到了极大的丰富。传统的信息采集主要依赖于摄像头、激光雷达、毫米波雷达等传感器来获取多维的浅层信息。现今，人工智能技术的应用使得我们能够深入挖掘更深层次的信息，例如通过视频图像处理技术来分析和预测车辆与行人的运动轨迹、检测车辆和行人、识别车道线以及监测交通设施的状态等。

在交通领域，人工智能技术通常在学习大量数据和建模后进行分析和预测，如应用于行车导航、路线规划、驾驶员行为分析、危险预警、违章抓拍等方面。经过感知和认知阶段后，相关信息可以实时反馈给相关人员和设备，以便迅速响应并完成流程上的闭环。例如，城市交通信号灯系统能够根据实时的人流信息和车流信息，分析并判断特定区域信号灯的状态，从而有效缓解交通压力，提升交通效率。

11.3.2　自动驾驶

近年来，互联网技术和数据科学的迅速发展给汽车行业带来了深刻的变革，高精度地图以及人工智能的广泛应用使自动驾驶技术愈发成熟。作为未来汽车行业的发展方向之一，自动驾驶技术逐渐进入人们的视野并在近几年取得了长足的进步。

自动驾驶汽车（Self-driving Automobile）又称无人驾驶汽车、计算机驾驶汽车或轮式移动机器人，是一种通过计算机系统实现无人驾驶的智能汽车。自动驾驶汽车在 20 世纪已有数十年的发展历史，在 21 世纪初呈现出接近实用化的趋势。

1．自动驾驶的 3 个阶段

自动驾驶，即车辆采集布置在车身周围的各个摄像头、激光雷达、GPS 等获取的数据，通过对数据进行处理分析从而获得对周围情况的感知并做出相应的决策，包括横向与纵向的组合控制，横向控制主要控制方向，纵向控制主要控制车速。自动驾驶系统的技术路线如图 11.7 所示。

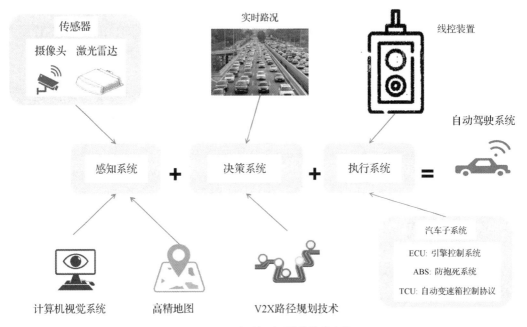

图 11.7　自动驾驶系统的技术路线

自动驾驶主要包括环境感知、决策与规划、控制与执行 3 个阶段，如图 11.8 所示。

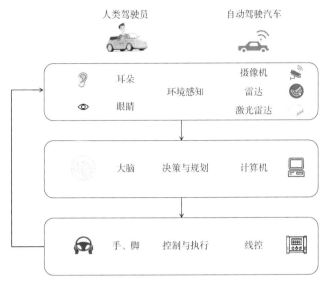

图 11.8　自动驾驶的 3 个阶段

环境感知阶段：自动驾驶汽车通过车身周围的高清摄像头、高精度雷达等传感器，对周围环境进行数据采集，例如行人、车辆位置、车道线位置、车辆速度、交通信号灯等。

决策与规划阶段：自动驾驶汽车利用大数据、人工智能等相关技术，对采集到的数据进行分析、处理并做出控制决策。

控制与执行阶段：自动驾驶汽车将决策与规划阶段做出的控制决策传输给发动机管理系统、电动助力转向系统等，从而实现车辆加速、减速和转向等操作。

2. 自动驾驶的等级划分

国际汽车工程师学会（Society of Automotive Engineers International，SAE International）定义了 6 个无人驾驶等级，从 0 级（完全人类驾驶）到 5 级（完全自动驾驶），如图 11.9 所示。

0 级（完全人类驾驶）：当今在道路上行驶的大多数汽车都属于 0 级，由人类来完成手动驾驶，虽然可能存在相应的系统来辅助驾驶，如紧急制动系统等，但严格意义上说，这类系统并未能主动地"驱动"车辆，所以不能算作自动驾驶。

1 级（辅助驾驶），自动驾驶的最低级别，如自适应巡航控制系统可以让车辆与前车保持安全距离，驾驶员则负责监控其他方面的驾驶操作（转向与制动）。

2 级（部分自动驾驶）：高级驾驶辅助系统，车辆能够控制转向以及加速或减速，驾驶员在此等级下依然坐在驾驶位上监督所有的任务，并且在任何情况下可以取得控制权限，所以这一阶段的自动驾驶还算不上无人驾驶。

3 级（有条件自动驾驶）：汽车具有监测环境的能力，可以根据环境信息做出决策，能够完成大部分的任务，但是依然需要人类监控并在系统无法执行任务的情况下操纵汽车。

4 级（高度自动驾驶）：汽车在某种特定的条件下可以实现完全自动驾驶，大部分情况下不需要人为干预，但是驾驶员仍然可以操纵汽车。此等级的自动驾驶汽车在立法和基础设施欠缺的情况下只能在限定区域行驶，因此也称为有地理围栏。

5 级（完全自动驾驶）：汽车完全不需要人类干预，没有方向盘或加速器、制动踏板，也没有地理围栏，能够去任何地方，并且能像真正驾驶经验丰富的人类驾驶员一样操作。

L0	L1	L2	L3	L4	L5
完全人类驾驶	辅助驾驶	部分自动驾驶	有条件自动驾驶	高度自动驾驶	完全自动驾驶
必须完成所有驾驶操作。	必须完成所有驾驶操作，但在某些情况下能够获得辅助。	车辆可以承担一些基本的驾驶任务，但驾驶员必须随时准备接管车辆。	在某些特定情况下，驾驶员必须接管车辆。	当系统无法继续运行时，驾驶员需要在接到通知后接管车辆。	不需要驾驶员、方向盘。坐在 L5 级别的自动驾驶汽车中，每个人都是乘客。
仅对驾驶员的指令做出响应，但可以提供有关环境的警报。	可以提供诸如紧急情况下自动制动或车道偏离修正等基本辅助功能。	在某些特定情况下，能够自动转向、加速和制动。	在某些特定情况下，可完全自动转向、加速和制动。	可在大多数情况下承担全部驾驶任务，而无需驾驶员干预。	能够在所有情况下承担全部驾驶任务，无需驾驶员干预。

图 11.9　自动驾驶的等级划分

11.3.3　智慧交通

拓展阅读：无人驾驶汽车面临的问题与挑战

　　智慧交通是在传统交通体系的基础上发展起来的现代化交通管理体系，代表了未来交通发展的趋势。该体系通过高效集成计算机处理技术、信息技术、数据通信传输技术、电子传感技术以及电子控制技术等，构建了一个在广阔范围内、全方位运作、实时、精确、高效的综合交通管理系统。

　　智慧交通是高速公路和智慧城市应用中极为关键的领域之一，其部署规模庞大、技术挑战众多。得益于政府、行业和企业的共同努力，智慧交通的产品研发和标准制定已经取得了显著的进展。此外，一系列示范项目的实施加速了智慧交通的发展进程。智慧交通管理系统通过检测、控制和管理公路交通，实现了道路、车辆与驾驶员之间的通信。智慧交通的发展有效缓解了交通拥堵、减少了交通事故、降低了交通污染等。经过 30 多年的努力，智慧交通已取得显著的成就。目前，智慧交通在北京、上海、深圳、广州等城市已经建立并投入使用。随着智慧交通技术不断进步，其在交通运输领域的应用将日益广泛。

　　智慧交通运用互联网+、物联网、传感器、人工智能、大数据、云计算等现代信息技术，综合解决了交通实时路况查询、违章查询、车辆保险、停车服务、交通信息查询、行车资讯、智能预测预警等多方面的问题。智慧交通管理系统如图 11.10 所示。

　　智慧交通是一项技术密集型工程，其建设过程对系统整体性有着严格的要求。这种整体性主要表现在以下 4 个方面：首先，智慧交通跨越了多个行业，构建智慧交通涉及众多行业领域，是一个需要社会各界广泛参与的复杂系统工程，这导致了复杂的行业间协调问题；其次，智慧交通融合了多个技术领域，它综合了以人工智能为核心的一系列科学领域的技术，需要来自不同领域的技术人员协同合作；再次，智慧交通需要政府、企业、科研机构及高等教育机构的共同参与，恰当的角色定位和任务分配是系统有效运作的前提；最后，智慧交通主要以新一代信息技术，如人工智能，作为支撑点，通过更多创新技术的融合，可更好地满足人们的应用需求，从而提升系统的可信赖度，并使其变得"无处不在"。

拓展阅读：中国智慧交通的发展

		公众			行业			政府		
用户体系		智慧交通应用终端								
		电子站牌	诱导屏	指挥中心	智能手机	互联网站	车载监控	智能机器人	...	
智慧交通综合应用平台		智能交通云服务中心								
		智慧交通运行监控平台	智慧交通应急联动平台		智慧交通应急决策平台		智慧交通信息服务平台	智慧交通运维管理平台		
城市数据中心		数据共享与交换								
		数据支撑平台	数据收集	统计分析	数据检索	数据挖掘	监控中心	消息中心	认证中心	
		城市数据中心				智慧交通大数据				
						公交数据	出租车数据	网约车数据	自行车数据	公安交警数据
		数据汇集库	数据共享库	领域专题库	历史轨迹库	民航轨迹数据	两客一危数据	气象环境数据	其他业务数据	
计算资源体系		云计算中心	服务集群	虚拟化	弹性计算					
			基础工具	网络设施	存储	语音云	专有云	公有云	人工智能	
感知体系		载运工具	公交车 客运车辆	出租车 自行车	路网感知	微波 地磁	视频 浮动车	其他感知	UGC 互联网	
			民航轨道	社会车辆		气象	停车场		物联网	

图 11.10　智慧交通管理系统

11.3.4　智慧停车

随着我国社会经济与汽车工业的迅猛发展，城市机动车的保有量急剧上升，导致许多城市停车供需矛盾日益加剧，这一问题已成为影响城市交通顺畅程度的关键因素之一。停车行业普遍存在的供需失衡、资源分配不均、信息化与智能化水平不足、信息孤岛现象、管理效率低下以及需求多样化等问题，使得在拥挤的城市中迅速寻找到合适的停车位并便捷地完成停车过程成为严峻的挑战。因此，智慧停车的概念应运而生。智慧停车通过采用科学的数据采集技术、综合的数据分析方法、强大的信息处理平台，并结合有效的商业模式，有力地促进了智慧停车产业的繁荣发展。

智慧停车致力于构建一个"人-车-路-云"协同的智慧交通体系，依托人工智能、无线通信、物联网、视频处理、定位、GIS 以及云计算等先进技术，建立城市静态交通数据分析管理平台，全面提供城市停车位的信息采集、管理、查询、预订及导航服务。该体系旨在实现停车位资源的实时更新、查询、预订、导航以及其他增值服务的整合，以达到停车位资源利用、停车场利润收益的最大化以及为车主提供最优服务的目标。

智慧停车系统集成了停车平台管理、停车场引导、移动应用、车位级停车数据监控、停车场收费管理、道路停车收费管理、停车大数据分析与应用、道路停车执法等多个子系统，实现了智慧停车的智能化、便捷化和数字化，如图 11.11 所示。

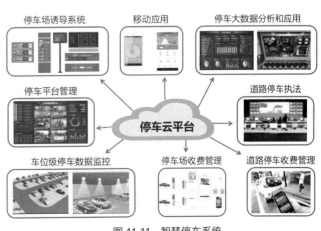

图 11.11　智慧停车系统

11.4　教育领域

11.4.1　教育领域的应用概述

教育是人类文明传承的基石，也是培养人才、创造美好生活的根本途径。社会需通过教育培养人才、传授知识、更新旧识、开拓新知、探索未知。百年大计，教育为本。自改革开放以来，中国坚定实施科教兴国战略，始终将教育置于优先发展的战略地位，不断加大投入，致力于发展全民教育、终身教育，构建学习型社会。自党的十八大以来，以习近平同志为核心的党中央全面加强党对教育工作的全面领导，以"立德树人"为根本任务，全面推进教育改革与现代化进程。以人工智能为代表的新一代信息技术迅猛发展，为教育改革提供了新的契机。

微课视频

人工智能作为推动教育改革的关键力量，正在改变人们的教育和学习方式，引领人类社会进入智能时代。随着人工智能、大数据、物联网等技术的快速发展，人才需求与教育形态发生了变化，传统教育的教学与学习方式、教育理念、教育文化及生态亟待改革、创新。人工智能作为教学内容、教学手段、管理手段，以及数字人扮演教师和学习伙伴等角色，不仅改变了教学与学习的方式，还深刻地影响了教育的理念、文化、生态和战略。

"AI+教育"指的是在人工智能与教育深度融合的背景下，以基于教育场景的人工智能应用为路径，促进教育公平，提升教育质量，实现教育的数字化、智能化、个性化。它既依赖于人工智能技术核心，始终围绕基础教学数据、人工智能核心算法，服务于教育教学；又遵循教育教学的本质，始终关注教育教学的目标及评价方式。具体而言，"AI+教育"是人工智能在教育领域创新应用的技术、模式与实践的集合，可划分为"计算智能+教育""感知智能+教育"和"认知智能+教育"，即"AI+教育"正从"能存会算"向"能听会说"与"能看会认"发展，最终实现"能理解会思考"。人工智能为教育带来新的动力，但同时伴随着机遇与挑战。将人工智能用于教学、管理、学习、考试等场景，使教育变得更加科学、智能、系统、便捷。同时，教育需加快步伐以适应这种变革。在此趋势下，人才培养的目标逐步从传统的以"成绩为主"转向以"学生为中心"，将教育的焦点转向每个学生，实现个性化、智能化、合理化、定制化的教学服务。教育信息化成为教育现代化的关键环节，"AI+教育"的发展推动教育信息化进入智能化时代。教育部门提出的全面深化改革的本质是推动"工业化教育模式"向"智能化教育模式"转变。要实现这一变革，人工智能技术及人才是基础。

在我国，"AI+教育"的参与主体主要包括政府、学校、研究机构、企业。"AI+教育"已在多个场景中应用，包括智能搜索、学情检测、口语评测、智能备课、VR 实验、线上课堂、智慧校园、智慧图书馆等，推动教育向信息化、在线化、智慧化方向发展。未来，AI 在教育领域的应用场景将不断扩展和丰富，如智慧课堂、定制化家教等，建立更加智能、开放、平等、可持续发展的教育体系，为构建智慧社会奠定基础，让教育向着网络化、数字化、个性化、智能化、终身化的美好蓝图迈进。

11.4.2　智能教学

智能教学作为学校教育信息化的核心，是指利用人工智能、大数据、云计算、物联网和移动互联网等前沿技术，构建智能高效课堂的模式。该模式以学生为中心，根据学校实际教学管理需求，围绕课前准备、课堂教学和课后辅导的完整教学流程，整合教学、学习、评估和管理功能，通过信息技术与教学环境的深度融合，创建线上学习空间与实体教室相结合的创新学习环境。线上线下相结合的教学模式推动学校教学方法、服务模式和管理方式的革新。智能化手段提升教学效率和互动性，依托语音识别、知识图谱、图像识别等技术，提供一系列智能化工具，包括实时翻译、中文字幕、学生知识图谱、协同笔记和互动课堂等。

从教育活动的角度分析，智能教学场景可分为教学、学习、管理和考核 4 个主要场景。如图 11.12 所示，每个场景均已实施了智能教学应用。在教学和管理场景，教育工作者是主体，在教学领域中负责执行教学任务，包括教研、备课、授课、答疑、出题和批改等，工作内容繁杂，核心需求是减轻工作负担，实现精准教学；在管理领域中负责统筹教务工作，包括教职工招聘、师生监督、招生、排课、校园建设等，在决策过程中需考虑众多因素，核心需求是提高工作效率，实现科学管理。在学习和考核领域，学生是主体。在学习场景下，学生的主要任务包括预习、听课、阅读、做作业、复习、考试和实习等，鉴于学生个体差异显著，核心需求是适应性，实现个性化学习。在考核场景，主要问题是大规模标准化考试批改工作量巨大，部分评估环节劳动密集且效率不高。考核场景的核心需求是在确保准确性的基础上，实现自动化评阅。

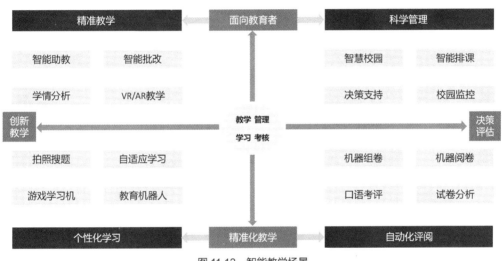

图 11.12　智能教学场景

11.4.3　智能评价

智能评价系统是"AI+教育"应用中"评"这一关键环节的主要体现，重点完成考试、测评、日常教学等场景中对教学结果的检测。不同于传统的人工阅卷或作业批改方法，智能评价系统集考生终端、阅卷终端、服务器和管理中心于一体，可以实现对学生学习成果的系统化、智能化、科学化评价。人工智能用于教育教学评价的场景主要包括智能组卷、智能阅卷、学情分析、试卷分析、考试测评等，如图 11.13 所示。

智能组卷：采用人工智能技术对题库中的数据进行分析、组合后，生成满足个人不同需求的练习试卷。由于其是在对用户个人历史使用数据进行智能分析的基础上产生的，因此生成的练习试卷具有较强的针对性，可以帮助用户节约备考时间，使复习效率最优。

智能阅卷：通过智能扫描仪，轻松实现数据的自动采集、统计与分析。客观题部分自动识别、阅卷并赋分，主观题部分由教师手动批阅赋分。试卷扫描之后所有题目及答题情况以图片形式上传至智慧评价平台，系统通过"留痕识别"技术自动完成统计分数，不改变教师的批改习惯，保留教师原笔迹批注，阅卷质量高且精准、高效。

学情分析：通过教师在客户端上传的学生试卷数据进行多维度的数据分析，教师可以了解班级基本数据、学生年级排名、成绩波动大的学生、学生学习过程中的薄弱点、各类统计分析成绩报表、成绩单、逐题分析等学情；通过学生追踪生成学生答案，及时追踪学生学习情况，提高临界生转化率，让优等生提优，学困生补差。

试卷分析：当前学生考试仅考核理论知识，很少能实现对考试结果的综合分析，以此来优化下一次的试卷出题及评价方式；并且技能考核的公平性不够理想，仅考核理论这种单一的指标不能全面反映学生的技能水平、教师的专业水平、学校的教学质量等，可能导致不公平、不公正现象频发。因此需要对大量的试题、试卷进行综合分析、评价，以此来不断地提高测评质量。

考试测评：包括考生智能终端、评委智能终端、服务器和管理中心。考生智能终端用于采集考生信息，包括文字、音频和视频，对其进行处理并上传至服务器；评委智能终端用于对学生智能终端进行监督管理，并上传考场信息等；服务器和管理中心包括评价准则、学生信息管理、评委信息管理、监考场地管理分配和结果输出等功能。

图 11.13　智能评价系统

11.4.4　智能教室

在《教育信息化 2.0 行动计划》中，教育部明确指出："大力推进智能教育，开展以学习者为中心的智能化教学支持环境建设，推动人工智能在教学、管理等方面的全面应用，利用智能技术加快推进人才培养模式、教学方法改革，探索泛在、灵活、智能的教育教学新环境建设与应用模式。"在这一时代背景下，随着互联网+、大数据等技术的广泛应用，智慧教室应运而生，如图 11.14 所示。

图 11.14　智慧教室场景

　　智慧教室融合了多种智能交互设备，贯穿了课前、课中、课后教学的全流程。在学校教育中，课堂教学环节是学生接受系统教育的关键阶段，有效的教学互动是确保教学质量、提升教学水平的核心。然而，在现行教学过程中，传统的签到环节、疑问确认环节、提问互动环节、课堂小测试环节存在诸多不足。例如，在签到环节中，使用纸质签到表效率低且容易出现代签现象，不易于教师进行统计；在提问互动环节和课堂小测试环节中，教师提出简单问题后，学生通过举手或口头回答，无法获得精确的统计数据，更无法进行后续的数据挖掘和统计分析。因此，传统的教学方式已无法满足现代化教学的需求。基于人工智能技术，集智慧教学、人员考勤、资产管理、环境智慧调节、视频监控及远程控制于一体的新型现代化智慧教室正在逐步推广和应用。

　　智慧教室作为一种创新的教育模式和现代化的教学工具，为教育领域带来了新的发展机遇。与传统教学方式不同，智慧教室倡导学生在课前进行预习，在课中通过分组讨论和实时测试的方式学习，教师能够迅速了解每位学生的学习状况，并提供个性化的指导。智慧教室通过融入现代技术于整个教学流程中，使得课堂教学变得更加简洁、高效和智能化，进而促进学生的自主思考和学习能力的发展。围绕互动式课堂，利用语音和视觉识别技术来捕捉课堂上的动作和对话，以此监测和评估教学质量，并根据需要动态调整教学进度。智慧教室的广泛应用还包含人工智能考勤、手势识别、口语评估以及课件自动生成等多个方面。

习题 11

11.1　简述什么是智能制造。

11.2　举例说明人工智能与工业结合，提高生成质量和效率的应用。

11.3　简述人工智能在医学影像场景中的应用。

11.4　简述机器人辅助手术的构成和优势。

11.5　简述自动驾驶过程的 3 个阶段。

11.6　简述如何利用人工智能实现智能评分。

11.7　简述智慧教室由哪些部分组成。

参考文献

［1］杨丽凤. 计算思维与智能计算基础(微课版)[M]. 北京: 人民邮电出版社, 2021.

［2］任少斌. 计算思维与智能计算基础实验指导及习题[M]. 北京: 人民邮电出版社, 2021.

［3］易海博, 池瑞楠, 张夏衍. 云计算基础技术与应用[M]. 北京: 人民邮电出版社, 2020.

［4］邢丽, 边雪芬, 王鹏. 云计算与大数据技术基础与应用[M]. 北京: 人民邮电出版社, 2021.

［5］周志敏, 纪爱华. 人工智能: 改变未来的颠覆性技术[M]. 北京: 人民邮电出版社, 2017.

［6］侯公林. 人工智能与我们[M]. 北京: 中国人民大学出版社, 2020.

［7］梁龙男, 金善泳. 大数据及人工智能分析概论[M]. 北京: 经济管理出版社, 2022.

［8］孙越, 龚超, 袁中果, 等. 人工智能数据素养[M]. 北京: 电子工业出版社, 2022.

［9］周苏, 王文. 大数据导论[M]. 北京: 清华大学出版社, 2016.

［10］霍夫施泰特. 大数据之眼: 无所不知的数字幽灵[M]. 陈巍, 译. 杭州: 浙江文艺出版社, 2018.

［11］马月坤, 陈昊. 人工智能导论[M]. 北京: 清华大学出版社, 2021.

［12］罗素, 诺维格. 人工智能: 现代方法[M]. 4 版. 张博雅, 陈坤, 田超, 等, 译. 北京: 人民邮电出版社, 2023.

［13］王健, 赵国生, 赵中楠. 人工智能导论[M]. 北京: 机械工业出版社, 2021.

［14］丁磊. 生成式人工智能: AIGC 的逻辑与应用[M]. 北京: 中信出版集团, 2023.

［15］李进, 谭毓安. 人工智能安全基础[M]. 北京: 机械工业出版社, 2023.

［16］王小玲, 阳卫文, 李维龙. 人工智能技术导论[M]. 北京: 电子工业出版社, 2023.

［17］王忠, 谢磊, 汪卫星, 等. 人工智能基础教程[M]. 北京: 人民邮电出版社, 2023.

［18］谢国坤, 董三锋, 徐根祺, 等. 人工智能导论[M]. 成都: 西南交通大学出版社, 2023.

［19］马苗, 杨楷芳. 人工智能概论[M]. 西安: 西安电子科技大学出版社, 2023.

［20］魏溪含, 涂铭, 张修鹏. 深度学习与图像识别原理与实践[M]. 北京: 机械工业出版社, 2019.

［21］JURAFSKY D, MARTIN J H. 自然语言处理综论[M]. 冯志伟, 孙乐, 译. 北京: 电子工业出版社, 2005.

［22］张校捷. 深入浅出 PyTorch——从模型到源码[M]. 北京: 电子工业出版社, 2020.

［23］王铁胜. 计算机视觉技术的发展及应用[J]. 信息管理系统工程, 2022(04): 63-66.

［24］蒋昌俊. 大智能: 大数据+大模型+大算力[J]. 高科技与产业化, 2023, 29(05): 16-19.

［25］魏进锋, 储兵兵, 聂文峰. 一本书读懂 ChatGPT[M]. 北京: 电子工业出版社, 2023.

［26］邵昱. ChatGPT 工作原理及对未来工作方式的影响[J]. 通信与信息技术, 2023(04): 113-117.

［27］许雪晨, 田侃, 李文军. 新一代人工智能技术(AIGC): 发展演进、产业机遇及前景展望[J]. 产业经济评论, 2023(04): 5-22.

［28］莫宏伟, 徐立芳. 人工智能导论[M]. 2 版. 北京: 人民邮电出版社, 2024.

［29］王方石, 李翔宇, 杨煜清, 等. 人工智能基础及应用[M]. 北京: 清华大学出版社, 2023.

［30］吴北虎. 通识 AI 人工智能基础概念与应用[M]. 北京: 清华大学出版社, 2024.